Kathrin Kirsch und Armin Raab (Hrsg.)
Edition zwischen Komponist und Verleger

Studien und Materialien
zur Musikwissenschaft
Band 119

Kathrin Kirsch und Armin Raab (Hrsg.)
Edition zwischen Komponist und Verleger

Georg Olms Verlag
Baden-Baden
2023

Kathrin Kirsch und Armin Raab (Hrsg.)

Edition zwischen Komponist und Verleger

Symposion der
Fachgruppe Freie Forschungsinstitute
in der Gesellschaft für Musikforschung
in Kassel 2017

Georg Olms Verlag
Baden-Baden
2023

Gedruckt mit freundlicher Unterstützung der
Fritz Thyssen Stiftung für Wissenschaftsförderung

Umschlagabbildung: Klaviertrio B-Dur op. 97, Klavierstimme, S. 6f. (1. Satz, T. 136–142).
Originalausgabe Steiner, Plattennummer 2582. a: Probeabzug (CH-CObodmer, B-29-7).
Die Bleistifteintragungen zur Auflösung der Abbreviaturen stammen von Beethoven,
die Einträge mit Rötel von Tobias Haslinger.
b: Die gleichen Takte in einem Verkaufsexemplar
(D-BNba, Sammlung H. C. Bodmer, HCB C Md 29) nach Umsetzung der Korrekturen.

Das Werk ist urheberrechtlich geschützt.
Jede Verwertung außerhalb der engen Grenzen des Urheberrechtsgesetzes
ist ohne Zustimmung des Verlages unzulässig. Das gilt insbesondere
für Vervielfältigungen, Übersetzungen, Mikroverfilmungen und die Einspeicherung
und Verarbeitung in elektronischen Systemen.

Bibliografische Information der Deutschen Nationalbibliothek
Die Deutsche Nationalbibliothek verzeichnet diese Publikation in der
Deutschen Nationalbibliografie; detaillierte bibliografische Daten
sind im Internet über http://dnb.d-nb.de abrufbar.

© Georg Olms Verlag, Baden-Baden 2023
www.olms.de
Umschlaggestaltung: Barbara Gutjahr, Hamburg
Satz: satz&sonders GmbH, Dülmen
Gedruckt auf säurefreiem und alterungsbeständigem Papier
Printed in Germany
ISBN 978-3-487-16244-7
eISBN 978-3-487-42410-1
DOI https://doi.org/10.25366/2023.2

Inhalt

Vorwort 7

Armin Raab
Aktive und passive Autorisation – Haydn und seine Verleger 9

Ulrich Leisinger
Vom Autograph zum Breitkopf'schen Typendruck.
Johann Christoph Friedrich Bachs *Sechs leichte Sonaten* (Leipzig 1785) 29

Jens Dufner
Beethoven als Korrekturleser bei der Drucklegung seiner Werke 49

Timo Evers
Zwischen Komponist, Kopist, Verleger und Herausgeber.
Paratexte in Robert Schumanns Klavierwerken als Herausforderung
historisch-kritischen Edierens 75

Kathrin Kirsch
(Fast) Alle oder keine.
Zur Neu-Edition der Streichquintette und des Klarinettenquintetts von
Brahms bei unterschiedlicher Überlieferung von Druckkorrekturquellen 97

Andreas Pernpeintner und Stefan Schenk
Richard Strauss.
Ein junger Komponist in Interaktion mit seinen Verlegern 119

Stefan König
„… daß ja nichts überladen wird".
Max Reger, seine Verleger und die Vortragsanweisungen 129

Frank Reinisch
„Prae-Edition", „Inter-Edition", „In-spe-Edition".
Hans Zenders Komposition *¡O cristalina…!* (2012 ff) in den
unterschiedlichen Veröffentlichungsformen seines Verlags Breitkopf & Härtel 153

Doi-Nummern
Sächsische Landesbibliothek – Staats- und Universitätsbibliothek Dresden (SLUB)

Gesamtband:
https://doi.org/10.25366/2023.2

Vorwort:
https://doi.org/10.25366/2023.3

Aufsatz Armin Raab, Aktive und passive Autorisation:
https://doi.org/10.25366/2023.4

Aufsatz Ulrich Leisinger, Vom Autograph zum Breitkopf'schen Typendruck:
https://doi.org/10.25366/2023.5

Aufsatz Jens Dufner, Beethoven als Korrekturleser:
https://doi.org/10.25366/2023.6

Aufsatz Timo Evers, Zwischen Komponist, Kopist, Verleger und Herausgeber:
https://doi.org/10.25366/2023.7

Aufsatz Kathrin Kirsch, (Fast) Alle oder keine:
https://doi.org/10.25366/2023.8

Aufsatz Andreas Pernpeintner / Andreas Schenk, Richard Strauss:
https://doi.org/10.25366/2023.9

Aufsatz Stefan König, „… daß ja nichts überladen wird":
https://doi.org/10.25366/2023.10

Aufsatz Frank Reinisch, „Prae-Edition":
https://doi.org/10.25366/2023.11

Vorwort

Der vorliegende Band versammelt die Referate des Symposions *Edition zwischen Komponist und Verleger*, das am 29. September 2017 im Rahmen der Jahrestagung der *Gesellschaft für Musikforschung* von der *Fachgruppe Freie Forschungsinstitute* veranstaltet wurde. Das Thema des Symposiums schloss dabei an eines der Schwerpunktthemen der Jahrestagung an, das sich dem Musikverlagswesen insbesondere in seiner heutigen Funktion widmete.

Das Symposion näherte sich dem Thema aus zwei Perspektiven, einer historisch-vergleichenden und einer editorisch-pragmatischen. Dabei wurden auch solche Arbeitsschritte in Betracht gezogen, die in ihren materialen Spuren heute dem Autor eines Werks nicht unmittelbar zuzuordnen sind, wie z. B. die Arbeiten von Kopisten, Stechern bzw. Setzern, Lektoren und Verlagen. Deren Zusammenarbeit mit Komponistinnen und Komponisten und die (gewünschte oder unerwünschte) Bedeutung, die sie für die gedruckte Form musikalischer Werke hatten, wird in vielen neueren Editionen zunehmend in die Textkritik einbezogen, denn die Entstehung eines Werks ist nicht (oder zumindest nicht immer) mit der letzten autographen Niederschrift abgeschlossen, sondern wird im Zuge der Veröffentlichung und unter Mitwirkung der an diesem Prozess Beteiligten fortgeführt, indem das Werk nicht nur im Einzelfall vom Autor selbst noch kompositorisch verändert, sondern in paratextlichen Aspekten ausgearbeitet, eingerichtet und standardisiert wird. Wie weit diese Prozesse jeweils durch den Komponisten autorisiert, für unwichtig erachtet oder sogar gegen seine Intention vorgenommen wurden, ist dabei nicht immer leicht zu entscheiden. Ein Grund dafür ist, dass einschlägige Quellen nur selten erhalten sind. Korrekturabzüge und Korrekturlisten verloren ihre Relevanz nach Veröffentlichung des Werks und wurden nicht immer archiviert, sondern teils sogar gezielt vernichtet. Hinzu kommt, dass einige Verlagsarchive durch Kriegseinwirkungen vernichtet wurden. Deshalb ist die vergleichende Betrachtung der überlieferten Quellen und ihrer Kontexte von größter Bedeutung. Nur so lassen sich die wenigen bekannten Einzelfälle besser einordnen: Handelt es sich um verbreitete, typische Abläufe, sind sie historisch gebunden – oder liegt eine für den jeweiligen Komponisten spezifischen Situation vor? Auf Basis solcher Erfahrungen können weitere einschlägige Quellen leichter erkannt oder neu aufgefunden werden.

Über die ‚critique génétique' hinaus, die die Schreib- und Kompositionsprozesse selbst in den Blick nimmt, sind solche Untersuchungen für die editorischen Vorhaben von größtem Interesse. Die konkreten Korrekturprozesse zeigen im Einzelfall kompositorische Arbeit und redaktionelle Verbesserungen noch in der späten Werkentstehungsphase und relativieren dadurch das Gewicht autographer Quellen. Sie helfen, die Validität von Musikdrucken allgemein im jeweiligen historischen Umfeld bestimmter wirtschaftlicher, rechtlicher und technischer Bedingungen zu bewerten und so die Relevanz der dort auftretenden Lesarten für die jeweilige Edition festzustellen.

Gegenüber dem Programm des Symposions wird die Publikation um drei Beiträge erweitert, ein Beitrag entfiel. In dem Band finden sich so nun Darstellungen von Korrekturvorgängen und editorischen Lösungen zu Werken des 18. bis 20. Jahrhunderts von Joseph Haydn, Johann Christoph Friedrich Bach, Ludwig van Beethoven, Robert Schumann, Johannes Brahms, Richard Strauß, Max Reger und Hans Zender.

Die Durchführung der Tagung wurde nur möglich, weil die Reisekosten der Vortragenden fast durchweg von den einzelnen Gesamtausgabenprojekten getragen wurden; in einem kleineren Umfang wurden dazu Differenzbeträge aus den Finanzen der *Fachgruppe Freie Forschungsinstitute* beglichen. Die Publikation des Bandes im Druck und digital (Open Access) wurde ermöglicht durch eine großzügige Druckkostenbeihilfe der Fritz Thyssen Stiftung, der wir dafür zu großem Dank verpflichtet sind. Herzlich danken möchten wir auch den Hilfskräften Yvonne Schink, M. A., und Anna-Lena Bach, M. A., die uns bei der Redaktion in unterschiedlichen Phasen unterstützt haben. Dr. Doris Wendt vom Verlag Olms danken wir herzlich für das hilfreiche Lektorat und die vielfältige Unterstützung bei der Umsetzung dieses Projekts.

Kiel und Köln, im Winter 2022
Kathrin Kirsch und Armin Raab

Aktive und passive Autorisation – Haydn und seine Verleger

Armin Raab

Der Verleger ist der natürliche Feind des Komponisten und folglich der natürliche Feind des sich mit dem Komponisten identifizierenden Editors – so jedenfalls könnte einem der traditionelle Blickwinkel der Haydn-Philologie erscheinen. (Wobei selbstverständlich nicht etwa die heutigen Verleger der Gesamtausgaben-Großprojekte gemeint sein sollen!)

Waren es doch die Verleger, die schon zu Haydns Lebzeiten aus merkantilem Interesse viele Fehlzuschreibungen in die Welt gesetzt haben – mit teils weitreichenden Folgen. Etwa wenn Antoine Bailleux 1777 in Paris die heute als „Opus 3" bekannte Sechsergruppe von Streichquartetten (Hob. III:13–18) unter Haydns Namen veröffentlichte, und zwar offensichtlich wider besseren Wissens, da er doch bei zwei Quartetten den Namen des (vermutlich wahren) Komponisten Roman Hofstetter auf den Druckplatten zu „Haydn" ändern ließ.[1] Ein anderer in Paris tätiger Verleger, ausgerechnet Haydns ehemaliger Schüler Ignaz Pleyel, sorgte dann dafür, dass Bailleux' Fehlzuschreibung kanonisiert wurde, indem er die sechs Quartette 1801 in seine Sammlung der *Collection complette des quatuors d'Haydn* aufnahm – und überdies im Inhaltsverzeichnis fälschlich angab, Haydn habe dieses durchgesehen und damit autorisiert („Catalogue thématique de tous les quatuors d'Haydn, avoués par l'Auteur").[2] Pleyels Entscheidung wirkt sich bis heute aus, da besonders die beliebte „Serenade" (so der erst Mitte des 19. Jahrhunderts eingebürgerte Name des langsamen Satzes aus dem Quartett „op. 3 Nr. 5") noch immer in Konzertprogrammen und im Rundfunk als Werk Haydns erklingt, während sich immerhin bei Einspielungen die Erkenntnis durchgesetzt zu haben scheint, dass Haydn nicht Autor des allzu gefälligen Satzes sein kann.[3] Ein ganzes Opus zu sechs nicht von Haydn stammenden Werken bleibt

---

[1] Diese Beobachtung wurde erstmals beschrieben von Alan Tyson und H. C. Robbins Landon, „Who Composed Haydn's Op. 3?" in: *The Musical Times* 105/1457 (1964), S. 506–507. Echtheitszweifel auf Basis der schlechten, auf eine einzige Quelle (Bailleux) zurückführbaren Überlieferung formulierte aber schon Jens Peter Larsen in seiner grundlegenden Studie *Die Haydn-Überlieferung*, Kopenhagen 1939, S. 148 f.

[2] Als Haydns Kopist Johann Elßler 1805 in Haydns Auftrag den in der Haydn-Forschung als „Haydn-Verzeichnis" bekannten, retrospektiven Werkkatalog ausschrieb, benutzte er für die Abteilung Streichquartette das mit Incipits versehene Inhaltsverzeichnis der *Collection* von Pleyel als Vorlage. Da Anthony van Hoboken die Zuverlässigkeit des „Haydn-Verzeichnisses" zu hoch einschätzte, gelangten die Fehlzuschreibungen in seinem Haydn-Werkverzeichnis unter die echten Werke (Anthony van Hoboken, *Joseph Haydn. Thematisch-bibliographisches Werkverzeichnis*, Bd. I, Mainz 1957; Bd. II, Mainz 1971; Bd. III, Mainz 1978).

[3] Nach den Untersuchungen von Andreas Friesenhagen, „Eine Haydn-Diskographie als Werkzeug der Rezeptionsforschung", in: *Haydn-Studien* 9/1–4 (2006), S. 68–81, hier S. 74, ist die Serenade eines der

die Ausnahme,⁴ doch mischten gerade die Pariser Verleger in Sammelausgaben regelmäßig echte und unechte Werke.⁵ Haydn geriet es hier zum Nachteil, dass sich das Musikverlagswesen besonders früh ausgerechnet in einer Metropole weitab von seinen Wirkungsstätten entwickelte.

Zudem brachten Verleger immer wieder Werke Haydns in verfälschenden Bearbeitungen in Umlauf. So, wenn Johann Julius Hummel nicht nur Sinfonien und Streichquartette mit Generalbassbezifferung der Basso- bzw. Violoncellostimme versehen ließ (was der norddeutschen Aufführungspraxis entsprach, aber im Widerspruch zu Haydns eigenen bzw. allgemein den süddeutsch-österreichischen Gepflogenheiten stand), sondern sogar in den Notentext eingriff, um unregelmäßige Periodenbildungen und harmonische Kühnheiten zu beseitigen.⁶ Diese Eingriffe verbreiteten sich dann über Nachdrucke bis in noch vor wenigen Jahrzehnten gängige Stimmenausgaben. In Paris wurden Sinfonien und Quartette Haydns gerne ohne den dort ungebräuchlichen Menuett-Satz gedruckt;⁷ von Sinfonie Hob. I:53 gibt es neben zwei authentischen Fassungen auch eine fremde, die ausnahmslos durch Drucke überliefert ist. Ulrich Leisinger stellte zusammenfassend fest: Von den „mehr als 2.300 frühen Druckausgaben Haydnscher Werke sind nicht weniger als ein Drittel als Bearbeitungen durch andere einzustufen".⁸

Haydn als Korrekturleser

Haydn konnte aber auch bei von ihm selbst veranlassten Ausgaben Grund zur Unzufriedenheit mit Verlegern haben. Nachdem er vom Wiener Verlag Artaria die Druckfahnen

---

in der Frühzeit des Tonträgers am häufigsten eingespielten „Haydn"-Werke und hat somit wesentlich das Haydn-Bild in der ersten Hälfte des 20. Jahrhunderts geprägt.

4 Ein zweiter Druck, für den dies gilt, erschien ebenfalls bei Bailleux als „op. 28" (also fast im Anschluss an das erst durch die Nomenklatur Pleyels zum „op. 3" mutierte „op. 26"); er enthält die schon bei Hoboken als unecht eingestuften Quartette Hob. III:C2, C3, G2, G3, Es2, Es3. Auch hier gibt es Indizien dafür, dass der Verleger bewusst verfälscht hat: Bei den sechs Quartetten zu zwei bzw. drei Sätzen handelt es sich ursprünglich um drei fünfsätzige Quartette, die handschriftlich als Werke von Stefan Klop überliefert sind.

5 Vgl. beispielsweise die Angaben bei Hoboken I, S. 18, zur Ausgabe Bérault 1769 mit den authentischen Sinfonien Hob. I:3, 5, 14, 23 und den unechten Hob. I:C2 und Es3 sowie S. 21 zur Ausgabe Bailleux 1769 mit den authentischen Sinfonien Hob.I:3, 9, 17, 28, 29 und der unechten Sinfonie Hob. I:Es1.

6 Georg Feder, „Die Eingriffe des Musikverlegers Hummel in Haydns Werken", in: *Musicae Scientiae Collectanea. Festschrift für Karl Gustav Fellerer zum 70. Geburtstag*, hrsg. von Heinrich Hüschen, Köln 1973, S. 88–101. Ulrich Wilker, „Hummel, Johann Julius", in: *Das Haydn-Lexikon*, hrsg. von Armin Raab, Christine Siegert und Wolfram Steinbeck, Laaber 2010, S. 325 f.

7 So beispielsweise in der Ausgabe Venier 1773 mit den Sinfonien Hob. I:22, 39 und 58. In Hob. I:22 ist das (bei Haydn am Beginn stehende) Adagio durch ein fremdes (als Mittelsatz positioniertes) Andante grazioso ersetzt; diese nur in Drucken überlieferte, nicht auf Haydn zurückgehende Zusammenstellung hat bei Hoboken irreführenderweise eine eigene Unternummer erhalten (I:22bis).

8 Ulrich Leisinger, „Bearbeitungen", in: *Haydn-Lexikon*, S. 94–98, hier S. 96.

der Klaviertrios Hob. XV:6–8 erhalten hatte, zählte er am 10. Dezember 1785 über drei volle Briefseiten die Mängel des Notenstichs auf:

> Mon tres cher Amj!
> Ich erhielte vorgestern die Clavier Sonaten mit grösster Verwunderung des schlechten stiches wegen, und denen so vielen ärgerlichen fehlern, welche in allen stimen besonders in der Clavier stim ansehen muste, ich ware anfangs So toll, daß ich Ihnen das geld zurück senden, und die Partitur deren Sonaten augenblicklich nach Berlin den Herrn Hummel zusenden wolte, weil ich mir wegen denen hier, und da, unlesbahren, übel, aus-, und eingetheilten Stellen wenig Ehre, und Sie hiedurch wenig Nutzen verschaffen werden. Jeder, der Sie kaufft, wird bey Abspiellung über den stecher fluchen, und zu spielen aufhören […].⁹

Obwohl Haydn zu dieser Zeit noch kaum Erfahrungen mit Verlagen hat, zeigt er ein erstaunlich klar ausgeprägtes Bewusstsein für die Notwendigkeiten eines guten Notendrucks. So beklagt er im Anschluss an die zitierte Eröffnung des Briefs, dass eine Stelle aus reiner Sparsamkeit „eusserst schlecht eingetheilt" sei. (Lieber, so fügt er hinzu, hätte er aus eigener Tasche zwei zusätzliche Druckplatten bezahlt, „als solche Verwürrung ansehen" zu müssen.) Abbreviaturen seien, anders als geschehen, besetzungsspezifisch einzusetzen: „solcher schlender, und solche Zeichen sind gut in einer Viola bey Sinfonien, und nicht in Clavier sachen". Die meisten Akzidentien seien zu klein und so dicht an der Note, „daß man es kaum sehen kann". Weiter geht es ihm um die Position von Ornamenten und die von ihm dafür vorgesehenen Zeichen („wan also der herr stecher solche zeichen nicht kent, so soll Er sich bey denen Meistern darum informiren, und nicht sein. dumen gutachten folgen"). Sein Fazit:

> ich hab gestern den ganzen und heut den halben tag mit Corgiren zugebracht, und da hab ich es nur obenhin überschaut.
> bester Freund, machen Sie demnach, daß alles verbessert wird, sonst haben wür beede wenig Ehre […].¹⁰

Verleger als Träger der Haydn-Rezeption

Der Missmut der neueren Haydn-Philologie über Haydns Verleger wurde dadurch befördert, dass Anthony van Hoboken in seinem Haydn-Werkverzeichnis der Darstellung von Drucken weit mehr Raum gibt als den Abschriften – obwohl diese doch für die Mehrzahl der Werke die weit wichtigeren Überlieferungsträger des Notentextes sind. (Nur für ein Drittel von Haydns Schaffen sind Autographe erhalten und nur bei einzelnen, vor allem späten Werken spielen Originalausgaben eine Rolle.) Hintergrund des Missverhältnisses

---

9 *Joseph Haydn. Gesammelte Briefe und Aufzeichnungen*, hrsg. von Dénes Bartha, Kassel u. a. 1965, Nr. 72, S. 148.
10 Ebd., S. 149.

ist die Basis, auf der das Verzeichnis entstand. Hoboken, Spross einer vermögenden Reedersfamilie, war kein Musikwissenschaftler, sondern in erster Linie Sammler. Seine seit den 1920er Jahren aufgebaute und 1974 von der Österreichischen Nationalbibliothek erworbene Sammlung umfasst über achttausend Frühdrucke mit Werken von Johann Sebastian Bach, Joseph Haydn, Wolfgang Amadeus Mozart, Ludwig van Beethoven, Franz Schubert, Carl Maria von Weber und Felix Mendelssohn Bartholdy. Dabei nehmen die Haydn-Frühdrucke mit mehr als tausend Exemplaren den größten Anteil ein. Entsprechend dieser Grundlage erfasst Hobokens Haydn-Werkverzeichnis nicht nur sämtliche Erstausgaben, sondern auch Nachdrucke und schließlich noch die unterschiedlichsten Sammelausgaben, die im Band III, „Register, Addenda und Corrigenda", 76 Seiten einnehmen. Zudem sind bei allen Drucken die Titel diplomatisch erfasst,[11] während die Abschriften meist lediglich kursorisch aufgezählt werden.[12]

Man muss allerdings bedenken, dass Drucke, auch wenn sie für die Edition als Textzeugen in der Regel auszuscheiden sind, für die Verbreitung von Haydns Werken eine entscheidende Rolle spielten. Es waren Verleger, die dafür sorgten, dass Haydn innerhalb weniger Jahre und schon in jungen Jahren zum berühmtesten Komponisten der Welt aufstieg. Ein entscheidender Schritt waren dabei die Veröffentlichungen der frühen Streichquartette 1764 bei Le Chevardiere in Paris und (unter den bis heute eingebürgerten, chronologisch wie inhaltlich stimmigen Opuszahlen 1 und 2) bei Hummel in Amsterdam.[13] Sie waren zum Zeitpunkt der Erstveröffentlichung bereits in Abschriften verbreitet; der Lexikograph Ernst Ludwig Gerber erinnerte sich 1792, dass sie bereits in dieser Form „Sensation machten".[14] Der europaweite Durchbruch aber war den weiter verzweigten Distributionskanälen des neuen Mediums Notendruck zu verdanken.

Als weitere Marktstrategie kommt – vor allem für Haydns späte Streichquartett-Opera – das für alle Komponisten der damaligen Zeit ökonomisch so wichtige System der Widmungen hinzu.[15] Dessen zentraler Bestandteil war die Druckausgabe mit Angabe des

---

[11] Die Titelaufnahmen entsprechen allerdings nicht heutigem philologischen Standard; so sind alle Titel ohne Rücksicht auf den tatsächlichen Befund in Versalien übertragen.

[12] Die Schwächen des Hoboken-Verzeichnisses sind in der Forschung gelegentlich aufgelistet worden, etwa bei James Webster, „Ein kurzer Überblick über die Haydnforschung" in: *Österreichische Musikzeitschrift* 60/6–7 (2005), S. 4–17, hier S. 8.

[13] Hob. III:1–12, darunter allerdings drei Bearbeitungen: Die Divertimenti mit zwei Hörnern Hob. II:21 und 22 als op. 2 Nr. 3 bzw. Nr. 5 und die Sinfonie Hob. I:107 als op. 1 Nr. 5. Ein weiteres frühes Quartett (in der Forschung unter dem scherzhaften Namen „Op. 1 Nr. 0" bekannt, bei Hoboken fälschlich als II:6 in die Divertimenti in verschiedener Besetzung eingereiht) taucht in keinem der Frühdrucke auf, sondern ist nur handschriftlich überliefert. Siehe dazu *Joseph Haydn. Frühe Streichquartette*, hrsg. von Georg Feder in Verbindung mit Gottfried Greiner (Joseph Haydn Werke, XII/1), München 1973, Vorwort, S. VII.

[14] Ernst Ludwig Gerber, „Haydn", in: ders., *Historisch-Biographisches Lexicon der Tonkünstler*, Bd. 1, Leipzig 1790, Sp. 611.

[15] Dazu generell: Bernhard R. Appel und Armin Raab (Hrsg.), *Widmungen bei Haydn und Beethoven. Personen – Strategien – Praktiken. Bericht über den Internationalen musikwissenschaftlichen Kongress Bonn, 29. September bis 1. Oktober 2011* (Schriften zur Beethoven-Forschung, 25), Bonn 2015.

Aktive und passive Autorisation – Haydn und seine Verleger

Widmungsträgers als dem ursprünglichen Auftraggeber, der für einen bestimmten Zeitraum vor dem Erscheinen exklusive Nutzungsrechte am Werk besaß. Dieses System konnte nur bei entsprechender Kooperation zwischen Komponist und Verleger funktionieren.

Von Haydn veranlasste Ausgaben

Originalausgaben, also Drucke, für die der Komponist selbst (gegen Honorar) die Stichvorlage lieferte, vielleicht sogar, wie im obengenannten Fall, selbst Korrektur las und den Druck überwachte, sind bei Haydn eher die Ausnahme. Die meisten zeitgenössischen Drucke seiner Werke beruhen entweder auf Abschriften, die über Kopistenbüros im Handel waren und die sich die Verleger als Vorlage besorgten, oder sind Nachdrucke von Ausgaben anderer Verlage. Haydn hatte mit diesen Veröffentlichungen nichts zu tun. Mit einzelnen Verlagen arbeitete er aber auch direkt zusammen, manchmal über einen längeren Zeitraum.[16] Die erste von Haydn selbst veranlasste Veröffentlichung waren die *Sei Sonate per Cembalo* Hob. XVI:21–26, die 1774 mit Widmung an seinen damaligen Dienstherrn Nikolaus Fürst Esterházy bei Josef Kurzböck in Wien erschienen. Danach ging Haydn mit dem seit 1776 etablierten Verlag Artaria eine – trotz mehrmaliger Trübungen – über viele Jahre dauernde Partnerschaft ein, durchaus vergleichbar mit den Bindungen späterer Komponisten durch Exklusivverträge, auch wenn eine entsprechende Vereinbarung nicht bestanden haben dürfte. Artaria ist unter den Verlegern Haydns derjenige mit den meisten autorisierten Erstausgaben bzw. Originalausgaben.[17] Die Intensität der Geschäftsbeziehung spiegelt sich auch in der Korrespondenz: An keinen anderen Adressaten sind so viele Briefe Haydns erhalten.[18] Zwischendurch unternahm Haydn mit Veröffentlichung der Sinfonien Hob. I:73 und 76–78 einen „Ausflug" zu Christoph Torricella, die Konkurrenzsituation (die Haydn möglicherweise hatte ausnutzen wollen) erledigte sich jedoch durch dessen Bankrott. Torricellas Druckplatten und seine Ausgaben der Werke Haydns wurden 1786 von Artaria ersteigert.

---

16 Einen sehr guten Überblick bietet der Artikel von Axel Beer, „Verlage / Verleger / Verlagswesen", in: *Haydn-Lexikon*, S. 811–814.

17 So die sechs Klaviersonaten Hob. XVI:35–39 und 20, die der Verleger mit einer Widmung an die Schwestern Auenbrugger versah, die Sinfonien Hob. I:79–81 und die sechs „Pariser Sinfonien" Hob. I:82–87, alle Streichquartettopera ab dem „op. 33" (jeweils sechs Quartette „op. 50", „op. 54/55", „op. 71/74", „op. 76" und die beiden Quartette „op. 77"), die Klaviertrios Hob. XV:6–8, 11–13, die Klaviersonate Hob. XVI:52, das Klavierkonzert Hob. XVIII:11, die *Sieben letzten Worte unseres Erlösers am Kreuze* (Instrumentalfassung), die Lieder Hob. XXVIa:1–24 sowie die deutsche Ausgabe der englischen Lieder Hob. XXVIa:25–36. Die Originalausgabe des Oratoriums *Die Schöpfung* brachte Haydn zwar im Selbstverlag heraus, sie wurde aber durch Artaria vertrieben. Siehe Sonja Gerlach und Armin Raab, „Artaria", in: *Haydn-Lexikon*, S. 55–59.

18 In *Joseph Haydn. Gesammelte Briefe und Aufzeichnungen* sind 79 Dokumente wiedergegeben – wobei man bedenken muss, dass in den Wintermonaten, wenn sich der Esterházy'sche Hof in Wien aufhielt, ein direkter Kontakt zwischen Komponist und Verleger möglich war, in der Zeit also Briefe für den Kontakt nicht immer nötig waren.

Haydn entwickelte bald eine über Wien hinausgehende Vermarktungsstrategie und verkaufte neue Werke nicht nur an seinen Hauptverleger Artaria, sondern parallel an Verlage in Paris und London (bisweilen in Kombination mit dem Vertrieb von Abschriften auf Subskription, einem damals verbreiteten System, um Interessenten noch vor der Drucklegung eines Werkes zu bedienen[19]). Auch dabei kam es zu etwas längeren Geschäftsbeziehungen, insbesondere zu Jean-Georges Sieber[20] in Paris und zu William Forster[21] in London. Sie unterschieden sich jedoch grundlegend von denen in Wien: Korrekturlesungen schieden wegen der langen Postwege aus; außerdem kam es vor Ort zu Problemen, da die Musikmärkte der europäischen Metropolen offenbar nicht so unabhängig voneinander waren, wie Haydn es wohl angenommen hatte. Da Artaria neue Werke Haydns über seine eigenen Kooperationspartner auch im Ausland vertrieb, so durch Pierre Le Duc[22] in Frankreich und Longman & Broderip[23] in England, kam es zu Konflikten mit den von Haydn direkt belieferten konkurrierenden Verlagen vor Ort. Vielleicht trugen sie dazu bei, dass die Verbindung mit Artaria in den 1790er Jahren endete.

Eine erste „Haydn-Gesamtausgabe"

Eine dauerhafte und zumindest in Teilbereichen exklusive Verlagspartnerschaft entwickelte sich erst wieder in Haydns letztem Lebensjahrzehnt, und zwar mit Breitkopf & Härtel in Leipzig.[24] Sie war jedoch in mehrfacher Hinsicht anders geartet als die zu Artaria: durch einen (damals ungewöhnlichen) Schwerpunkt auf Vokalwerken, durch eine retrospektiv angelegte Werkauswahl und schließlich durch redaktionelle Eingriffe des Verlags, die von Haydn geduldet oder sogar goutiert wurden – was eine Herausforderung für heutige Editoren darstellt.

Ein erster Kontakt war schon 1786 zustande gekommen, als Christoph Gottlob Breitkopf Haydn in Wien aufsuchte und bei ihm eine Klaviersonate in Auftrag gab.[25] Über dieses Werk (Hob. XVI:48) kam die Zusammenarbeit aber zunächst nicht hinaus. Das änderte sich erst 1799, als Gottfried Christoph Härtel, der den Verlag 1796 von Breitkopf erworben hatte, einen Mittelsmann für unmittelbaren Kontakt zu Haydn gewann: Georg

---

19 So bei den Streichquartetten „op. 33"; dazu Georg Feder, „Ein vergessener Haydn-Brief", in: *Haydn-Studien* 1/2 (1966), S. 114–116. Ebenso bei den Sinfonien Hob. I:76–78; dazu Armin Raab, „Haydns Briefe an den Verleger Boyer", in: *Haydn-Studien* 8/3 (2003), S. 237–252, hier S. 245.
20 Fabian Kolb, „Sieber, Jean-Georges [Johann Georg]", in: *Haydn Lexikon*, S. 689–690.
21 Armin Raab, „Forster, William", in: *Haydn-Lexikon*, S. S. 237–238.
22 Fabian Kolb und Armin Raab, „Le Duc, Pierre", in: *Haydn Lexikon*, S. 455.
23 Ulrich Wilker, „Longman & Broderip", in: *Haydn-Lexikon*, S. 480–481.
24 Abgesehen sei hier vom Sonderfall der über vierhundert Volksliedbearbeitungen, die Haydn schottischen Auftraggebern verkaufte (dem Verleger William Napier bereits bei seinen Aufenthalten in London 1791/92 und 1794/95, dem Volksliedsammler und -herausgeber George Thomson und dem Verleger William Whyte in den Jahren um 1800).
25 Frank Reinisch, „Breitkopf & Härtel", in: *Haydn-Lexikon*, S. 125–127, hier S. 125.

August Griesinger, einen studierten Theologen, Hauslehrer, späteren sächsischen Legationsrat und dank seiner regelmäßigen Begegnungen mit Haydn dessen erster Biograph. Seine – von Juli bis September 1809 in der von Breitkopf & Härtel herausgebrachten Leipziger *Allgemeinen musikalischen Zeitung*,[26] 1810 dann leicht erweitert im selben Verlag als Buch erschienen – *Biographischen Notizen über Joseph Haydn* sind eine der wichtigsten Primärquellen zu Haydns Leben. Eine ganz unmittelbare, ungefilterte Quelle sind zudem die (nur in Teilen und in Abschrift erhaltenen) Briefe an seinen Auftraggeber in Leipzig.[27]

Die von Griesinger vermittelte Partnerschaft begann mit einer Sammelausgabe, die zur Rückschau auf etliche Schaffensjahre Haydns wurde, den 1800–1806 in zwölf Bänden erschienenen *Œuvres Complettes de Joseph Haydn* (so die Innentitel; der Titel auf den Umschlägen lautet *Œuvres de J. Haydn*). Sie enthalten Haydns Werke für und mit Klavier (neben Sonaten und Klavierstücken beispielsweise auch Lieder, mehrstimmige Gesänge mit Klavierbegleitung sowie Klaviertrios), mit wenigen Ausnahmen handelt es sich dabei um Nachdrucke älterer Ausgaben. Konzeption und Gestaltung entsprechen denjenigen der *Œuvres Complettes de Wolfgang Amadeus Mozart*, die der Verlag nach Mozarts Tod in 47 Heften mit über 200 Kompositionen herausgebracht hatte.[28] Um Fehlzuschreibungen auszuscheiden, sah Haydn für die *Œuvres Complettes de Joseph Haydn* Werklisten durch, die ihm der Verlag zukommen ließ. Die schon zu seinen Lebzeiten virulente Echtheitsfrage steht auch im Zentrum des Vorworts zum ersten Heft, worin der Komponist versichert, dafür zu sorgen, „dass in diese Sammlung nichts aufgenommen werde, was bisher unrechtmäßig meinen Namen geführt hat". Die Notentexte überprüfte er nicht, stellte aber einzelne Vorlagen zur Verfügung (so handelt es sich bei der Veröffentlichung der *Mehrstimmigen Gesänge* Hob. XXVb:1–4, XXVc:1–9 in *Cahier VIII* und *IX* um Originalausgaben).

Auch Griesingers Haydn-Biographie war Teil der Veröffentlichungsstrategie: Sie flankierte die Notenausgaben (wenngleich sie erst vier Jahre nach dem letzten Heft erschien[29]) und folgte auch darin ihrem Vorbild, Johann Nikolaus Forkels Biographie von Johann Sebastian Bach, die 1802 bei Hoffmeister & Kühnel als Begleitung der von Forkel dort herausgegebenen *Œuvres complettes* mit Bachs Klavierwerken herausgekommen war.

---

26 *Allgemeine Musikalische Zeitung* 11/41–47, 49 (12.6.–23.8., 6.9.1809), Sp. 641–649, 657–668, 673–681, 689–699, 705–713, 721–733, 737–747, 776–781.
27 „Eben komme ich von Haydn …". Georg August Griesingers Korrespondenz mit Joseph Haydns Verleger *Breitkopf & Härtel 1799–1819*, hrsg. und kommentiert von Otto Biba, Zürich 1987.
28 Ulrich Leisinger, „Zur Editionsgeschichte der Werke von Wolfgang Amadé Mozart", in: *Musikedition im Wandel der Geschichte*, hrsg. von Reinmar Emans und Ulrich Krämer (Bausteine zur Geschichte der Edition, 5), Berlin – Boston 2015, S. 337–368, hier S. 344–347.
29 Möglicherweise war die Veröffentlichung einer Biographie parallel zum Erscheinen der *Œuvres complettes* geplant. Jedenfalls arbeitete Griesinger noch zu Haydns Lebzeiten daran und veröffentlichte Teile davon 1805 anonym im *Journal des Luxus und der Moden* 20/7 (Juli 1805), S. 448–452. Die Darstellung stimmt mit den entsprechenden Passagen in den *Biographischen Notizen* zwar bis in die anekdotischen Details, aber nicht im Wortlaut überein, daher wurde Griesingers Autorschaft später verschiedentlich angezweifelt. Näheres bei Armin Raab, „Ein Porträt des Künstlers als alter Mann. Joseph Haydn und seine Biographen", in: *Haydn-Studien* 10/3–4 (2013), S. 369–380.

Armin Raab

Oratorische Werke

Ähnlich wie bei den *Œuvres Complettes de Wolfgang Amadeus Mozart*, wo der Serie I mit „Klaviersachen" die Serien II und III mit Vokalwerken, Sinfonien und Kammermusik folgten, begannen Breitkopf & Härtel bald auch im Fall Haydn mit einer Erweiterung des Publikationsvorhabens. Schon ab 1801 erschienen parallel zu den Klavierwerken Partituren und Klavierauszüge großbesetzter Vokalwerke Haydns. Auch wenn die entsprechenden Bände nicht als *Œuvres Complettes* tituliert wurden, blieb die *product identity* durch die äußere Aufmachung gewahrt. Diese Vokalwerke sind (mit zwei Ausnahmen) ebenso wie die Bände mit den Klavierwerken im Querformat angelegt, die meisten haben wie diese einen orangeroten Schutzumschlag[30] mit einer charakteristischen Vignette auf der Rückseite (liegender Baumstamm mit Blattwerk und Schriftzug „BREITKOPF UND HAERTEL.").

Den Anfang machte 1801 eine Originalausgabe mit dem Titel „DIE WORTE DES ERLŒSERS / AM KREUZE / in Musik gesetzt / von / Joseph Haydn. / IN PARTITUR." Es handelt sich dabei um die 1796 uraufgeführte Vokalfassung (Hob. XX:2) von Haydns instrumentaler Passionsmusik *Die Sieben letzten Worte unseres Erlösers am Kreuze* aus dem Jahr 1786 (Hob. XX:1). Haydn hatte 1795 auf der Rückreise aus England in Passau eine oratorische Bearbeitung seines Werks durch den dortigen Domkapellmeister Joseph Friberth kennengelernt und sich davon zu seiner eigenen Vokalfassung anregen lassen. Den Text richtete Gottfried van Swieten, später Librettist von Haydns großen Oratorien, auf Basis des Passauer Librettos ein. Die Vokalfassung war durch zahlreiche Aufführungen in Wien und bald auch andernorts zu einem der erfolgreichsten Werke Haydns geworden. Daher wagte er es, sie am 1. Juli 1800 seinem neuen Partnerverlag anzutragen. Man könne sie „entweder in Clavierauszug […], oder ganz in Partitur nach Ihrem Gutachten […] herausgeben, ich zweifle keineswegs an einem guten Abgang, weil es unstrittig eines meiner besten Werke ist".[31]

Als Stichvorlage schickte Haydn vermutlich eine Partiturabschrift nach Leipzig,[32] die er eigens für diesen Zweck anfertigen ließ. Da sie nicht erhalten ist, kann man auf sie nur durch den Vergleich zwischen dem Teilautograph[33] als der wichtigsten Quelle und der Originalausgabe schließen. Als erstes fällt dabei die unterschiedliche Partituranordnung ins Auge. Im Teilautograph stehen oben die Hörner, darunter die Holzbläser und schließlich die Streicher. Diese Anordnung mit dem Streicher-Kernsatz als Basis, über der die als Zusatz angesehenen Holzbläser stehen, darüber wiederum die im musikalischen Satz

---

30 Nicht zu allen Exemplaren erhalten, zudem gibt es Farbvarianten.
31 Brief an Gottfried Christoph Härtel; *Joseph Haydn. Gesammelte Briefe und Aufzeichnungen*, S. 346. Näheres bei Annette Oppermann, „Vokalfassung Hob. XX:2", in: *Haydn-Lexikon*, S. 688–689.
32 *Joseph Haydn. Die Sieben letzten Worte unseres Erlösers am Kreuze. Vokalfassung. Herausgegeben von Hubert Unverricht*, Kritischer Bericht von Heide Volckmar-Waschk (Joseph Haydn Werke, XXVIII/2), München 2018, S. 75.
33 Haydn ließ von einem Kopisten die Stimmen der Instrumentalfassung als Partitur ausschreiben und trug dann dort die Vokalstimmen und weitere Änderungen nach.

noch randständigeren Blechbläser, war in Wien gebräuchlich. Der Druck dagegen ordnet die Instrumente so an, wie in Nord- und Mitteldeutschland üblich: Die Stimmen des Kernsatzes rahmen die Akkolade ein, mit den Violinen und Viola an deren Kopf und den Bässen im untersten System, dazwischen eingereiht die Hörner und die Holzbläser. (Die Singstimmen stehen bei beiden Systemen direkt über dem Instrumentalbass, die in diesem Fall als reine Verdopplung der Chorstimmen fungierenden Posaunen unmittelbar bzw. durch die hohen Streicher abgetrennt darüber.) Da es sich um eine Anpassung an das lokal Übliche handelt, kann die veränderte Partituranordnung der Originalausgabe nicht schon auf die von Haydn gelieferte Stichvorlage zurückgehen. Auch andere Änderungen lassen sich damit als redaktionelle Einrichtung erklären. So steht durchweg das Taktzeichen C statt ₵, und das Sforzato wird durch *sf* statt wie bei Haydn üblich *fz* wiedergegeben.

Die Originalausgabe der *Sieben letzten Worte* wurde noch in zwei anderen Punkten zum Muster für die weiteren Haydn-Ausgaben des Leipziger Verlags: zum einen durch den ergänzend zur Partitur erschienen Klavierauszug, zum andern durch den (sowohl im Klavierauszug als auch in der Partitur) unterlegten zusätzlichen Text. Erstellt wurde der Klavierauszug von August Eberhard Müller, zu dieser Zeit Gehilfe des Thomaskantors Johann Adam Hiller, dessen Nachfolge er 1804 antrat. Er war offenbar als Lektor für Breitkopf & Härtel tätig, und vermutlich nahm er auch die Redaktion des Notentextes vor. Die Idee einer zweisprachigen Ausgabe geht allerdings nicht auf den Verlag, sondern auf Haydn und van Swieten zurück. Mit deren Einverständnis fertigte Francesco Filippo Sarchi aus Wien eine italienische Übersetzung an.[34] Sie war für die Verbreitung des Werks wichtig, denn Oratorien hatten traditionell italienische Texte (wie Haydns erster Beitrag zur Gattung, *Il ritorno di Tobia* aus dem Jahr 1775).

In der vom Joseph Haydn-Institut Köln herausgegebenen Gesamtausgabe *Joseph Haydn Werke* erschien die Vokalfassung der *Sieben letzten Worte* bereits 1961, und damit als einer der ersten Bände. Hubert Unverricht, damals am Institut angestellt, verwendete als Hauptquellen das Teilautograph und die von Haydn bei seinen Aufführungen benutzte Stimmenabschrift; als Nebenquelle zog er (neben verschiedenen Abschriften) auch die Originalausgabe heran. Unverricht nahm an, der italienische Text sei wegen der verbesserten Absatzmöglichkeiten im Auftrag des Verlags angefertigt worden und ließ ihn daher weg. Dies entsprach dem puristischen Ansatz der Ausgabe und dem generellen Misstrauen der Editoren gegenüber Haydns Verlegern. Als Heide Volckmar-Waschk ein halbes Jahrhundert später im Haydn-Institut den nachträglichen Kritischen Bericht zu dem Band erarbeitete, edierte sie dort auch den von Komponist und Librettist autorisierten italienischen Text. Wäre der Notenband erst jetzt, kurz vor Abschluss der Ausgabe, erschienen, hätte man die Übersetzung auf Basis der Originalausgabe sicher direkt dem Notentext unterlegt.

---

34 Volckmar-Waschk, *Die Sieben letzten Worte*, S. 11.

Auch die nächste, 1802 bei Breitkopf & Härtel erschienene Originalausgabe, die des Oratoriums *Die Jahreszeiten* (Hob. XXI:3),[35] ist zweisprachig textiert – und das sogar zweifach. Sie erschien parallel in zwei Versionen: einer, in der zusätzlich zum originalen deutschen ein französischer Text unterlegt war, und einer, die stattdessen einen zusätzlichen englischen Text enthielt. Ermöglicht wurde diese Duplizität durch den beim Leipziger Verlag perfektionierten Noten-Typendruck: Offensichtlich wurde nach dem Druck der Teilauflage deutsch/französisch aus den montierten Druckplatten der Zweittext herausgenommen und durch den englischen ersetzt.[36] Dasselbe Verfahren wurde im zugehörigen Klavierauszug praktiziert, den wiederum August Eberhard Müller verfertigt hatte.

Die Idee zu einer Ausgabe mit den zusätzlichen Texten sowie die Übersetzungen stammen von van Swieten. Librettist und Komponist hatten dieses Verfahren schon bei der von Haydn wenige Jahre vorher in Wien im Selbstverlag herausgebrachten Originalausgabe des Oratoriums *Die Schöpfung* (Hob. XXI:2) praktiziert.[37] Hier ist ein englischer Alternativtext unterlegt, möglicherweise zumindest in Teilen identisch mit dem (nicht überlieferten) Originallibretto, das Haydn zur Vertonung aus England mitgebracht haben soll.[38] In ähnlicher Weise gibt es in van Swietens englischer Übersetzung der *Jahreszeiten* einige wörtliche Anklänge an die Vorlage seines Oratoriumstextes, James Thomsons Versepos *The Seasons*.[39]

In der Haydn-Gesamtausgabe erschien *Die Schöpfung* 2008 mit dem englischen Zusatztext,[40] der sich in der von Joseph Elßler erstellten Stichvorlage (Hauptquelle der Edition) und der Originalausgabe findet. Aufgrund der ähnlichen Quellensituation (Alternativ-

---

35 Breitkopf & Härtel hatte den Zuschlag gegen ein hohes Honorar und erst nach langen Verhandlungen erhalten, bei denen Haydn geschickt mehrere Interessenten gegeneinander ausspielte. Ausführliche Darstellung in: *Joseph Haydn. Die Jahreszeiten. Oratorium. 1799–1801*, hrsg. von Armin Raab (Joseph Haydn Werke, XXVIII/4), München 2007, S. X–XIV.

36 Raab, *Jahreszeiten*, S. 572. Die Reihenfolge der beiden Teilauflagen lässt sich aus Details der Zweitunterlegung erschließen: Einige zur französischen Fassung gehörige Hilfsnoten sind versehentlich in der englischen Fassung stehen geblieben.

37 *Joseph Haydn. Die Schöpfung. Oratorium. 1798*, hrsg. von Annette Oppermann (Joseph Haydn Werke, XXVIII/3), München 2008, S. XVII–XIX und 450.

38 Oppermann, *Schöpfung*, S. VII.

39 Raab, *Jahreszeiten*, S. XIV.

40 Der englische Text ist auch enthalten in den Ausgaben der Verlage C. F. Peters 1871, Pl.-Nr. 5453 (Nachdruck der Originalausgabe, der bis hin zur Eulenburg-Studienpartitur EP 1029 weiterverwertet wurde), Oxford University Press 1995 (hrsg. von A. Peter Brown), C. F. Peters 2003, EP 8997 (neue Edition, hrsg. von Klaus Burmeister), Carus 2011 (hrsg. von Wolfgang Gersthofer). Einen englischen Text enthält auch die Ausgabe King's Music 2007, der aber vom Herausgeber Neil Jenkins neu nach dem Deutschen übersetzt wurde. – Dagegen ließ Eusebius Mandyczewski in der alten Gesamtausgabe den englischen Text als vermeintlich verlagsseitige Zutat weg (Breitkopf & Härtel 1924: *Joseph Haydns Werke. Erste kritisch durchgesehene Gesamtausgabe*, 16/V, Leipzig – Berlin 1924). – Mit Rücksicht auf die Gattungstradition wurde auch von der Schöpfung eine italienische Fassung erstellt und sogar in Gegenwart Haydns aufgeführt und in einem Klavierauszug veröffentlicht. Sie wurde von Annette Oppermann auf Basis dieses Drucks im Anhang des Bandes aus *Joseph Haydn Werke* ediert. Oppermann, *Schöpfung*, S. 494–498.

texte in der Originalausgabe) müsste man die Unterlegung der Übersetzungen auch bei den 2007 edierten *Jahreszeiten* erwarten. Dies war jedoch nicht möglich, da hier anders als bei der *Schöpfung* keine autorisierte Textunterlegung vorliegt. Im Gegenteil, van Swieten war mit der fehlerhaften Unterlegung, die rein nach Vorlage der übersandten Texte im Verlag angelegt wurde, äußerst unzufrieden.[41] Unter Berücksichtigung seiner Einwände wurden die Singstimmen mit korrigierter französischer Unterlegung separat neu gedruckt. Ein Exemplar dieser Stimmenhefte (vielleicht auch Solo/Chorpartitur), der einzig möglichen Quelle für eine autorisierte Unterlegung, hat sich bis heute nicht nachweisen lassen. Damit entfällt die Möglichkeit einer Unterlegung der Alternativtexte im Notentext, denn sie hätte Konjekturen in einem Ausmaß erfordert, wie es einer historisch-kritischen Ausgabe nicht angemessen wäre. So musste man sich darauf beschränken, die Texte im kritischen Bericht zu edieren. In einer praktischen Ausgabe, die der Bärenreiter Verlag Kassel aufgrund einer Lizenzvereinbarung mit dem G. Henle Verlag produzierte (in dem die Gesamtausgabe erscheint), wurde jedoch eine quellennahe Lösung gefunden: Flankierend zum Aufführungsmaterial wurde der Klavierauszug von August Eberhard Müller mit leichten Modifikationen und mit dem dort in den parallelen Ausgaben unterlegten französischen *und* englischen Text veröffentlicht.

Wegen der größeren Besetzung wurde die Originalausgabe der *Jahreszeiten* im Hochformat gedruckt. Die Partituranordnung folgt wiederum dem in Leipzig üblichen System mit den hohen Streichern oben. Zahlreiche weitere offenbar redaktionelle Änderungen entsprechen denen in der Originalausgabe der *Sieben letzten Worte*. So sind das Taktzeichen ₵ durch C und das Betonungszeichen *fz* durch *sf* ersetzt. Umfangreicher noch als dort sind Bezeichnungen der Dynamik und der Artikulation ergänzt. Im Kritischen Bericht des Gesamtausgabenbandes sind die Erweiterungen (und die zahlreichen Sonderfehler) im Detail aufgeführt, da die an den Verlag geschickte Stichvorlage verschollen ist[42] und sich dort die eine oder andere Ergänzung finden könnte. Dies kann aber allenfalls auf eine Minderheit der Ergänzungen zutreffen, denn sie wären für Haydns eher wenig bezeichnete Partituren ganz ungewöhnlich.[43]

Bei der Originalausgabe des Chorsatzes *Der Sturm* (Hob. XXIVa:8) von 1802 geht der Alternativtext nicht auf Initiative des Autors, sondern des Verlags zurück. Auf dem

---

41 Näheres dazu bei Raab, *Jahreszeiten*, S. XIII.
42 Aus Griesingers Brief an Breitkopf und Härtel vom 11. November 1801 geht hervor, dass sie offenbar ebenfalls von Elßler erstellt wurde: „Haydn hat nur einen Copisten, einen vertrauten Bedienten der Ihre Copie besorgt und weil er allein ist, so lange aufgehalten hat" (Biba, *Griesinger*, S. 109).
43 Werner Seyfried erklärte 2009 in seiner Edition der *Jahreszeiten* bei Peters die Quellenbewertung der Gesamtausgabe zur subjektiven Ansicht und die Abweichungen der Originalausgabe als Ergebnis einer umfassenden Redaktion der Stichvorlage durch Haydn. Daher machte er (wie schon Mandyczewski 1922 in der alten Gesamtausgabe) die Originalausgabe zur Hauptquelle (*Joseph Haydn. Die Jahreszeiten/The Seasons. Oratorium für Solostimmen, Chor und Orchester/Oratorio for Solo Voices, Chorus and Orchestra. Hob. XXI:3*, hrsg. von Werner Seyfried, Frankfurt am Main u. a. 2009). Eine solche Revision ist jedoch alleine von der Chronologie her auszuschließen. – Näheres dazu bei Armin Raab, „Zur Edition der Jahreszeiten", in: *Haydn-Studien* 11/1 (2014), S. 2–13, hier S. 8.

Titel wird sogar der (in der Unterlegung nachgeordnete) italienische Text an erster Stelle genannt: „LA TEMPESTA. / CORO / coll' accompagnamento dell'Orchestra / composto da / Gius. Haydn. / DER STURM. / CHOR / mit Begleitung des Orchesters". Als Stichvorlage diente eine Partiturabschrift von Johann Elßler, die im Verlag bearbeitet wurde.[44] Die Änderungen werden im Kritischen Bericht der Gesamtausgabe dokumentiert, der italienische Text aber bleibt unberücksichtigt. Zur Originalausgabe gehört auch wiederum ein Klavierauszug, diesmal aber nicht separat veröffentlicht, sondern als unterste Systeme innerhalb der Partitur wiedergegeben.

Kirchenmusik

Zusammen mit dem *Sturm* hatte Griesinger Haydns spätes *Te Deum* (Hob. XXIIIc:2) nach Leipzig geschickt; hier veranlasste wiederum der Verlag eine zusätzliche Textunterlegung. Die Originalausgabe enthält neben dem lateinischen Original eine freie Nachdichtung des liturgischen Textes („Sieh' die Völker auf den Knien") von Christian August Heinrich Clodius, Professor der Philosophie an der Universität Leipzig. Als Vorlage für den Notentext schickte Haydn dem Verlag eine Stimmenabschrift, da er keine Partitur mehr zur Verfügung hatte.[45] Auch gegenüber dieser Abschrift wurden in der daraus spartierten Partitur verlagsseitig Ergänzungen vorgenommen, insbesondere die Bezeichnungen von Dynamik und Artikulation von einzelnen Streicherstimmen auf weitere Streicher- und auch Bläserstimmen übertragen.[46] In der Edition der Gesamtausgabe werden diese Eingriffe lediglich kursorisch im Kritischen Bericht dokumentiert, der deutsche Text wird dort nicht wiedergegeben.

Anders als die beiden zuletzt genannten Drucke ist der des *Stabat mater* (Hob. XXbis) von 1803 keine Erst- oder gar Originalausgabe, sondern ein von Johann Gottfried Schicht herausgegebener Nachdruck einer Vorlage, die der Verlag nicht von Haydn erhalten hatte. Der zusätzlich unterlegte deutsche Text („Weint ihr Augen heiße Tränen") stammt von Johann Adam Hiller. Er schrieb ihn für eine Aufführung 1779 in Leipzig und veröffentlichte ihn 1782 in einem Klavierauszug beim Leipziger Verlag Schwickert.[47] Hillers Text fand

---

44 *Joseph Haydn. Chöre, Schauspielmusik und andere Vokalwerke mit Orchester*, hrsg. von James Dack (Joseph Haydn Werke, XXVII/3), München 2011. – Zweisprachigkeit ist in der Genese des Chorsatzes angelegt: Haydn komponierte ihn 1792 in England in englischer Sprache als *The Storm*, diese Fassung blieb zu Haydns Lebzeiten unveröffentlicht. In Wien entstand dann mit erweiterter Instrumentierung und mit einem Text van Swietens die deutsche Fassung.
45 Griesinger am 20. März 1802 an Härtel; Biba, *Griesinger*, S. 151.
46 *Joseph Haydn. Verschiedene kirchenmusikalische Werke, 1. Folge*, hrsg. von Marianne Helms (Joseph Haydn Werke, XXII/2), München 2017, S. 207–208.
47 *Joseph Haydn. Stabat mater*, hrsg. von Marianne Helms und Fred Stoltzfus (Joseph Haydn Werke, XXII/1), München 1993, S. VIII–IX und S. 178–179.

aber auch über Abschriften weite Verbreitung. In der Haydn-Gesamtausgabe ist lediglich ein Teil davon in einem Notenanhang wiedergegeben.[48]

1802–1808 brachten Breitkopf & Härtel mit sechs Messen Haydns eine ganze Serie heraus, die noch deutlicher als die Einzelwerke als Fortführung der *Œuvres complettes* zu erkennen war. Anders als bei den ebenfalls liturgischen Texten *Te Deum* und *Stabat mater* sind hier keine deutschen Worte als Alternative zu den lateinischen beigegeben. (Dahinter dürfte nicht etwa Ehrfurcht vor dem Text des Messordinarium gestanden haben, denn 1812 versah der Verlag die Originalausgabe von Beethovens Messe C-Dur op. 86 mit einem freien deutschen Text.[49]) Zunächst erschienen vier der sechs späten, zwischen 1796 und 1802 komponierten Messen Haydns: 1802 die *Missa Sancti Bernardi von Offida* („Heiligmesse"; Hob. XXII:10); und die *Missa in tempore belli* („Paukenmesse"; Hob. XXII:9), 1803 die *Missa in angustiis* („Nelsonmesse"; Hob. XXII:11), 1804 die „Schöpfungsmesse" (Hob. XXII:13). Nach einer Pause folgten 1807 mit der *Missa Cellensis in honorem B. V. M.* („Cäcilienmesse"; Hob. XXII:5) die schon damals berühmteste der früheren Messen (begonnen 1766, vollendet in erweiterter Form wohl erst 1773) und 1808 mit der „Harmoniemesse" (Hob. XXII:14) Haydns letzte Messe. 1823 kam als Nachzügler noch eine Messe aus dem Jahr 1782 hinzu, die *Missa Cellensis* („Mariazeller Messe"; Hob. XXII:8).

Eine ganze Serie an Messen war umso ungewöhnlicher, als der Druck von Kirchenmusik um diese Zeit eine Ausnahme war. Im österreichisch-deutschen Raum wurden kirchenmusikalische Werke nahezu ausschließlich in Abschriften verbreitet. Dies zeigen auch Haydns Messen: In den Quellenkarteien des Joseph Haydn-Instituts sind beispielsweise für die „Große Orgelsolomesse" (Hob. XXII:4) insgesamt 146, für die „Nikolaimesse" (Hob. XXII:6) insgesamt 152 Abschriften verzeichnet.[50] Tatsächlich war den Leipziger Drucken der Messen Haydns kein Verkaufserfolg beschieden.[51] Ungewöhnlich war auch, dass Haydn als Stichvorlage für einzelne Messen seine Autographe zur Verfügung stellte; sie wurden über Griesinger nach Leipzig geschickt. Und noch ungewöhnlicher: Ein Verlagslektor trug, meist mit roter Tinte, direkt in die Autographe Korrekturen und Ergänzungen ein, die dann in den gedruckten Partituren umgesetzt wurden. Vereinzelt handelt es sich dabei um Korrekturen von echten, aber auch von vermeintlichen Fehlern, dazu Vervollständigungen, die, zum Beispiel bei der Generalbassbezifferung, meist unnötig sind. An einer Stelle hat der Lektor sogar die Instrumentierung geändert. Im Autograph der *Missa*

---

48 Hiller legte seiner Aufführung und seinem Klavierauszug Material zugrunde, das in dem Satz „Virgo virginem praeclara" einen von fremder Hand hinzugefügten „Coro secondo" enthält. Diese Chor-Einwürfe werden abgedruckt, dazu als Einzelstimme „Hillers Parodie am Beispiel des Soprano". Helms/Stoltzfus, *Stabat mater*, S. 105–110.

49 Titel „MESSA / a quattro Voci coll' accompagnamento dell'Orchestra / composta da / Luigi van Beethoven. / DREY HYMNEN / für vier Singstimmen mit Begleitung des Orchesters".

50 *Joseph Haydn. Messen Nr. 3–4 und Fragment der Missa ‚Sunt bona mixta malis'*, hrsg. von James Dack und Marianne Helms, München 1999 (Joseph Haydn Werke, XXIII/1b), S. 181–187 und 198–206.

51 Ulrich Scheideler, „Messen", in: *Haydn-Lexikon*, S. 503–511, hier S. 510.

in tempore belli im „Qui tollis" (Gloria, T. 148–178) notierte er zur Violoncellostimme „Flauto"; im Druck wurde dieser Hinweis entsprechend umgesetzt.

In dem betreffenden Band XXIII/2 der Haydn-Gesamtausgabe – dem allerersten, der 1958 in der neu gegründeten Ausgabe erschien – wurde dieses Flötensolo aufgenommen (mit einem Verweis auf den Kritischen Bericht, der allerdings nie erschienen ist).[52] Wolfgang Hochstein übernahm diese Entscheidung 1993 bei seiner Edition der Messe im Carus-Verlag.[53] Dagegen wurden in der Neuausgabe des Bandes XXIII/2, die 2021 zum Abschluss der Notenbände von *Joseph Haydn Werke* erschien, alle verlagsseitigen Ergänzungen einschließlich des Flötensolos eliminiert; sie werden lediglich im Kritischen Bericht dokumentiert.[54]

Opern

Unüblich war auch die Druckveröffentlichung von Bühnenwerken, denn auch sie wurden zumindest im deutschen Sprachraum überwiegend in Abschriften verbreitet.[55] 1806 brachten Breitkopf & Härtel elf Nummern aus Haydns letzter Oper, *L'anima del filosofo ossia Orfeo ed Euridice*, im Klavierauszug heraus, im nächsten Jahr zusätzlich in Partitur. Der Klavierauszug enthielt neben dem originalen italienischen Text eine deutsche Übersetzung, in der Partitur wurde darauf lediglich verwiesen. – Haydn hatte diese Oper 1791 in London für das wiedererrichtete Kings's Theatre komponiert; es kam aber keine Aufführung zustande, weil die Genehmigung für die Eröffnung des Hauses ausblieb. Breitkopf & Härtel erwarben somit nicht nur ein bislang ungedrucktes, sondern ein noch nicht einmal durch eine Aufführung „veröffentlichtes" Werk. Und Haydn auf der anderen Seite konnte noch eine späte Verwertung seiner Komposition erleben.

Einen ersten Anlauf zur Veröffentlichung einer Oper hatten Verlag und Komponist allerdings bereits 1802 unternommen. Griesinger bemerkte während eines Besuchs bei

---

52 *Joseph Haydn. Messen Nr. 5–8*, hrsg. von H. C. Robbins Landon in Verbindung mit Christa Landon und Karl-Heinz Füssl (Joseph Haydn Werke, XXIII/2), München – Duisburg 1958.
53 *Joseph Haydn. Missa in tempore belli in C. Paukenmesse Hob. XXII:9*, hrsg. von Wolfgang Hochstein, Stuttgart 1993.
54 *Joseph Haydn. Messen Nr. 5–8. Revidierte Neuausgabe*, hrsg. von Andreas Friesenhagen (Joseph Haydn Werke, XXIII/2), München 2021. – Die Neuausgabe, die an Stelle des vorgesehenen nachträglichen Kritischen Berichts erfolgte, war notwendig geworden, weil der ursprüngliche Band, der zunächst eigentlich für ein Vorgängerprojekt der Gesamtausgabe erarbeitet worden war, sich als äußerst fehlerhaft erwiesen hatte und überdies nicht den Richtlinien der Gesamtausgabe entsprach.
55 Dementsprechend ließ Haydn von Opern, die er über die ersten Aufführungen hinaus vermarkten wollte, meist mehrere Abschriften anfertigen. Vgl. *Joseph Haydn. Armida. Dramma eroico 1783. Herausgegeben von Wilhelm Pfannkuch*, Kritischer Bericht von Silke Schloen (Joseph Haydn Werke, XXV/12), München 2003, S. 35–40, Abschriften Be, Ei und Zz; *Joseph Haydn. L'isola disabitata. Azione teatrale. 1779/1802*, hrsg. von Christine Siegert und Günter Thomas in Verbindung mit Ulrich Wilker (Joseph Haydn Werke, XXV/9), München 2009, S. 314–316, Abschriften To, Wa und We.

Haydn einen handschriftlichen Klavierauszug mit einer deutschen Fassung der 1779 komponierten Oper *L'isola disabitata*, den Auszug und die Übersetzung hatte Johann Otto Heinrich Schaum aus Hirschberg in Schlesien angefertigt und Haydn zugeschickt.[56] Dieser wurde, ähnlich wie bei den *Sieben letzten Worten*, durch die fremde Bearbeitung zu einer Verbesserung angeregt. „Die Arbeit ist mit Fleiß gemacht", so zitiert Griesinger Haydn, „nur am Finale, einem Quartett, muss ich etwas ändern, weil es zu lang ist, auch hier und da einige Noten, die nicht zum deutschen Text passen".[57] Tatsächlich schrieb Haydn eine neue, kürzere Fassung des Finales, im Klavierauszug änderte er nicht nur einige kleinere Stellen in der Singstimme, sondern auch im Klaviersatz. Am 19. März 1802 schickte Griesinger den von Haydn revidierten Klavierauszug und überdies eine überarbeitete Kopistenabschrift der Partitur nach Leipzig. Haydn wünschte ausdrücklich, dass die Oper „mit dem Originaltext das heisst dem Italiänischen, gedruckt" würde.[58] Es zeigte sich allerdings, dass man in Leipzig längst eine Abschrift der Oper besaß, wie sie durch Kopistenbüros in Umlauf gebracht worden war.[59] Vielleicht war dies der Grund dafür, dass der Druck der *Isola* bei Breitkopf & Härtel doch nicht zustande kam.

Immerhin ist aber dem gescheiterten Vorhaben eine Neufassung des Finales zu verdanken. Im entsprechenden Band der Haydn-Gesamtausgabe ist diese Version an erster, die ursprüngliche, längere an zweiter Stelle wiedergegeben, da erstere als Fassung letzter Hand anzusehen ist. Im Kritischen Bericht werden bei der Quellenbeschreibung die von Haydn in Schaums Klavierauszug eingetragenen Änderungen dokumentiert und in einem Anhang die dort überlieferte deutsche Textfassung abgedruckt.[60] Auf eine vollständige Wiedergabe des von Haydn revidierten Klavierauszugs musste dagegen verzichtet werden.

Schwanengesang

Neben den genannten Vokalwerken erschien im Oktober 1806, parallel zum letzten Heft der *Œuvres Complettes de Joseph Haydn*, auch noch einmal ein Instrumentalwerk bei Breitkopf & Härtel: das unvollendete, nur aus zwei Sätzen bestehende Streichquartett „Opus 103" (Hob. III:83),[61] nicht als Partitur, sondern, wie für Orchester- und Kammermusik noch lange die Regel, in Einzelstimmen. Auch hier erhielt der Verlag Haydns Autograph

---

56 Biba, *Griesinger*, S. 138ff.; Siegert/Thomas/Wilker, *L'isola*, S. X und 317–319; Günter Thomas, „Haydn und J. O. H. Schaum", in: *Haydn-Studien* 7/3–4 (1998), S. 366–383.
57 Biba, *Griesinger*, S. 139.
58 Biba, *Griesinger*, S. 151.
59 So hatte der Musikalienhändler Johann Traeg die *Isola* schon am 16. Mai 1789 in der *Wiener Zeitung* angeboten; Siegert/Thomas/Wilker, *L'isola*, S. XI–XII.
60 Siegert/Thomas/Wilker, *L'isola*, S. 318–319 bzw. 340–346.
61 Die Nummer geht – wie alle anderen eingebürgerten Opuszahlen von Haydns Streichquartetten – nicht auf den Komponisten, sondern auf Verleger zurück, in diesem Fall nicht einmal auf eine Erstausgabe, sondern auf einen Nachdruck von André.

als Stichvorlage. Am 2. April 1806 übersandte Griesinger „Haydns Schwanengesang, seyn 83stes Quartett im Original (Manuscripte).… Zur Entschuldigung, daß das Quartett nicht vollständig ist, überschikt Ihnen Haydn seine charakteristische Visitencarte".[62] Auf der Visitenkarte, die Haydn verwendete, seit er 1804 aus Altersschwäche das Komponieren hatte aufgeben müssen, ließ er selbstironisch die ersten vier Takte des Chorsatzes „Der Greis" (Hob. XXVc:5) mit dem Text „Hin ist alle meine Kraft / alt und schwach bin ich" wiedergeben. Der Verlag ließ dieses Incipit am Ende jeder der vier Stimmen abdrucken (was Haydn wohl so nicht vorgesehen hatte), fälschlicherweise als „Canon" bezeichnet.

Etwa gleichzeitig mit der vom Komponisten veranlassten Leipziger Erstausgabe erschienen zwei weitere direkt oder indirekt auf dem Autograph beruhende Ausgaben, in Paris bei Pleyel und in London bei Clementi & Co. Pleyel hatte im Frühsommer 1806 eine Kopie des Autographs aus Leipzig erhalten, und Muzio Clementi könnte seine Druckvorlage entweder direkt bei Breitkopf & Härtel oder über Pleyel erworben haben. Alle drei Erstausgaben enthalten Vervollständigungen der Bezeichnungen von Artikulation und Dynamik und kleinere Änderungen in der Ornamentik. Am weitesten geht dabei die Leipziger Ausgabe, die zudem durch den Abdruck der Visitenkarte prägend wurde: Sie findet sich nicht nur bei Pleyel und Clementi (die also nicht nur vom Autograph, sondern auch vom Druck Kenntnis gehabt haben müssen), sondern in sämtlichen Nachdrucken. Die Haydn-Gesamtausgabe legte 2003 das Autograph als einzige Quelle zugrunde, verbannte die Visitenkarte in die Quellenbeschreibungen im Kritischen Bericht und veröffentlichte die beiden Sätze somit nicht mit der Konnotation „Schwanengesang", sondern als Kompositionsfragment, das noch fortgeführt hätte werden sollen – was durch den Abdruck von Haydns Skizzen zu den beiden fehlenden Sätzen unterstrichen wird.[63]

Erst 1810, im Jahr nach Haydns Tod, endete die Reihe der Originalausgaben mit der Veröffentlichung von Haydns 42 weltlichen Kanons (Hob. XXVIIb) „aus der Original-Handschrift des Componisten" (so die Angabe auf der Titelseite) sowie den geistlichen Kanons über die Zehn Gebote (Hob. XXVIIa). Letztere sind postum „seinem Freunde / Herrn G. A. Griesinger / königl. sächsischem Legationsrathe / zugeeignet / von / Joseph Haydn". Interessanterweise gab es auch bei den Kanons Zweittexte. Die Texte der weltlichen Kanons wurden im Auftrag des Verlags von Christian Schreiber teils massiv redigiert, in 26 Fällen sogar durch andere Texte ersetzt. Die geistlichen Kanons erschienen parallel weltlich umtextiert als „Die Zehn Gebote der Kunst". Das Autograph der *Zehn Gebote* hatte der Komponist bereits 1804 Griesinger mit dem ausdrücklichen Wunsch überlassen, dass sie erst nach seinem Tod veröffentlicht werden sollten; Griesinger schlug Haydn dar-

---

62 Biba, *Griesinger*, S. 247. – Die falsche Anzahl (statt der korrekten 68) rührt von der Ausgabe Pleyels bzw. vom „Haydn-Verzeichnis" her, vom dem auch Breitkopf & Härtel eine eigens angefertigte Abschrift erhalten hatten.
63 *Joseph Haydn. Streichquartette „Opus 71/74", „Opus 76" und „Opus 103"*, hrsg. von Horst Walter (Joseph Haydn Werke, XII/6), München 2003. Ein seinerzeit noch unbekanntes Skizzenblatt wurde später in einer anderen Publikation des Haydn-Instituts veröffentlicht: David Wyn Jones, „A newly identified sketchleaf for Haydn's Quartet in d minor, ,Opus 103'", *Haydn-Studien* 8/4 (2004), S. 413–417.

aufhin vor, dass er doch dem Verlag auch die weltlichen Kanons überlassen solle, deren Autographe er in seinem Haus unter Glas an der Wand hängen hatte. Haydn bot stattdessen einen Kontrakt an, in dem er sich verpflichten würde, Breitkopf & Härtel gegen eine jährliche Zahlung von 150 Gulden regelmäßig ältere Werke zu überlassen.[64] Ein solcher Vertrag kam nicht zustande, doch waren Veröffentlichungen früherer Kompositionen in Planung. Haydn schickte eine Abschrift seines vielleicht ältesten, noch in der Zeit als Kapellknabe am Wiener Stephansdom entstandenen Werks, der Messe F-Dur (Hob. XXII:1), nach Leipzig, außerdem die Autographe des Orgelkonzerts C-Dur (Hob. XVIII:1) und des *Salve Regina* g-Moll (Hob. XXIIIb:1), beide nachträglich mit 1756 datiert. Dass sie alle unveröffentlicht blieben, rührt offenbar daher, dass sie als stilistisch überholt angesehen wurden. Schon Griesinger merkte gegenüber Härtel an, das Orgelkonzert sei „vom Jahre 1756, also vielleicht über die Epoche des heutigen Geschmaks, aber in seiner Art und dem Sammler Haydnscher Musik gewis merkwürdig".[65] Haydn selbst ließ über ein anderes Konzert von 1756 (Hob. XVIII:6, das Doppelkonzert mit Orgel und Violine als Solisten), das er dem Verlag ursprünglich hatte anbieten wollen, ausrichten, „ich solle Ihnen aber sagen, welch einen alten Bart es habe".[66] Wohl aufgrund solcher Bedenken arbeitete Haydn die Autographe von 1756 durch, ehe er sie nach Leipzig schicken ließ. Im Orgelkonzert ergänzte er eine Aussetzung des Generalbasses, bei der allerdings nicht sicher ist, ob sie erst im Hinblick auf die geplante Veröffentlichung notiert ist; im entsprechenden Band von *Joseph Haydn Werke* sind die unterschiedlichen Schichten daher nur im Kritischen Bericht dokumentiert und nicht im Notentext ausgewiesen.[67] Beim *Salve Regina* sind die späteren Varianten eindeutig von der Grundschicht zu trennen und werden daher in der Gesamtausgabe (s. Anm 46)) als Ossia zum Notentext wiedergegeben.

Passive Autorisation?

Beim Verlag Artaria überwachte Haydn in den 1780er Jahren die Drucklegung sehr genau und war selbst bei Einzelheiten des Notentextes geradezu penibel. Beim Selbstverlag der *Schöpfung* gab die von Elßler – sicher nach genauer Anweisung Haydns – ausgeschriebene Stichvorlage das Layout bis ins Detail vor (was in der Originalausgabe getreu umgesetzt wurde). Auch an den Veröffentlichungen bei Breitkopf & Härtel nahm Haydn regen Anteil. Regelmäßig erhielt er Korrekturabzüge, so etwa am 9. Dezember 1801 zum Klavierauszug der *Jahreszeiten*. Haydn gab sich erfreut, wie Griesinger nach Leipzig berichtete, „er sah

---

64 Über all diese Verhandlungen berichtete Griesinger an Härtel am 25. Januar 1804; Biba, *Griesinger*, S. 220.
65 Griesinger an Härtel am 6. Juni 1804; Biba, *Griesinger*, S. 226.
66 Griesinger an Härtel am 30. Juli 1803; Biba, *Griesinger*, S. 204.
67 *Joseph Haydn. Konzerte für Orgel (Cembalo) und Orchester*, hrsg. von Armin Raab und Horst Walter in Verbindung mit Sonja Gerlach (Joseph Haydn Werke, XV/1), München 2020, S. 201.

die Bögen durch, war mit dem Druk sehr zufrieden, versprach, mir in einigen Tägen sein Urtheil über die Arbeit zu sagen".[68] Mit der Partitur des Oratoriums zeigte Haydn sich am 20. März 1802 ebenfalls „äusserst zufrieden". Sogar in die Gestaltung der im Auftrag des Verlags eigens angefertigten Frontispize mit allegorischer Darstellung der Jahreszeiten als vier Menschenalter wurde er einbezogen, erhielt die Vorlagen zur Ansicht und befand, das Titelkupfer sei „gar e lieber Narr".[69] Hinweise auf Korrekturvorgänge gibt es auch für weitere Ausgaben; so erbat Haydn beispielsweise am 10. November 1802 über Griesinger die Zusendung von Fahnen zum *Sturm*.[70] Auch mit der durch Ergänzungen vervollständigten Stimmenausgabe seines letzten Streichquartetts war Haydn offenbar sehr zufrieden und beklagte lediglich die falsche Bezeichnung „Canon" bei der Wiedergabe seiner Visitenkarte.[71]

Haydn dürfte demnach die zahlreichen kleineren Eingriffe des Verlags in den Notentext bemerkt haben. Auch die verlagsseitigen Eintragungen in die Autographe der Messen könnte er zur Kenntnis genommen haben. Das Autograph der *Missa in tempore belli* mit der Ergänzung der Flötenpassage im „Qui tollis" erhielt er vom Verlag zurück (es gelangte aus seinem Besitz in die Fürstlich Esterházy'sche Sammlung und mit dieser in die Nationalbibliothek in Budapest), und er kannte auch den Druck, in dem diese Änderung umgesetzt wurde. Zu diesen Punkten hat er sich aber offenbar nicht geäußert. Sind diese (Nicht-)Reaktion und das gelegentliche Lob des Druckbilds als Autorisierung des Inhalts zu deuten? Der Gedanke liegt nahe, da doch zumindest die Vervollständigungen von Dynamik und Artikulationsbezeichnungen ganz im Sinne Haydns sein mussten, der ein ähnliches Vorgehen von Notenkopisten ausdrücklich erwartete.[72] Oft entstehen erst durch die Vervollständigung der Bezeichnung aufführungsfähige Werkfassungen. Darf eine historisch-kritische Ausgabe wieder hinter diesen Stand zurückgehen? Auf der anderen Seite wird Haydn, der in seinen letzten Lebensjahren regelmäßig über das Nachlassen seiner geistigen Kräfte klagte, die Redaktion durch den Leipziger Verlag kaum umfassend geprüft haben, und selbst wenn, würde er sie als üblich nicht grundsätzlich in Frage gestellt haben.

In *Joseph Haydn Werke* werden die bei Breitkopf & Härtel erschienenen Originalausgaben in der Regel als Nebenquellen herangezogen; allerdings nur, wenn für diese Funktion

---

68 Biba, *Griesinger*, S. 113.
69 Biba, *Griesinger*, S. 151.
70 Biba, *Griesinger*, S. 171: „Haydn bittet um den lezten Bogen seines Sturms und die Original Partituren, welche Sie von ihm in Händen haben und die Sie nicht mehr brauchen."
71 Griesinger an Härtel am 29. Oktober 1806; Biba, *Griesinger*, S. 249.
72 So schrieb er in seinem Begleitbrief zum *Applausus* (Hob. XXIVa:6): „Es ist auch zu mercken, daß wan in der Spart ein forte oder piano nicht bey allen stimmen ausgesetzt, diesen mangel der Copist bey abschreibung ersetzen soll." (*Joseph Haydn. Gesammelte Briefe und Aufzeichnungen*, Nr. 8, S. 59). Haydn konnte die Aufführung der Auftragskomposition im Stift Zwettl nicht selbst leiten und legte den Noten daher ausführliche Anweisungen bei, die generell für seine Vorstellungen von Aufführungspraxis aufschlussreich sind.

keine höherwertigen Quellen zur Verfügung stehen.[73] Ergänzungen (den Richtlinien der Ausgabe entsprechend in runden Klammern) werden von dort aber nur dann übernommen, wenn sie aus inhaltlichen Gründen notwendig sind und als solche ohnehin von den Herausgebern (den Richtlinien entsprechend in eckigen Klammern) hinzugefügt worden wären. Darüberhinausgehende Ergänzungen und Änderungen werden nicht unterdrückt, sondern im Kritischen Bericht dokumentiert – wobei das gewachsene Problembewusstsein der neueren Gesamtausgaben dafür gesorgt hat, dass diese Dokumentation in den Kritischen Berichten inzwischen umfassender erfolgt (während etwa unterlegte Alternativtexte bis vor wenigen Jahren nicht wiedergegeben wurden). In den im Jahr 2000 in einem Sammelband veröffentlichten Richtlinien der Haydn-Gesamtausgabe ist festgelegt, der Notentext solle „einerseits Haydns Niederschrift möglichst genau entsprechen, andererseits aber die Intention des Komponisten deutlich zum Ausdruck bringen. Das erfordert – bei aller gebotenen Zurückhaltung – Ergänzungen, Korrekturen und (mit Rücksicht auf den heutigen Benutzer) Veränderungen in der Notation." Entscheidend ist dabei der Passus, dass „nichts hinzugefügt" wird, „was Haydn den Quellenbefunden nach nicht niedergeschrieben hat".[74] Dies ist eine klare Entscheidung gegen die Übernahme von Ergänzungen, die sich nur rechtfertigen lassen, wenn man von einer passiven Autorisation durch Haydn ausgeht.

---

[73] So sind in der revidierten Neuausgabe des Bandes XXII/2 für die Edition der *Missa Sancti Bernardi von Offida* (Hob. XXII:10) und der *Missa in Tempore Belli* (Hob. XXII:9) als Nebenquellen nicht die direkt auf den Autographen beruhenden Originalausgaben, sondern verschiedene autornahe Abschriften herangezogen; Friesenhagen, *Messen Nr. 5–8*, S. 323 und 340.

[74] *Editionsrichtlinien Musik*, im Auftrag der Fachgruppe Freie Forschungsinstitute in der Gesellschaft für Musikforschung hrsg. von Bernhard R. Appel und Joachim Veit, Kassel u. a. 2000, S. 124.

Vom Autograph zum Breitkopf'schen Typendruck
Johann Christoph Friedrich Bachs *Sechs leichte Sonaten* (Leipzig 1785)

Ulrich Leisinger

Die „großen" Musikergesamtausgaben haben es sich, wie dies beispielhaft im Generalvorwort zur *Neuen Mozart-Ausgabe* festgehalten ist, zum Ziel gesetzt, „der Forschung auf Grund aller erreichbaren Quellen einen wissenschaftlich einwandfreien Text" zu bieten, „der zugleich die Bedürfnisse der musikalischen Praxis berücksichtigt".[1] Ausgangspunkt für musikalische Editionen bildet regelmäßig die Eigenschrift des Komponisten: Der Notentext des Autographs ist zweifelsfrei von seinem Urheber autorisiert; daneben gibt es andere Quellen – insbesondere Aufführungsmaterialien oder Druckausgaben –, durch die autorisierte Präzisierungen, Varianten und Revisionen überliefert werden können. Es ist eine große Herausforderung für den Musikeditor, diese Informationen von unautorisierten Eingriffen und zufälligen Textverderbnissen zu unterscheiden. Die Untersuchung des Verhältnisses zwischen Komponist und Verleger, wie es im Symposium der Fachgruppe Freie Forschungsinstitute bei der Jahrestagung der Gesellschaft für Musikforschung 2017 in Kassel in den Blick genommen wurde, hat erkenntnistheoretischen wie praktischen Nutzen, da es die Frage nach dem Quellenwert der Drucküberlieferung gestellt hat.

Johann Christoph Friedrich Bach (1732–1795), der sogenannte Bückeburger Bach, zählt zwar nicht zu den „großen" Meistern der Musik; im Falle der *Sechs leichten Klaviersonaten* BR A 3–8,[2] die 1785 mit einer Widmung an Juliane von Schaumburg-Lippe, eine geborene Prinzessin zu Hessen-Philipsthal, Bachs Schülerin und Gattin seines Dienstherrn, im Druck erschienen sind,[3] liegt aber eine für das 18. Jahrhundert außergewöhnlich günstige Quellensituation vor, die exemplarisch die Frage nach dem Verhältnis zwischen Komponist und Verleger für im Typendruck hergestellte Ausgaben beantworten kann.[4]

---

1 *Wolfgang Amadeus Mozart. Neue Ausgabe sämtlicher Werke*, in Verbindung mit den Mozartstädten Augsburg, Salzburg und Wien hrsg. von der Internationalen Stiftung Mozarteum (Neue Mozart-Ausgabe), Kassel u. a. 1954–2007, hier zitiert nach *Messen*, Bd. 1, hrsg. von Walter Senn (NMA I/Abt. 1/1; 1968), S. V.

2 *Johann Christoph Friedrich Bach. Thematisch-systematisches Verzeichnis der musikalischen Werke*, bearbeitet von Ulrich Leisinger (Bach-Repertorium, 4), Stuttgart 2013, im Folgenden abgekürzt als BR.

3 *Sechs leichte Sonaten fürs Clavier oder Pianoforte, Ihro hochfürstl. Durchl. Juliane, Regierenden Fürstin zu Schaumburg-Lippe, geb. Prinzessin zu Hessen-Philipsthal, unterthänigst gewidmet und komponirt von Johann Christoph Friedrich Bach*, Leipzig: Buchhandlung der Gelehrten, 1785 (RISM B 421, BB 421 und B 393 [irrtümlich als Werk von Johann Christian Bach]).

4 Die hier diskutierten Fragen werden erstmals berührt in Ulrich Leisinger, „Johann Christoph Friedrich Bach as a keyboard composer", in: *Early Keyboard Journal* 13 (1995), S. 7–38.

Ulrich Leisinger

Für die *Sechs leichten Sonaten* kennen wir nicht nur Exemplare des Erstdrucks in zwei verschiedenen Teilauflagen, im Sopran- wie im Violinschlüssel. Erhalten sind auch die Autographe von immerhin vier der sechs Sonaten, die vom Verlag als Stichvorlage eingerichtet wurden. Schon dies stellt eine Besonderheit dar: Bei Wolfgang Amadé Mozart beispielsweise ist zu keiner einzigen Originalausgabe – im Sinne einer zu Lebzeiten des Komponisten und mit seiner Einwilligung entstandenen Ausgabe – die Stichvorlage nachweisbar. Überdies lässt sich für Bachs Sonaten auch ein Korrekturexemplar der Ausgabe, das im Zuge des Herstellungsprozesses angefertigt und für die endgültige Fassung des Drucks berücksichtigt wurde, nachweisen. Auch hierfür gibt es im Schaffen Mozarts keine Parallele.

Zusätzlich ist ein großer Teil der Korrespondenz zwischen dem Verlag Breitkopf in Leipzig und dem Komponisten in Bückeburg überliefert. Diese Korrespondenz ist deswegen besonders aufschlussreich, weil es sich bei der Sonatensammlung um die erste Notenpublikation handelte, die der Bach-Sohn eigenverantwortlich herausbrachte, so dass hier viele Details diskutiert werden, die etwa im Briefwechsel zwischen Breitkopf und Carl Philipp Emanuel Bach, der von großer Routine geprägt ist, gar nicht angesprochen werden mussten. Die Gegenbriefe des Verlags sind nicht erhalten geblieben, doch hat Breitkopf auf vielen Briefen Stichworte für die Beantwortung notiert. Einzelne Fehlstellen in diesem Mosaik lassen sich durch Analogien im Bereich der Bach-Familie schließen.

Strenggenommen wirkte Breitkopf freilich nicht als Verleger, sondern nur als Hersteller der Publikation, die Johann Christoph Friedrich Bach persönlich verantwortete und finanzierte; Breitkopf wirkte aber auch als Vermittler zur Buchhandlung der Gelehrten, die in Kommission, also im Auftrag des Komponisten, zur Distribution der Ausgabe beitrug.

Durch diese Rollenverteilung können zwei zentrale Aufgaben des modernen Musikverlags, Herstellung und Vertrieb, deutlich voneinander abgegrenzt werden; zudem ist die Frage der Finanzierung vollständig ausgelagert und dadurch ungewöhnlich transparent. In der Tabelle am Ende des Beitrags sind die einzelnen Stadien der Entstehung der Publikation nebst den wichtigsten Informationsquellen chronologisch verzeichnet und dabei jeweils den breitgefassten Kernthemen „Herstellung" und „Vertrieb" zugeordnet. Die historischen Quellen zu Leben und Werk Johann Christoph Friedrich Bachs liegen seit einigen Jahren im Rahmen der *Leipziger Beiträge zur Bach-Forschung* gedruckt vor, worauf die Dokumentennummern verweisen.[5] In der Tabelle sind die musikalischen Quellen, die eigens betrachtet werden sollen, durch Kursivdruck hervorgehoben. Sofern auf spezifische Exemplare verwiesen wird, werden die üblichen Quellensigla des *Répertoire international des sources musicales* (RISM) verwendet.

Im Folgenden sollen zwei Durchgänge durch das Material vorgenommen werden: Im ersten werden wir uns – angesichts der Materialfülle nur kursorisch – mit den Verlags-

---

5 *Johann Christoph Friedrich Bach: Briefe und Dokumente*, hrsg. von Ulrich Leisinger (Leipziger Beiträge zur Bach-Forschung, 9), Hildesheim u. a. 2011, im Folgenden abgekürzt als Dok. (mit Angabe der Dokumentennummer).

fragen hinsichtlich Finanzierung und Distribution auseinandersetzen, im zweiten mit den musikalischen Quellen und damit verbunden mit Aspekten der Herstellung.

Zuvor müssen aber grundsätzliche editionsbezogene Fragen angesprochen werden, denn der von Breitkopf praktizierte Typendruck unterscheidet sich in zentralen herstellungsbezogenen Aspekten vom andernorts angewendeten Notenstich.

Notendruck

Bis weit in die zweite Hälfte des 18. Jahrhunderts hinein war es auch für „große" Komponisten im deutschen Sprachgebiet die Ausnahme, nicht die Regel, dass ihre Werke im Druck verbreitet wurden. Notendrucke waren teuer, und auf Musikalien spezialisierte Verlage gab es kaum. Selbst in Wien blühte das Musikverlagswesen erst um 1780 auf, d.h. mit großer Verzögerung gegenüber anderen europäischen Musikzentren wie Amsterdam, London und Paris. Im deutschen Sprachraum hatte es bis dahin eine nennenswerte Produktion an gedruckten Musikalien vor allem in Augsburg, Nürnberg, Berlin und Leipzig gegeben. Bis zum Ende des 18. Jahrhunderts entwickelte sich das Musikverlagswesen im deutschsprachigen Raum allerdings rasant, man denke nur an die bis heute bestehenden Musikverlage Breitkopf & Härtel (zuvor Breitkopf) in Wiesbaden (ehemals Leipzig), Schott in Mainz, C. F. Peters (als Nachfolger des Bureau de Musique von Hoffmeister & Kühnel) in Frankfurt (ehemals Leipzig) oder André in Offenbach. Aber noch um 1800 machten professionell erstellte handschriftliche Musikalien einen beträchtlichen Teil des Musikalienhandels aus.

Bis zur Erfindung der Lithographie, dem ersten Flachdruckverfahren, die kurz nach 1800 den Notendruck revolutionierte, da hierdurch die Herstellungskosten von Neuauflagen drastisch reduziert wurden, gab es im Wesentlichen zwei Verfahren des Notendrucks: den Notenstich als ein Tiefdruckverfahren und den Druck mit beweglichen Lettern als ein Hochdruckverfahren. Die beiden Verfahren hatten unterschiedliche Traditionen: Der Notenstich wurde von Kupferstechern gepflegt, der Typendruck von Buchverlagen. Dies zeigt sich sehr deutlich an den beiden großen Musikverlagen, die unser Bild vom Musikalienendruck in dieser Zeit prägen: Artaria & Comp. wurde in Mainz gegründet und siedelte sich als Kunst- und Landkartenhandlung 1770 in Wien an – ab 1778 kam es zu einer nennenswerten Produktion an Musikalien, wo u. a. zahlreiche Erstausgaben von Haydn, Mozart und Beethoven im Notenstich erschienen sind.[6] Breitkopf wurde hingegen 1719 als Buchverlag in Leipzig gegründet; durch den von Bernhard Christoph Breitkopf verbesserten Notendruck mit beweglichen Lettern wuchs der Verlag ab Mitte der 1750er-Jahre zum führenden Musikverlag im mittleren und nördlichen Deutschland, bei dem unter anderem die Bach-Söhne Carl Philipp Emanuel und Johann Christoph Friedrich

---

6 Zu den bescheidenen Anfängen des Musikdrucks in Wien siehe Hannelore Gericke, *Der Wiener Musikalienhandel von 1700 bis 1778*, Graz und Köln 1960.

Ulrich Leisinger

Werke herstellen ließen. Dabei blieb die eigentliche Verlagsproduktion bis um 1800, als der ehemalige Buchverlag Breitkopf sich als Breitkopf & Härtel ganz auf den Notendruck spezialisierte, begrenzt. Breitkopf übernahm vielmehr häufig nur die Herstellung von Musikalien ohne das damit verbundene verlegerische Risiko, sei es, dass er für Verlage, die wie Johann Friedrich Hartknoch in Riga keine eigenen Drucktypen besaßen, oder direkt im Auftrag der Komponisten, die ihre Werke im Eigenverlag herausbrachten, tätig wurde.[7] Ab etwa 1797 setzte auch der Verlag Breitkopf & Härtel für auflagenschwächere Ausgaben zunehmend den Notenstich ein.[8] Während beispielsweise die jeweils ersten Auflagen der unter dem Titel *Oeuvres complettes de...* gedruckten Auswahlausgaben der Werke von W. A. Mozart, Joseph Haydn und Muzio Clementi sowie die bis etwa 1807 davon hergestellten Neuauflagen einzelner Hefte (*Cahiers*) daraus im Typendruck hergestellt sind, wandte Breitkopf ab ca. 1811 auch hierfür den Notenstich an. Später, ab ca. 1818, folgten auch Ausgaben in Lithographie. Die beweglichen Lettern des Typendrucks blieben vor allem bei Musikbüchern und Theoretika in Gebrauch und zwar bis zur Zerstörung der Leipziger Produktionsstätten im Zweiten Weltkrieg.

Verlagsfragen

Johann Christoph Friedrich Bach, 1732 in Leipzig geboren und seit 1750 am Hof der Grafen von Schaumburg-Lippe in Bückeburg tätig, wo er ab 1759 mit dem Titel eines Konzertmeisters die Hofkapelle leitete, konnte um 1770 erstmals einige seiner Werke im Druck sehen: Auf Vermittlung seines Bruders Carl Philipp Emanuel sind bei Bock in Hamburg als Erstlingswerk die Sechs Quartette mit Flöte BR B 37–42 mit einer Widmung an seinen Flöte spielenden Landesherren Wilhelm Friedrich Ernst von Schaumburg-Lippe erschienen; C. P. E. Bach nahm verschiedene klein besetzte Kompositionen in das Sammelwerk *Musikalisches Vielerley* (Hamburg: Bock, 1770) auf, fünf Lieder sind 1773 in *Balthasar Münters [...] Sammlung geistlicher Lieder* (Leipzig 1774) erschienen. In den Folgejahren konnte sich Johann Christoph Friedrich Bach weiter etablieren: Münter betraute ihn mit der Komposition des zweiten Teils seiner Lieder; sechs Trios für obligates Klavier und Violine, zwei Klavierkonzerte und eine weltliche Kantate sind auf Vermittlung des damaligen Bückeburger Oberkonsistorialrats Johann Gottfried Herder um 1776 bei Johann Friedrich Hartknoch in Riga erschienen; eine Reise nach England im Jahre 1777 ermöglichte es

---

7 Die hier umrissenen unterschiedlichen Traditionen aus dem Kunst- bzw. Buchhandel zeigen sich schon äußerlich: Nur Musikalien, die von Buchdruckern hergestellt wurden, weisen in der Regel ein Erscheinungsjahr auf der Titelseite auf.

8 Siehe auch Otto Erich Deutsch, *Musikverlags-Nummern. Eine Auswahl von 40 datierten Listen 1710–1900*, Berlin 1961. Ausgaben im Stich haben in der Regel auf jeder Seite eine Plattennummer, um die Sortierung der Platten im Lager sicherzustellen; bei Ausgaben im Typendruck stehen dort nur die für den Buchdruck typischen Bogensignaturen, die die Zusammenstellung der gedruckten Werke vor dem Heften und Binden erleichtern.

ihm, sechs Streichquartette und sechs Klavierkonzerte bei Welcker in London, einem der Hauptverleger seines Bruders Johann Christian Bach, unterzubringen.

Die Erfolge seines Halbbruders Carl Philipp Emanuel Bach in Hamburg, der seit den 1770er-Jahren Klaviermusik und Kammermusik mit Klavier im Eigenverlag veröffentlichte, bewog ihn, um den 20. Juni 1783 mit folgendem Schreiben bei Breitkopf in Leipzig vorstellig zu werden:

> HochEdelgebohrner,
>
> Hochzuehrender Herr!
>
> Da ich entschlosen bin mit dem ehesten 6 *Sonaten a Solo* fürs *Clavier* herauszugeben, und selbige durch Ew. HochEdelgeb. bekandten schönen Noten Druck dem *publico* vorzulegen wünschte, so nehme mir die Ehre, da ich von der ganzen *procedur* bey der Herausgabe nicht unterrichtet bin, Ew. HochEdelgeb. ergebenst zu bitten, mir mit dem ehesten über folgende Punckte gütigst Nachricht zu ertheilen.
>
> 1) Wie bald Ew. HochEdelgeb. dieses Werck in die Prese nehmen können,
>
> 2) Es wird ohngefehr nicht stärcker als meines Bruders in *Hamburg* Wercke sind, u. sollte auch in dem nemlichen *format* gros *Quart* verleget werden; was Ew. HochEdelgeb. *a* Bogen nebst dem Papier ich alsdenn zu zahlen habe.
>
> 3) Ob man dieses Werck in dasigen öffentlichen Blattern ankündigen kan.
>
> 4) Möchte ich mir überhaupt eine kleine *instrustion* [recte: *instruction*] von Ew. HochEdelgeb. erbitten, wie die *praenumeration* auf dem kürtzesten Weg anzufangen ist. [...]⁹

Bach fühlte sich durch Breitkopfs Antwort vom 13. August, die nicht erhalten geblieben ist, ermuntert und bestätigte in einem Schreiben vom 10. September 1783 seinen Beschluss, die Sonaten im „künfftigen Winter" zu veröffentlichen. Die Sonaten sollten demnach auf Pränumeration erscheinen. Anders als beim Subskriptionsverfahren, bei dem es genügte, sein Interesse mitzuteilen und dann nach Erhalt des Druckexemplars zu bezahlen, war der Pränumerant zur Vorabbezahlung des Kaufpreises verpflichtet.¹⁰ Der Pränumerant erhielt dafür einen deutlichen Rabatt gegenüber dem Ladenpreis und konnte als sogenannter Kollekteur durch Vermittlung weiterer Pränumeranten zusätzliche Rabatte für sich erwirken. Der aufschlussreiche Pränumerationsaufruf, datiert mit „Bückeburg, im September 1783", lautet:

---

9 Johann Christoph Friedrich Bach an Johann Gottlob Immanuel Breitkopf, 20. Juni 1783 (Dok II:18).
10 Vgl. Klaus Hortschansky, „Pränumerations- und Subskriptionslisten in Notendrucken deutscher Musiker des 18. Jahrhunderts", in: *Acta musicologica* 40 (1968), S. 154–174; Franz Stephan Pelgen, *Pränumerationen im 18. Jahrhundert als Geschäftsprinzip und Marktalternative. Akten der interdisziplinären Arbeitstagung vom 20./21. Februar 2009 in Mainz*, Ruhpolding und Mainz 2009; Maximilian Jolmes, „Subskription und Pränumeration als historische Finanzierungsformen", in: ders., *Crowdfunding. Historische Entwicklungslinien und Case Studies*, Baden-Baden 2021, S. 179–206.

Ulrich Leisinger

> *Nachricht.*
>
> Verschiedene Stücke, die ich im Musikalischen Vielerley habe abdrucken lassen, haben eine schmeichelhafte Recension in der Bibliothek der schönen Kunste und Wissenschaften erhalten; meine Amerikanerin hat sich ebenfalls den Beyfall des Publikums zu erwerben gewust. Ob ich nun noch dieselbe süsse Belohnung werde einerndten können, mache ich einen Versuch mit *sechs leichten Clavier=Sonaten,* in jezigem Gusto, die ich willens bin, künftige Leipziger Ostermesse, in beliebigem Violin- oder Discant-Schlüssel, denen *resp.* Herren Pränumeranten zu überliefern.
>
> Der Pränumerations-Preis ist in Conventions-Gelde 1 Rthlr. 8 Ggr. in Louisd'or zu 5 Rthlr. Die Pränumeration bleibt offen, bis Ende Mart. 1784. Diese Sonaten werden bey Herrn Breitkopf gedruckt. Papier, Druk, Format – werden seyn, wie bey meines Hamburger Bruders zulezt herausgekommenen Claviersachen.
>
> Bin ich durch die gütige Aufnahme dieser Sonaten von der noch fortdaurenden Gunst des Publikums überzeugt, so gebe ich nach und nach meine Singesachen von der Feder meines Freundes, des Herrn Ober=Consist. Rath Herders, in Partitur heraus.
>
> Alle diejenigen, so mit dieser Collection sich bemühen wollen, erhalten wie gewöhnlich auf 10 – 1, auf 5 – 1/2 Exemplar frey. Dürfte ich besonders die Freunde meines Bruders wohl ersuchen, sich auch für mich zu verwenden? Auser bemeldter Provision wurde ich ihnen unendliche Verbindlichkeit schuldig seyn.
>
> Liebhaber wurden sich also der Pränumeration wegen zu wenden haben:
>
> In *Bückeburg,* bey mir selbst; in *Berlin,* bey Herrn *Hering,* Musikus […][11]

Am Schluss des Briefs steht eine lange Liste mit mehr als 30 Namen in nahezu ebenso vielen Städten in Deutschland, aber auch im Baltikum sowie Wien und sogar Moskau.

Die weiteren Stadien der Publikation, die mit mehreren, für die damalige Zeit nicht untypischen Schwierigkeiten zu kämpfen hatte, seien knapp beschrieben:[12]

An Weihnachten 1783 stellte Johann Christoph Friedrich Bach die Stichvorlage, eine autographe Reinschrift, fertig und begann mit Breitkopf Verhandlungen über die Auflagenhöhe und die Aufteilung der Auflage in Exemplare im Sopranschlüssel wie im Violinschlüssel.

Das Verhältnis der beiden Teilauflagen zueinander ist mit Blick auf den Herstellungsprozess bislang weder für Johann Christoph Friedrich Bach noch für entsprechende Werke Carl Philipp Emanuels Bachs abschließend untersucht worden.[13] Für den Satz wurde je-

---

11 Dok IV:29 (Exemplar in A-Wst).
12 Für Einzelnachweise siehe die Tabelle am Ende des Beitrags.
13 Im Rahmen der Carl-Philipp-Emanuel-Bach-Gesamtausgabe (*Carl Philipp Emanuel Bach: The Complete Works,* hrsg. vom Packard Humanities Institute in Verbindung mit dem Bach-Archiv Leipzig, der Sächsischen Akademie der Wissenschaften und Harvard University, Los Altos/CA, 1999ff.), im Folgenden abgekürzt als CPEB:CW, wird die Frage von David Schulenberg in der „Introduction" zu CPEB:CW I/3 angesprochen (v. a. S. XVII–XVIII), ebenso von Christopher Hogwood in der „Introduction" zu CPEB:CW I/4.1, S. XIV–XV (gleichlautend auch in CPEB:CW I/4.2).

denfalls nur eine Vorlage benötigt, denn die Übertragung von einem Schlüssel in den anderen durfte von jedem Kopisten und damit offenbar auch vom Notensetzer erwartet werden.[14] Während die Vorlagen für Johann Christoph Friedrich Bachs Sonaten wie die bereits genannten vier erhaltenen Autographe sicherlich durchweg im Sopranschlüssel standen (folglich auch die Ausgabe in diesem Schlüssel vor der Parallelversion im Violinschlüssel in Angriff genommen wurde), kam es bei Carl Philipp Emanuel Bach durchaus auch zu Vorlagen, in denen beide Schlüssel vertreten waren.[15]

Was auf den ersten Blick wie zwei getrennte Ausgaben aussehen mag, waren in Wirklichkeit vermutlich nur zwei Teilauflagen: Breitkopf konnte wahrscheinlich noch während des Herstellungsprozesses mit vertretbarem Aufwand die Schlüssel im oberen Klaviersystem austauschen und die Noten vom Sopran- in den Violinschlüssel überführen, indem die oberste Linie einer Notenzeile herausgezogen wurde und eine neue unten angefügt wurde. In diese Richtung deutet zumindest der Befund bei den Klaviertrios Wq 90: Carl Philipp Emanuel Bach merkte hier nach dem Erhalt eines letzten Probeabdrucks zwei Fehler an, von denen sich einer nur in der zuerst erstellten Fassung im Violinschlüssel fand, wohingegen dieser nach der Umsetzung in den Sopranschlüssel offenbar noch rechtzeitig vor dem Druck erkannt worden war.[16] Entsprechend ist auch in Breitkopfs Kostenberechnung für Johann Christoph Friedrich Bachs Sonaten vom 10. Dezember 1784 nur von einer „Aenderung in [Violin] Schlüssel" die Rede.[17]

Die Versendungslisten, die sich in der Korrespondenz teilweise erhalten haben, zeigen, dass im süddeutsch-österreichischen Raum der Violinschlüssel bevorzugt wurde, während der traditionelle Sopranschlüssel – nicht ohne Grund von Carl Philipp Emanuel Bach und seinen nord- und mitteldeutschen Zeitgenossen als „Clavierzeichen" bezeichnet[18] – in den protestantischen Teilen Deutschlands gefragt war. Dabei lässt sich die Tendenz beobachten, dass der Sopranschlüssel auch in Norddeutschland allmählich an Boden verlor.

Angesichts der Erfolge seines Bruders Carl Philipp Emanuel setzte Johann Christoph Friedrich Bach die Auflagenhöhe mit 1000 an; dies erwies sich als allzu optimistisch; realistisch konnte die Auflagenhöhe die Zahl der subskribierten Exemplare wohl nur maximal um den Faktor 3 überschreiten. Die Pränumeration verlief insgesamt schleppend, weswegen einerseits die Frist um 3 Monate verlängert, andererseits die Zahl der Druckexemplare

---

14 Carl Philipp Emanuel Bach an Breitkopf, 2. Mai 1776. Zitiert nach Ernst Suchalla, *Carl Philipp Emanuel Bach: Briefe und Dokumente. Kritische Gesamtausgabe*, 2 Bde. (Veröffentlichung der Joachim Jungius-Gesellschaft, 80), Göttingen 1994; im Folgenden abgekürzt als Suchalla, *Briefe*, hier Bd. 1, S. 568–569 (Nr. 245).

15 Carl Philipp Emanuel Bach an Breitkopf, 15. Oktober 1782. Suchalla, *Briefe*, Bd. 2, S. 938–939 (Nr. 435).

16 Carl Philipp Emanuel Bach an Breitkopf, 19. Juli 1776. Suchalla, *Briefe*, Bd. 1, S. 584–585 (Nr. 254).

17 Breitkopf an Johann Christoph Friedrich Bach, 10. Dezember 1784 (Dok II:36).

18 Siehe z. B. Heinrich Christoph Koch, *Musikalisches Lexikon*, Frankfurt 1802, Bd. 1, Sp. 343: „Clavierzeichen. So nennt man oft den C Schlüssel auf der untersten Linie des Liniensystems, weil man ehedessen gewohnt war, die Oberstimme der Clavierstücke fast ohne Ausnahme in dieses Zeichen zu setzen."

nach unten korrigiert werden musste.¹⁹ Doch als es schließlich im Sommer 1784 an die Herstellung gehen sollte, hatte Breitkopf keine freien Kapazitäten. Die Verzögerung kam dem Bückeburger Bach nur in einer Hinsicht zugute: Auf Vermittlung Breitkopfs konnte er sein persönliches Risiko mindern, indem sich die Buchhandlung der Gelehrten bereit erklärte, das Werk in ihr Programm aufzunehmen.

Die Buchhandlung der Gelehrten mit Sitz in Dessau war ein ehrgeiziges und höchst interessantes Projekt, das von Stephanie Rahmede 2008 genauer beleuchtet wurde.²⁰ Sie verstand sich als ein philantropisches Netzwerk von Autoren, die ihre Werke sonst im Eigenverlag herausgegeben hätten. Zu ihren Autoren zählten immerhin auch Christoph Martin Wieland und Johann Gottfried Herder. Die 17 derzeit nachweisbaren Drucke mit Musikalien aus den Jahren 1781 bis 1785 bilden im Angebot der Buchhandlung der Gelehrten eine bescheidene Minderheit.²¹ Die Buchhandlung der Gelehrten bewarb die Titel, u. a. in einer eigenen Zeitschrift, die zwischen 1781 und 1784 unter dem Titel *Berichte der allgemeinen Buchhandlung der Gelehrten* erschien, präsentierte sie bei der Leipziger Buchmesse und unterhielt ein Zentrallager.

Die Verzögerung im Herstellungsprozess musste freilich die Pränumeranten, die für das Werk im Voraus bezahlt hatten, nervös machen, wovon ein besorgter Brief des Greifswalder Advocaten und Musikliebhaber Johann Heinrich Grave vom 21. Dezember 1784 zeugt. Zu diesem Zeitpunkt war, was Grave nicht wusste, noch nicht einmal die Autorenkorrektur abgeschlossen. Nach Bezahlung der Druckkosten lieferte Breitkopf die Exemplare im Zuge der Ostermesse 1785 anhand einer vom Komponisten erstellten Versendungsliste aus. Der genaue Zeitpunkt, an dem Johann Christoph Friedrich Bach seine beiden Dedikationsexemplare, die wie üblich auf besserem Papier gedruckt waren, und 50 Exemplare zum Eigenvertrieb erhielt, ist leider nicht genau dokumentiert.

Eine überschlägige Rechnung zeigt, dass die Unternehmung für Bach finanziell ein Misserfolg war. Gedruckte Musikalien waren teuer, doch nur etwa zwei Drittel des Pränumerationspreises von 1 Reichstaler 8 Groschen blieben beim Komponisten hängen. Die Summe aller Pränumerationsgelder – 133 Exemplare sind in der dem Druck beigegebenen Pränumerantenliste verzeichnet – deckte nicht einmal die Druckkosten von 200 Talern. Der Rückfluss, den sich Bach im Ladenverkauf durch die Vermittlung der Buchhandlung der Gelehrten erhofft hatte, stellte sich jedoch nicht ein: Die Buchhandlung der Gelehrten ging in Konkurs, ehe Bach eine einzige Zahlung erhalten hatte, nachdem sich eine Über-

---

19 Die Auflagenhöhe wird von Breitkopf am 10. Dezember 1784 mit 600 angegeben (Dok II:36).
20 Stephanie Rahmede, *Die Buchhandlung der Gelehrten zu Dessau. Ein Beitrag zur Schriftstelleremanzipation um 1800*, Wiesbaden 2008; siehe auch dies., „Was nunmehro die Künstler und die Gelehrten zur Beförderung des Debits ihrer Werke thun können, ja thun müssen.' – Die Buchhandlung der Gelehrten, ihre Überlegungen zur Pränumeration und ihre Beförderer", in: *Pränumerationen im 18. Jahrhundert als Geschäftsprinzip und Marktalternative. Akten der interdisziplinären Arbeitstagung vom 20./21. Februar 2009 in Mainz*, hrsg. von Franz Stephan Pelgen, S. 75–101.
21 Siehe die entsprechenden Einträge im *Répertoire international des sources musicales*.

nahme durch den Leipziger Verleger Georg Joachim Göschen zerschlagen hatte.[22] Schließlich ließ Bach über Breitkopf die Restexemplare seiner eigenen Sonaten aus der Konkursmasse herauskaufen.[23] Das genaue Ausmaß des Verlusts lässt sich schwer abschätzen, doch betrugen allein die Druckkosten von 200 Talern die Hälfte eines Jahresgehalts des Bückeburger Bach in seiner Anstellung als schaumburg-lippischer Konzertmeister. Hinzu kamen in jedem Fall die Unkosten für diverse Anzeigen oder das Briefporto zur Kommunikation mit Breitkopf, der Buchhandlung der Gelehrten und den Kollekteuren.

Herstellungsfragen

Im Folgenden gilt es, einen Blick auf die musikalischen Quellen vom Autograph zum Typendruck zu werfen: Vier der sechs Sonaten sind wie bereits erwähnt in Bachs Originalhandschriften erhalten.[24] Hierbei handelt es sich aber nicht um die Kompositionsniederschriften von Johann Christoph Friedrich Bach, sondern um reinschriftliche Kopien – dies gilt im Übrigen für nahezu alle Kompositionen, die vom Bückeburger Bach handschriftlich überliefert sind. Dies verwundert bei Stücken nicht, die nur in Dedikationsexemplaren oder in Stimmen überliefert sind, die der Bückeburger Bach – sei es wegen entsprechender Zeitressourcen oder zur Kostenersparnis – anders als Haydn, Mozart und Carl Philipp Emanuel Bach meist selbst kopierte. Dass die – im Falle der Sonaten nicht erhaltenen – Kompositionsniederschriften durchaus Korrekturen, bis hin zu verworfenen Satzanfängen, enthalten konnten, zeigt beispielhaft das Autograph der späten B-Dur-Symphonie BR C 28 – wahrscheinlich Bachs letzte Komposition überhaupt.[25] Gleiches gilt für einige Autographe mit Vokalwerken der Bückeburger Jahre, z. B. die Oratorien *Der Tod Jesu* BR D 2 und *Die Kindheit Jesu* BR D 5, bei denen Bach nachträglich die Bläserbesetzung erweitert und Detailkorrekturen vorgenommen hat. Die Reinschriften der *Sechs leichten Sonaten* sind im Übrigen nicht frei von Korrekturen. Außer Rasuren, die einerseits zur Behebung von Schreibversehen, andererseits zur Verbesserung der Les-

---

22 Siehe hierzu neben Rahmede, *Die Buchhandlung der Gelehrten* (wie Anm. 20), auch Stephan Füssel, *Georg Joachim Göschen, ein Verleger der Spätaufklärung und der deutschen Klassik*, Bd. 1, *Studien zur Verlagsgeschichte und zur Verlegertypologie der Goethe-Zeit*, Berlin und New York 1999, S. 54 ff.
23 Dok II:77, auf Grundlage von Hermann von Hase, „Beiträge zur Breitkopfschen Geschäftsgeschichte", Abschnitt „Johann Christoph Friedrich Bach (der Bückeburger)", in: *Zeitschrift für Musikwissenschaft* 2 (1919/20), S. 474 f.
24 US-CAh, Signatur: MS Mus 67 (ohne JCFB-BR A 4 und A 7). Das unvollständig überlieferte Manuskript, das im Hause Breitkopf paginiert wurde, kann unter https://iiif.lib.harvard.edu/manifests/view/drs:49415888$1i online konsultiert werden. Einzelne Seiten aus dem Manuskript sind wiedergegeben in Barbara Mahrenholz Wolff, *Music manuscripts at Harvard. A catalogue of music manuscripts from the 14th to the 20th centuries in the Houghton Library and the Eda Kuhn Loeb Music Library*, Cambridge/MA 1992, Plate 3, bzw. *Johann Christoph Friedrich Bach (1732–1795). Ein Komponist zwischen Barock und Klassik, Katalog*, bearbeitet von Ulrich Leisinger, Bückeburg 1995, S. 68–69.
25 *Johann Christoph Friedrich Bach: Drei Sinfonien* (Schaumburger Faksimiledrucke, 2), Bückeburg 1966.

Ulrich Leisinger

barkeit vorgenommen wurden, sowie – wie aus Tintenfarbe und Schreibduktus hervorgeht – nachträglichen Hinzufügungen von Akzidentien und dynamischen Angaben, finden sich durchaus auch Änderungen an Rhythmen und Tonhöhen, wobei die Lesarten *ante correcturam* nicht immer ermittelt werden können, da die Korrekturen mittels Rasur und Überschreibung erfolgten. Abbildung 1 zeigt einen Ausschnitt aus dem langsamen Satz der Sonate D-Dur BR A 3, einem Andantino G-Dur, mit Korrekturen, die über die Richtigstellung bloßer Schreibversehen hinausgehen: Die Bewegung der linken Hand wird schrittweise verlangsamt (ursprünglich war die linke Hand durchgängig in Sechzehnteln in „Faulenzernotation" als doppelt durchstrichene punktierte Viertelnote notiert); in der (im Sopranschlüssel zu lesenden) Schlussformel der rechten Hand wurde zudem die Note e^1 zweimal durch cis^1 ersetzt.

Abb. 1: J. C. F. Bach, Klaviersonate D-Dur BR A 3, Satz 2, T. 20–24. Autograph (US-CAh, MS Mus 67, p. 21) mit Korrekturen von der Hand des Komponisten.

Anhand der reinschriftlichen Autographe, die Bach mit seinem Brief vom 26. Dezember 1783 an Breitkopf übersandte, lässt sich somit die Entstehungszeit der Kompositionen nicht sicher bestimmen. Angesichts der Dedikation an Juliane von Schaumburg-Lippe, die um diese Zeit bei Bach Klavierunterricht nahm und mit immerhin 40 Talern im Jahr aus ihrer Privatschatulle vergütete, liegt es aber nahe, dass er die Sonaten eigens für den Druck komponiert hat. Bei anderen Publikationen, insbesondere bei den *Musikalischen Nebenstunden* BR K 2 (Rinteln: Bösendahl, 1787/88), die sich an ein Publikum von Liebhabern wandten, hat Bach hingegen wohl auch einige ältere Stücke aus seinem Fundus hervorgezogen. Andererseits bemühte sich Bach über Jahre hinweg, Stücke exemplarischen Charakters – wie etwa Vertonungen Herder'scher Oratorien –, die teilweise bereits bis zu 15 Jahre alt waren, zum Druck zu befördern. Gelungen ist ihm dies nur im Fall der Kantate *Ino* BR H 48, die 1786 im Druck erschien, aber spätestens 1777 entstanden ist. Ähnliches lässt sich durchaus bei seinem Halbbruder Carl Philipp Emanuel Bach beobachten, wo wir durch das sogenannte Nachlassverzeichnis[26] nicht nur über die Druckdaten, sondern meist auch über die Kompositionsjahre informiert sind.

Von anderen Stichvorlagen unterscheiden sich die autographen Reinschriften des Bückeburger Bach trotz ihres größeren Grades an Autorisierung nicht grundsätzlich. Mit Blick auf den Quellenwert sind beispielsweise die wenigen erhaltenen Stichvorlagen von

---

[26] *Verzeichniss des musikalischen Nachlasses des verstorbenen Capellmeisters Carl Philipp Emanuel Bach*, Hamburg 1790.

Carl Philipp Emanuel Bach, insbesondere *Klopstocks Morgengesang am Schöpfungsfeste* Wq 239, höher einzuschätzen, denn der Hamburger Bach hat in diesem Fall die Abschrift seines Hauptkopisten Johann Heinrich Michel genau durchgesehen, korrigiert und zusätzlich mit aufführungspraktischen Angaben versehen.[27]

Zurück zum Bückeburger Bach: Die reinschriftlichen Autographe wurden im Verlagshaus für den Stich eingerichtet, wozu diese in blass-roter Tinte annotiert wurden. Die wichtigste Aufgabe war hierbei die Einteilung des Stiches nach Seiten und Systemen. Diese Einteilung war unbedingt erforderlich, um den Notensetzern, hier im ganz handwerklichen Sinne verstanden, die Arbeit zu erleichtern, wenn nicht gar zu ermöglichen. In diesem Arbeitsschritt wurden nicht nur die Paginierung und die Zeilenumbrüche festgelegt, sondern auch der Notentext optisch bereinigt: Noten, die zusammengebalkt werden sollten, wurden mit feinen Klammern markiert, Abstände zwischen Tongruppen hervorgehoben, und der Untersatz, der im Autograph nicht immer getreu notiert war, wurde gelegentlich durch Verweiszeichen justiert. Die Eintragungen bezogen sich aber ausschließlich auf stichtechnische Aspekte; der Notentext selbst wurde nicht lektoriert, etwa durch eine Angleichung von Parallelstellen hinsichtlich der Balkensetzung oder Positionierung der Dynamik. Ganz vereinzelt wurden offenkundige Fehler korrigiert. Im Ausschnitt aus dem ersten Satz (Allegro maestoso) der Sonate Es-Dur BR A 8 ist zu sehen, dass bei der Einrichtung des Manuskripts nicht nur verlagsseitig zum Beginn von T. 73 die Seiteneinteilung „p. 39" eingetragen wurde, sondern auch in T. 74 eine irrtümlich gesetzte Viertelpause im unteren System durch eine Halbepause (analog zur Oberstimme) ersetzt wurde.

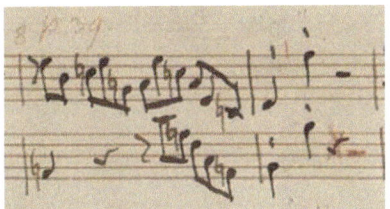

Abb. 2: J. C. F. Bach, Klaviersonate Es-Dur BR A 8, Satz 1, T. 73–74. Autograph (US-CAh, MS Mus 67, p. 28) mit Eintragungen von fremder Hand für den Stich.

Immerhin handelte es sich um Originalausgaben, bei denen Breitkopf auf die Kompetenz seiner Autoren vertraute. Letztlich erweisen sich Bachs Reinschriften aber allenfalls als genauso zuverlässig wie Abschriften guter Kopisten; sie sind aber bei Weitem nicht fehlerfrei.[28]

Das nächste erhaltene Stadium ist die Fahnenkorrektur, die Bach im November/Dezember 1783 in drei Teilen erhielt und binnen weniger Wochen an Breitkopf zurücksandte.

---

27 Die Handschrift befindet sich im Hans-Sommer-Archiv Berlin (D-Bsommer) unter der Signatur Mus. ms. C. P. E. Bach 3. Siehe *Carl Philipp Emanuel Bach: Arias and Chamber Cantatas*, hrsg. von Bertil van Boer (CPEB:CW VI/4), Los Altos 2010, S. XIII und S. 134.

28 Zu Problemen des Notentextes in Reinschriften von J. C. F. Bach siehe die Edition der Sonate in D für Klavier BR A 31, in: *Johann Christoph Friedrich Bach: Drei Klaviersonaten BR A 26, 27, 31*, hrsg. von Ulrich Leisinger, Stuttgart 2005.

Ulrich Leisinger

Dass es sich bei dem heute in der Österreichischen Nationalbibliothek in Wien befindlichen Exemplar des Erstdrucks[29] um einen Probedruck handelt, lässt sich nicht nur anhand der handschriftlichen Eintragungen, sondern schon am Wasserzeichen erkennen. Während für die Druckauflage gutes Gebrauchspapier aus der Papiermühle Lenck in Niederlößnitz (heute ein Ortsteil von Radebeul bei Dresden) verwendet wurde, weist das Korrekturexemplar eine mindere Papierqualität ohne Wasserzeichen auf. Entsprechendes lässt sich auch bei einem Probedruck der 6 Flötenquartette von 1768 beobachten; dieser ist abweichend von der Druckauflage auf auffallend „lappigem", unsauber beschnittenem Papier gedruckt.[30]

Während die ersten 10 Seiten des Wiener Exemplars der *Sechs leichten Klaviersonaten* faktisch korrekturenfrei sind, finden sich im weiteren Verlauf einzelne Eintragungen. Anders als die Annotationen in der Stichvorlage, die sich nicht besonders deutlich vom Notentext des Autographs abheben, sind diese Korrekturen nicht nur im Notentext selbst mit roter Tinte eindeutig markiert, sondern auch am Rand zusätzlich vermerkt oder richtiggestellt. Wir reden von insgesamt etwa 30 Korrekturen, ganz überwiegend vergessene oder fehlplatzierte Akzidentien und dynamische Bezeichnungen. Auf 43 Seiten Notentext ist hingegen nur ein einziger Notenfehler angestrichen! Es handelt sich zweifelsfrei nicht um Verbesserungen störender Druckfehler durch einen späteren Besitzer, sondern um Korrekturen, die für den weiteren Herstellungsvorgang angemerkt wurden. In der Druckauflage sind die vermerkten Fehler korrigiert. Allem Anschein nach handelt es sich hier um eine Hauskorrektur; trotz der Kürze der Einträge dürfte auszuschließen sein, dass die Korrekturen von der Hand Johann Christoph Friedrich Bachs stammen. Abbildung 3 zeigt den Beginn der Sonate A-Dur BR A 7 auf S. 30. Im Korrekturexemplar sind ein fehlender Doppelschlag sowie ein Vorzeichenfehler vermerkt; beide sind in der Druckauflage behoben (das Autograph dieser Sonate ist nicht erhalten).

Abb. 3: J. C. F. Bach, Klaviersonate A-Dur BR A 7, Satz 1, T. 1–4. Korrekturexemplar (A-Wn, M.S. 38891-qu.4°, S. 30) mit Eintragungen in roter Tinte.

---

29 A-Wn, Signatur: M.S. 38891-qu.4°. Das Exemplar kann unter https://digital.onb.ac.at/RepViewer/viewer.faces?doc=DTL_9594899&order=1&view=SINGLE konsultiert werden.

30 Exemplar in B-Bc, 6374. Vgl. Ulrich Leisinger und Peter Wollny, *Die Bach-Quellen der Bibliotheken in Brüssel. Katalog* (Leipziger Beiträge zur Bach-Forschung, 2), Hildesheim u. a. 1997, S. 402 und S. 420–421. Siehe dazu auch BR, S. 146.

Abbildung 4 aus der Exposition des ersten Satzes der Sonate Es-Dur BR A3 zeigt, dass im Zuge dieser Korrektur nicht nur reine Satzfehler, wie im letzten Takt des Beispiels, korrigiert wurden, sondern auch noch im Autograph fehlende Akzidentien eingefügt wurden.

Abb. 4: J. C. F. Bach, Klaviersonate Es-Dur BR A 8, Satz 1, T. 30–33. Korrekturexemplar (A-Wn, M.S. 38891-qu.4°, S. 37) bzw. Autograph (US-CAh, MS Mus 67, p. 27).

Diese geringe Fehlerquote – wir sprechen hier vom letzten Stadium der ersten und einzigen Autorenkorrektur – ist bemerkenswert und deckt sich mit J. C. F. Bachs lapidarer Bestätigung in seinem Brief vom 24. Dezember 1784, genau ein Jahr nach Einreichung der Stichvorlage:

> Die letzten Bogen von meinen Sonaten habe richtig erhalten. Nach genauer Durchsicht habe keine erhebliche Fehler gefunden.[31]

Diese Angabe ist sicher wörtlich zu verstehen: Nur „erhebliche" Fehler verdienten in einer Autorenkorrektur überhaupt Erwähnung, Inkonsistenzen etwa bei Bogenlängen oder der Platzierung von dynamischen Angaben blieben regelmäßig unbeanstandet, da eine Korrektur vor dem Druck zwar möglich, aber nicht unaufwändig war. Anders als beim Plattendruck, wo Änderungen, die über die Hinzufügung von Zeichen hinausgehen, meist als Plattenkorrekturen sichtbar bleiben, ist im Typendruck im Nachhinein nicht mehr erkenntlich, welche Stellen geändert wurden. Für Druckausgaben wurden aber offenbar insgesamt keine höheren Qualitätsstandards eingefordert als für Abschriften professioneller Kopisten, was bei der Beurteilung des Quellenwerts für einen Editor unserer Zeit einschränkend berücksichtigt werden muss.

---

31 Dok II:38 (Exemplar D–DS).

Ulrich Leisinger

Allerdings hat es sich hierbei zweifellos nicht um das einzige Korrekturstadium gehandelt. Aus dem weit umfangreicheren Briefwechsel von Carl Philipp Emanuel Bach mit Breitkopf geht hervor, dass Breitkopf eine Hauskorrektur ausführen ließ, ehe er Druckfahnen an die Autoren aushändigte. Breitkopf ließ diesen Korrekturvorgang offenbar extern durchführen, zu dieser Zeit wohl hauptsächlich durch den späteren Thomaskantor Johann Adam Hiller, denn die Kosten für die „Hauskorrektur" wurden neben den Satz- und Druckkosten ebenso wie die Kosten für Werbung regelmäßig separat in Rechnung gestellt. Die von Breitkopf versendeten Druckfahnen sind damit eher mit einem Aushänger als mit einer modernen Autorenkorrektur zu vergleichen.

Das einzige mir bekannte Exemplar einer Hauskorrektur im Typendruck wird heute in der Sammlung Kulukundis als Depositum im Bach-Archiv Leipzig aufbewahrt. Auf jeder Seite finden sich hier wenigstens 20 Fehler, was sich im Falle des 114 Druckseiten starken Oratoriums *Die Israeliten in der Wüste* Wq 238 von Carl Philipp Emanuel Bach zu einer erklecklichen Anzahl an notwendigen Korrekturen summiert, während die eigentlichen Druckexemplare nahezu fehlerfrei sind (weder Autograph noch Stichvorlage sind in diesem Falle erhalten).[32]

Die beiden oben erwähnten Herstellungsverfahren – Notenstich und Druck mit beweglichen Lettern – weisen im Übrigen große Unterschiede auf, was Korrekturmöglichkeiten, Auflagenhöhen sowie Nachauflagen angeht:

Änderungen an einer Stichplatte sind im Prinzip jederzeit – also auch noch nachträglich bei einer Neuauflage – möglich; sie sind aber technisch nur schwer zu realisieren, so dass de facto auch grobe Fehler wie fehlende oder falsche Noten häufig unkorrigiert geblieben sind. Beim Druck mit beweglichen Lettern sind Korrekturen zwar verhältnismäßig einfach vorzunehmen, aber nur bis zum Beginn des Drucks möglich, weswegen sie üblicherweise gründlich Korrektur gelesen wurden.[33] Fehler, die erst nachträglich erkannt wurden, wurden gelegentlich auf Erratablättern vermerkt, die in die Titelei eingefügt oder separat beigelegt wurden. Dies konnte insbesondere dann vorkommen, wenn die Herstellung vom Komponisten nicht selbst überwacht werden konnte, sei es wegen räumlicher Distanz und der damit verbundenen Verzögerungen, sei es deshalb, weil der Verleger die Herstellung auslagerte und nur unzureichend überprüfen konnte. Bei Johann Christoph Friedrich Bach finden sich derartige Korrigenda beispielsweise in den Druckausgaben, die der unerfahrene Anton Heinrich Bösendahl in Rinteln produzierte, der überhaupt erstmals 1787 mit Heft I von J. C. F. Bachs *Musikalischen Nebenstunden* Noten im Typendruck herstellte.[34]

Beim Notenstich konnten – theoretisch – jederzeit Adaptierungen und Neuauflagen erfolgen, Abzüge wurden in kleinen Chargen von 25 oder 50 Exemplaren gedruckt, um die

---

32 Siehe dazu *Carl Philipp Emanuel Bach: Die Israeliten in der Wüste*, hrsg. von Reginald L. Sanders (CPEB:CW IV/1), Los Altos 2008, S. 125 und das Faksimile auf S. XXIX.

33 Für einen vereinzelten, aber auffälligen Satzfehler in einer Liedüberschrift in *Cahier* V von Mozarts *Oeuvres complettes*, der während des Druckvorgangs behoben wurde, siehe Gertraut Haberkamp, *Die Erstdrucke der Werke von Wolfgang Amadeus Mozart. Bibliographie*, 2 Bde., Tutzing 1986, hier *Textband*, S. 411.

34 Siehe z. B. *Drei leichte Sonaten* BR A 13–15 und *Musikalische Nebenstunden* BR K 2.

Lagerbestände gering zu halten. Allerdings mussten hierzu die Platten vorrätig gehalten werden, was neben den Materialkosten erheblichen Lageraufwand bedeutete. Da die Platten (ursprünglich Kupferplatten) aus Gründen der Materialersparnis so dünn wie möglich gehalten wurden, unterlagen sie einem gewissen Verschleiß – an Druckexemplaren als Spuren der Plattenrisse, die sich mit Tinte füllten, oftmals gut zu erkennen, so dass die maximale Auflagenhöhe eines Plattendrucks bis zur Einführung des Stahlstichs im 19. Jahrhundert im Bereich weniger hundert Exemplare lag, ehe die Platten durch einen Neustich ersetzt werden mussten. Demgegenüber ermöglichte der Druck mit beweglichen Lettern Auflagenhöhen von weit mehr als 1000 Exemplaren; den damaligen Rekord bildete wohl der *Erste Theil* von Georg Bendas *Sammlung vermischter Clavier-Stücke für geübte und ungeübte Spieler* mit 2400 Exemplaren (darunter 2076 pränumerierte Exemplare).[35] Allerdings verlagern sich die Probleme nur: Der Sinn der beweglichen Lettern liegt in ihrer Wiederverwendbarkeit; die Druckstöcke wurden nach dem Druck wieder in ihre Einzelbestandteile zerlegt.[36] Eine Neuauflage bedeutet daher – anders als beim Plattendruck – einen Neusatz mit allen damit verbundenen Kosten, was größte Sorgfalt bei der Festlegung der Auflagenhöhe erforderte.

Mit der Auslieferung ist die Druckgeschichte der *Sechs leichten Sonaten* von Johann Christoph Friedrich Bach im Wesentlichen abgeschlossen, doch zog sich die Verteilung und Abrechnung der Exemplare noch eine Weile hin. Als wichtiges Stadium der Rezeption zu nennen wäre auch noch eine kurze, aber wohlwollende Rezension, die Johann Abraham Peter Schulz für die *Allgemeine deutsche Bibliothek* schrieb und die im Frühjahr 1787 im Druck erschien.[37]

Was können wir aus diesem Spezialfall für die editorische Praxis lernen? Im Wesentlichen zwei Aspekte, wobei wir uns strenggenommen auf den Notendruck zwischen 1770 und 1800 in Nord- und Mitteldeutschland beschränken müssen:

1. Die Veröffentlichung im Druck mit Zustimmung des Komponisten bedeutet per se eine Auszeichnung, denn sie geht auf einen Selektionsprozess zurück. Dieser berücksichtigt zwar das Bedürfnis nach „marktgängiger" Musik, der Komponist sah sich aber veran-

---

35 RISM B 1897. Vergleiche Hortschansky, „Pränumerations- und Subskriptionslisten" (wie Anm. 10), S. 161.
36 Nicht nur bei umfangreichen Werken, wie beispielsweise einem Oratorium, konnten noch nicht einmal alle Seiten gleichzeitig gesetzt werden. Vielmehr mussten sie in Teilen hergestellt und auch gedruckt werden. Vgl. dazu Carl Philipp Emanuel Bach an Johann Gottlob Immanuel Breitkopf, 23. Dezember 1784. Suchalla, *Briefe*, Bd. 2, S. 1054–1056 (Nr. 492). In den 1760er-Jahren sandte Breitkopf Bach trotz des erhöhten Portoaufwands die Korrekturen bogenweise zu, was auf entsprechend kleine Werkteile, die je für sich gesetzt und gedruckt wurden, deutet. Vgl. Carl Philipp Emanuel Bach an Bernhard Christoph Breitkopf und Sohn, 12. Oktober – 6. November 1765. Suchalla, *Briefe*, Bd. 1, S. 75–81 (Nr. 38–41).
37 [Johann Abraham Peter Schulz], „Sechs leichte Sonaten fürs Clavier oder Pianoforte – von Joh. Christoph Friedr. Bach", in: *Allgemeine deutsche Bibliothek*, 72. Bd., 2. Stück (1787), S. 387. Dok IV:42.

Ulrich Leisinger

lasst, innerhalb dieses Repertoires eine Auswahl der besten Stücke vorzunehmen, da eine Veröffentlichung aller seiner Werke ökonomisch schlechterdings unmöglich war.

2. Die von Breitkopf hergestellten Druckausgaben sind genauso gut, wie die ihm zur Verfügung stehenden Stichvorlagen. Dies ist im positiven wie im negativen Sinne zu verstehen: Sie geben die handschriftlichen Noten in einem normierten Notensatzformat zuverlässig wieder; sie sind aber auch nicht besser als die Vorlagen, wo diese in sich unstimmig, fehlerhaft oder auch nur missverständlich notiert sind. Erst mit Johann Adam Hiller, der auch als Herausgeber von Fremdwerken – etwa Kompositionen von Händel, Graun und Pergolesi – bei Breitkopf wirkte, verstärkt dann mit August Eberhard Müller, dessen Handschrift im übertragenen Sinne sich vor allem in den sogenannten *Oeuvres complettes* von W. A. Mozart und Joseph Haydn im frühen 19. Jahrhundert findet, kommt die Ebene eines Lektors, wenn nicht Editors hinzu. Während die älteren Breitkopf-Drucke als Originalausgaben noch unmittelbar Quellenwert beanspruchen können, sind die „späteren" Editionen bei Breitkopf & Härtel von Herausgeberzutaten nicht mehr frei.[38] Diese wurden zwar durchaus mit Sachverstand und guten Intentionen, aber teils willkürlich vorgenommen. Der Spruch „Editore – Traditore", der unseren Herausgeberalltag bestimmen sollte, hat seine Wurzeln damit durchaus schon im Musikverlagswesen der Zeit um 1800.

---

[38] Als Beispiel kann die Suite C-Dur/c-Moll KV 399 in *Cahier* VI der *Oeuvres complettes de Mozart* dienen: Für den Druck stand das Autograph des unvollendeten Mozart-Werks, die einzige Quelle für die Komposition, zur Verfügung. Dennoch weicht der Notentext des Drucks an verschiedenen Stellen vom Autograph ab, was nur als bewusster Eingriff des Lektors/Editors August Eberhard Müller, nicht als bloße Nachlässigkeit gedeutet werden kann. Vgl. *Wolfgang Amadeus Mozart: Klavierstücke*, Bd. 2, *Spätere Werke*, hrsg. von Ulrich Leisinger, Wien und Mainz 2006, S. 112–121, insbesondere Ouverture, T. 12 und T. 72, sowie Allemande, T. 13. Außer Eingriffen in den Notentexten finden sich hier auch Tempoangaben, die im Autograph gemäß Suitentradition fehlen.

Tabelle. Chronologische Übersicht zur Publikation der *Sechs leichten Sonaten*

Herstellung	Vertrieb	Datum	Dokument	Quelle
Anfrage nach „Procedur der Herausgabe"	Bitte um „Instru[c]tion [über] die praenumeration"	20. Juni 1783	J. C. F. Bach an Breitkopf	Dok II:18
	Pränumerationsaufruf	vor dem 10. Sept. 1783	Pränumerationsaufruf	Dok IV:29
Anfrage wegen Ausstattung des Drucks und der Manuskriptübergabe Festlegung des Erscheinungstermins		10. Sept. 1783	J. C. F. Bach an Breitkopf	
	Rekrutierung von Kollekteuren	10. Sept. 1783	J. C. F. Bach an Artaria u. a.	Dok II:21–22
	Pränumerationsanzeigen	ab 26. Sept. 1783	Hamburg, Leipzig	Dok IV:29
Erstellung Stichvorlage		*vor dem 26. Dez. 1783*	*Autographe Reinschrift (unvollständig überliefert)*	*US-CAh*
Übersendung Stichvorlage Diskussion Auflagenhöhe	Einsendung Pränumerantennamen	26. Dez. 1783	J. C. F. Bach an Breitkopf	II:23
Festlegung Titel Diskussion Auflagenhöhe		30. Jan. 1784		
Kostenkalkulation Mitteilung über Herstellungsverzug		4. März 1784	Breitkopf an J. C. F. Bach	Dok. II:25
Diskussion Auflagenhöhe	Verlängerung Subskriptionsfrist Diskussion um Kommission	15. März 1784	J. C. F. Bach an Breitkopf	Dok. II:26
	Verlängerung Subskriptionsfrist	16. März 1784	Hamb. unpart. Corr.	Dok. IV:32

Herstellung	Vertrieb	Datum	Dokument	Quelle
	Ende der (ursprünglich gesetzten) Pränumerationsfrist	Ende März 1784	Pränumerationsanzeige	Dok IV:29
Geplantes Erscheinen		Ostermesse 1784	Pränumerationsaufruf	Dok IV:29
	Neues Ende der Pränumerationsfrist	Ende Juni 1784	Zeitungsanzeige	Dok IV:32
Geplantes Erscheinen		Ende Juli 1784	Zeitungsanzeige	Dok IV:32
Mitteilung über Herstellungsverzug		17. Aug. 1784	Breitkopf an J. C. F. Bach	Dok. II:32
	Übernahme in Verlag der Buchhandlung der Gelehrten	30. Aug. 1784	J. C. F. Bach an Breitkopf	Dok. II:32
Einrichtung Stichvorlage		*vor Herbst 1784*		*US-CAh*
Notensatz und Hauskorrektur		*Herbst 1784*		
Beginn Autorenkorrektur Übermittlung Titel		*23. Nov. 1784*	*J. C. F. Bach an Breitkopf Korrekturexemplar*	*Dok. II:35 A-Wn*
Übersendung Autorenkorrektur		*10. Dez. 1784*	*J. C. F. Bach an Breitkopf Korrekturexemplar*	*Dok. II:35 A-Wn*
Festlegung Auflagenhöhe		*10. Dez. 1784*	Abfertigungsvermerk Breitkopf	Dok II:36
	Beschwerde eines Pränumeranten über Verzögerung der Auslieferung	21. Dez. 1784	J. H. Grave an J. C. F. Bach	Dok II:37
Abschluss Autorenkorrektur		24. Dez. 1784	J. C. F. Bach an Breitkopf	Dok II:38
Zahlung der Druckkosten		Ende Jan. 1785	J. C. F. Bach an Breitkopf	Dok II:40–41
Druck			*Originalausgabe*	RISM B 421

Herstellung	Vertrieb	Datum	Dokument	Quelle
	Versendungsliste	um den 7. Februar 1785	J. C. F. Bach an Breitkopf	Dok II:43
	Auslieferung Autorenexemplare	Februar / März 1785?		
	Probleme beim Versand, ausstehende Zahlungen	bis Herbst 1785	J. C. F. Bach an Breitkopf	Dok II:46 ff.
	Konkurs Buchhandlung der Gelehrten	1786/87		
	Rezension	Frühjahr 1787	Allgemeine deutsche Bibliothek	Dok IV:42
	Rückkauf Restexemplare aus Konkursmasse	1788	Breitkopf an J. C. F. Bach	Dok II:77
	Verramschung	ab März 1789		Dok II:85

Beethoven als Korrekturleser bei der Drucklegung seiner Werke

Jens Dufner

Wenn Ludwig van Beethoven seine Werke zum Druck gab, war der Kompositionsprozess häufig noch nicht abgeschlossen. In vielen Fällen nahm er noch in der Druckfahne oder sogar darüber hinaus Einfluss auf die letztgültige Fassung eines Werkes, indem er noch Korrekturen durchführte. „Korrektur" ist im Folgenden zum einen ganz wörtlich (von lateinisch „corrigere") als „Berichtigung" zu verstehen: Fehler, die beispielsweise in Druckabzügen noch auffielen, wurden angemerkt und konnten im Idealfall noch eliminiert werden. Diese Korrekturen im engeren Sinn konnten durch den Komponisten selbst erfolgen, zwingend notwendig war seine Beteiligung jedoch nicht: So konnte beispielsweise auch ein Verlagsmitarbeiter Fehler berichtigen, entweder im Abgleich mit der Stichvorlage bzw. einem anderen Referenzdokument oder weil er sie als objektive musikalische Fehler erkannte. Zu welchem Zeitpunkt und durch wen der Fehler entstanden war (etwa durch den Komponisten, einen Kopisten oder den Stecher) dürfte dabei mehr oder weniger egal gewesen sein.

In einem erweiterten Sinn meint „Korrektur" im Folgenden aber auch eine Weiterentwicklung des Werktextes, also keine Ersetzung einer „falschen" durch eine „richtige" Lesart, sondern die Änderung von einer „richtigen" zu einer „besseren" (oder zumindest einer neuen „richtigen") Lesart. Letzteres ist ein kreativer Akt, der in der Regel dem Komponisten selbst oblag (sofern es sich nicht um eigenmächtige Eingriffe vonseiten des Verlags[1] oder lediglich Präzisierungen der Notation handelte). „Korrektur" kann sich im Folgenden also auf beides beziehen: die mechanische Fehlereliminierung und die schöpferische Weiterentwicklung des Textes. Das Augenmerk soll dabei im Wesentlichen auf die textliche Ebene gelegt werden; wie die Umsetzung der Korrekturen herstellungstechnisch vonstattenging, wird nur am Rande eine Rolle spielen.

Früheste Belege für Beethovens Lektoratstätigkeit:
Die Variationen WoO 40 über „Se vuol ballare" aus Mozarts *Le nozze di Figaro*

Lieber, Bester!
gestern Abend erhielt ich meine *Variationen* [WoO 40], sie waren mir wahrhaftig ganz fremd geworden, und das freut mich, es ist mir ein Beweiß, daß meine *Composition* nicht ganz

---

[1] Ein bekannter Fall für eine solche Eigenmächtigkeit findet sich in der Klaviersonate op. 31 Nr. 1, wo der Verleger Nägeli zur großen Verärgerung des Komponisten vier Takte hinzufügte.

alltäglich ist. ich muß ihnen aber noch einige Fehler anmerken, die ich sie bitte doch ja gleich *corrigiren* zu laßen, weil sie wirklich von erheblichkeit sind.[2]

So schreibt Beethoven im Sommer 1793 aus Eisenstadt an den Wiener Verlag Artaria & Comp. Es folgt eine detaillierte Auflistung der gefunden Fehler auf dem Titelblatt und auf den Notenseiten:

> Zuerst ist auf dem Titelblatte gefehlt, wo steht *avec un Violino ad libitum*, da die *Violin* durchaus mit der Klawierstimme zusammenhängt, und da es nicht möglich ist, die *V.* ohne violin zu spielen, so muß es heißen: *avec un Violon obligate*, wie ich es auch auf einem *exemplare Corrigirt* habe. in der 1ten *Variation* im 12ten Tackt findet sich von dem lezten 8tel *C* an ein Bindungszeichen, was nicht hin gehört. es ist mit einem Kreuzchen bezeichnet, es ist im Baße. in der 3ten *V.* im Eilften und 12ten Tackt sind drei Noten im Baße ausgelaßen. im Ei[l]ften Tackt heißen diese Noten *F* eine viertel und eine Achtel note, im 12ten tackte heißt diese Note *E*, und ist eine viertels Note. es ist auch angezeigt. […][3]

Die Auflistung geht noch weiter; fast 20 Änderungswünsche (die teilweise jeweils mehrere Korrekturen zur Folge haben) werden angezeigt. So weit man das aus den Formulierungen entnehmen kann, handelt es sich wohl ausschließlich um echte Fehlerberichtigungen, möglicherweise in Abgleich mit dem Autograph oder einer Abschrift in Beethovens Besitz. Der Brief ist das früheste Dokument, das uns Einblicke in ein insgesamt nur äußerst dürftig dokumentiertes Stadium des Kompositionsprozesses gibt: die Lektoratstätigkeit Beethovens im Zuge der Drucklegung seiner Werke.

Der Brief aus dem Jahr 1793 belegt, dass Beethoven schon in seiner frühen Wiener Zeit die Möglichkeit hatte, Korrekturen im gedruckten Notentext zu veranlassen, was für den zu dieser Zeit noch relativ unbekannten 22-jährigen Komponisten nicht als Selbstverständlichkeit angesehen werden kann. Er forderte sogar vom Verlag, die Fehler in bereits verkauften Exemplaren zu verbessern: „sollten schon einige verkauft seyn, so muß *artaria* sorgen, daß er die *exemplare* wider bekommt, und die Fehler *Corrigirt*."[4] Beethovens Korrekturen wurden tatsächlich berücksichtigt, denn in allen überlieferten Exemplaren der Originalausgabe von WoO 40 sind die genannten Fehler bereits in Form von Plattenkorrekturen verbessert. Einzige Ausnahme ist das Titelblatt, bei dem die Korrektur erst zu einer späteren Auflage erfolgte; dies ist jedoch mit dem grundsätzlich separaten Herstellungsprozess von Noten- und Titelplatten erklärbar, für den mutmaßlich unterschiedliche Stecher verantwortlich waren.

---

2 Ludwig van Beethoven an einen Angestellten des Verlags Artaria & Comp., Brief nach dem 19. Juni 1793. Beethoven-Haus Bonn, Sammlung H. C. Bodmer, HCB Br 273; Digitalisat: www.beethoven.de/de/media/view/4915890273386496. Vgl. Ludwig van Beethoven, *Briefwechsel. Gesamtausgabe*, hrsg. von Sieghard Brandenburg, Bd. 1–6, Bd. 7 (Register), München 1996, 1998, Brief Nr. 10. Die Briefausgabe wird im Folgenden zitiert als BGA mit der entsprechenden Briefnummer.
3 Ebd.
4 Ebd.

Beethoven als Korrekturleser bei der Drucklegung seiner Werke

Der eingangs zitierte Brief zeigt symptomatisch sowohl einige grundlegende Erkenntnisse zum Ablauf des Korrekturverfahrens als auch, wie groß die Lücken im Wissen um diesen Teil des Schaffensprozesses sind. Aus dem Brief gehen sogar – wenngleich nur rudimentäre – Erkenntnisse zum praktischen Ablauf des Korrekturprozesses hervor: So gibt Beethoven an, Fehler „mit einem Kreuzchen bezeichnet" zu haben.[5] Offenbar hat er die Anmerkungen mindestens zweimal vorgenommen: direkt im gedruckten Notentext sowie zusätzlich in der Fehlerliste, die auf die Fahnenkorrektur verweist. Auch das Postskriptum unter der Unterschrift bestätigt dies; dort heißt es: „das *exemplar* was zu oberst liegt ist *Corrigirt*".[6] Sieghard Brandenburg schließt im Kommentar der kritischen Briefausgabe daraus, dass Beethoven den korrigierten Druckabzug zusammen mit dem Brief an den Verlag zurückschickte,[7] was man jedoch durchaus in Frage stellen kann. Der Hinweis auf das oberste Exemplar legt vielmehr nahe, dass der Komponist die Korrekturen vor seiner Abreise aus Wien entweder direkt im Verlag vorgenommen oder das korrigierte Exemplar bei sich zuhause zur Abholung bereitgelegt hatte; ansonsten müsste er nämlich nicht nur mehrere Exemplare von Artaria erhalten, sondern auch mehrere dorthin zurückgesandt haben, was wenig plausibel erscheint. In jedem Fall dokumentiert der Brief nur einen Teil des Korrekturprozesses, ein anderer Teil liegt für uns heute im Dunkeln, da sich die Quellen dazu nicht erhalten haben. Es muss zumindest einen korrigierten Druckabzug gegeben haben, vielleicht aber auch noch andere Listen oder Notenmanuskripte, in denen die Korrekturen festgehalten wurden; mehr als Spekulationen sind hier nicht möglich. Mit der Kenntnis anderer Werke kann man mutmaßen, dass Korrekturbrief und -druck intentional gleich sein sollten, de facto aber durchaus Differenzen aufgewiesen haben können. Die ungleiche Überlieferung der beiden Dokumentenarten (korrigierter Druck und Fehlerliste) hat wahrscheinlich vor allem ganz pragmatische Gründe: Während Korrespondenzen mit den Komponisten in der Regel im Verlag systematisch archiviert wurden, hatten die eigentlichen Korrekturanmerkungen nur temporär und für den korrigierenden Stecher eine Relevanz; nach Umsetzung der Korrekturen wurden sie zur Makulatur. Wohl aus diesem Grund sind deutlich mehr Fehlerlisten – in der Regel in Form von Briefen an den jeweiligen Verleger – überliefert als von Beethoven korrigierte Druckabzüge.

Eine Klassifizierung der Korrekturdokumente ist deutlich komplexer, als es auf den ersten Blick den Anschein haben mag. Sie auf „Fehlerlisten" und „Korrekturabzüge" zu begrenzen, griffe zu kurz. Sowohl in Bezug auf die Notationsform als auch auf ihre Funktion und zeitliche Stellung innerhalb des Kompositionsprozesses muss man zwischen den überlieferten Dokumenten differenzieren. Im Folgenden soll anhand verschiedener Dokumente zum lektorierenden Komponisten gezeigt werden, wie heterogen auf den ersten Blick häufig sehr ähnliche Korrekturdokumente sind und wie schwer eine Systematisie-

---

5 Ebd.
6 Ebd.
7 Vgl. ebd., Anm. 2.

rung letztlich fällt. Die behandelten Werke sind exemplarisch zu verstehen; eine vollständige Dokumentation aller Korrekturdokumente soll und kann hier nicht erreicht werden.

Nachträge zur Stichvorlage auf der Grundlage von Aufführungen: Fünfte und Sechste Symphonie op. 67/68

Während eine materielle Unterscheidung zwischen Korrekturlisten und korrigierten Druckabzügen in der Regel keine Probleme bereitet, gestaltet sich die Kategorisierung der Dokumente in genetischer und funktionaler Hinsicht oft schwieriger. Für den angeführten Brief zu den *Figaro*-Variationen WoO 40 ist der Fall relativ klar: Die Korrekturliste bezieht sich auf den Druck, also auf Fehler, die bereits in die Stichplatte eingegangen waren und in mindestens einem Abzug gedruckt vorlagen. Ob es sich dabei um einen Probeabzug im eigentlichen Sinne des Wortes handelte oder ob der vom Komponisten korrigierte Abzug Teil einer ersten (oder sogar nur einer frühen) Auflage war, die durch das Auffinden von Fehlern eine korrigierte Folgeauflage – möglicherweise mit Makulierung der vorausgehenden – nach sich zog, lässt sich nicht sagen. Dies ist ein grundsätzliches Problem im Umgang mit frühen Abzügen, das man sich vergegenwärtigen muss: Man kann sich naturgemäß nur auf die Exemplare stützen, die überliefert sind. Diese Erkenntnis klingt banal, doch würde in vielen Fällen die Einschätzung des Korrekturprozesses wohl anders aussehen, wenn die makulierten Abzüge sämtlich noch zur Verfügung stünden. Wenn beispielsweise ein Plattenstadium nur in einem einzigen Abzug dokumentiert ist, ist eine Unterscheidung zwischen „Probeabzug" und einem singulär überlieferten Exemplar einer frühen Auflage oft gar nicht möglich. Man kann leider nie ausschließen, dass weitere Plattenstadien existiert haben, die in keinem bekannten Exemplar dokumentiert sind und deren Kenntnis unsere Bewertung der dokumentierten Druckstadien verändern würde.

Beethovens Fehlerverzeichnisse stehen nicht zwangsläufig im Zusammenhang mit Defiziten, die bereits in die Druckplatte eingegangen waren wie im Fall von WoO 40. Das folgende Beispiel erscheint auf den ersten Blick ganz ähnlich, unterscheidet sich aber sowohl in der Funktion als auch in der Position innerhalb des Schaffensprozesses vom anfänglichen Beispiel wesentlich. Es handelt sich um einen Brief, den Beethoven Ende März 1809 an den Verlag Breitkopf & Härtel nach Leipzig schickte;[8] er bezieht sich auf die fünfte und sechste Symphonie, die sich zu dieser Zeit gerade in der Herstellung befanden. „Hier erhalten sie die kleinen Verbesserungen in den *Sinfonien*", heißt es gleich zu Beginn. Der sprachliche Duktus ist also ganz ähnlich wie bei WoO 40, auch wenn Beethoven hier explizit von „Verbesserungen" (statt von zu korrigierenden Fehlern wie im Falle der *Figaro*-Variationen) spricht, was bereits darauf hindeutet, dass es sich hier um eine schöpferische Überarbeitung und nicht nur um Fehlerberichtigungen handeln könnte. Aber auch hierbei

---

8 Beethoven an Breitkopf & Härtel, Brief vom 28. März 1809, BGA 370. Beethoven-Haus Bonn, Sammlung H. C. Bodmer, HCB Br 75; Digitalisat: https://www.beethoven.de/de/media/view/4936316600975360.

haben wir es mit einem Korrekturverzeichnis (in der erweiterten Bedeutung des Wortes „Korrektur") für den Verleger zu tun. Es gibt jedoch wesentliche Unterschiede zum vorausgehenden Beispiel. Der erste betrifft die Notationsform: Die Korrekturliste ist nicht genuiner Bestandteil des Brieftextes wie im Falle der *Figaro*-Variationen, sondern war dem Brief als Anhang beigefügt. Das ist vermutlich auch der Grund, weshalb sich die Liste der Verbesserungen selbst gar nicht erhalten hat; hier zeigt sich wieder das beschriebene Phänomen, dass Korrespondenzen verwahrt wurden, reine Korrekturdokumente aber nach ihrer Umsetzung ihre Bedeutung verloren. Der zweite Unterschied liegt im Bezugspunkt der angezeigten Korrekturen und in der Chronologie: Als Beethoven im März 1809 den Brief verfasste, war die Symphonie noch nicht erschienen; die Stichvorlage befand sich jedoch schon seit einem halben Jahr (seit September 1808) beim Verlag Breitkopf & Härtel in Leipzig. In der Zwischenzeit, im Dezember 1808, hatte die öffentliche Uraufführung der beiden Werke im Theater an der Wien stattgefunden. Durch die große geographische Entfernung nach Leipzig kann Beethoven in dem halben Jahr zwischen Übergabe der Partiturabschrift an Härtel im September 1808 und dem Verfassen des Korrekturbriefs im März 1809 keine Einsichtnahme in die Stichvorlage bzw. die Drucklegung gehabt haben. Dass er auf dem Postweg Druckfahnen erhalten hat, kann man wohl ausschließen, zumal der Stich beim Eintreffen des Briefs offenbar noch gar nicht abgeschlossen war, wie später noch an einem Beispiel zu sehen sein wird. Die Symphonien erschienen im April (op. 67) bzw. Mai 1809 (op. 68). Die Korrekturen sind also kein Reflex auf Fehler im Stich, sondern Nachträge zu der Stichvorlage, die Beethoven bereits ein halbes Jahr vor Absendung des Briefs an Härtel übergeben hatte. Während sich die Symphonie schon im Verlag befand, hat Beethoven den Werktext weiterentwickelt und Verbesserungswünsche – zumindest die wesentlichen –[9] an den Verlag weitergeleitet.

Obwohl die Korrekturliste nicht erhalten ist, lassen sich ungewöhnlich genaue Erkenntnisse zum Überarbeitungsprozess durch den Komponisten eruieren. Das liegt unter anderem daran, dass der Begleitbrief selbst bereits zwei Anmerkungen zur sechsten Symphonie enthält: „Der Titel der *Sinfonie* in *F* ist: Pastoral-Sinfonie oder Erinnerung an das Landleben, Mehr Ausdruck der Emfindung als Mahlerey – beym *Andante* in derselbigen *Sinf.* ist noch anzumerken in der Baßstimme: gleich anfangs: *due Violoncello Solo 1mo e 2do con Sordino gli Violoncelli tutti coi Bassi*".[10] Beide geforderten Änderungen wurden in den Druckplatten erst nachträglich umgesetzt, wie die zwei Monate später bei Breitkopf & Härtel erschienene Originalausgabe in Stimmen zeigt; die Stichplatten müssen also zumindest schon teilweise fertig gewesen sein, als Beethovens Brief von Ende März 1809 beim Leipziger Verlag eintraf. Der französische Titel war zu diesem Zeitpunkt offenbar

---

9 Beethoven hat bereits vor der Uraufführung noch zahlreiche Artikulationen, Dynamikangaben usw. sowohl in der autographen Arbeitspartitur als auch in der Stimmenabschrift hinzugefügt, nachdem er die Stichvorlage bereits aus der Hand gegeben hatte. Diese kleineren Korrekturen hat er jedoch nicht mehr an den Verlag übermittelt.
10 BGA 370 (wie Anm. 8).

schon gestochen, so dass der vom Komponisten geforderte deutsche Titel nur noch auf der Rückseite des Titelblattes ergänzt werden konnte:

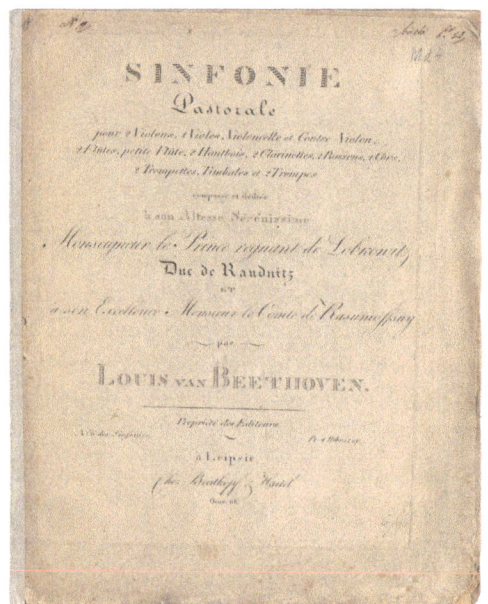 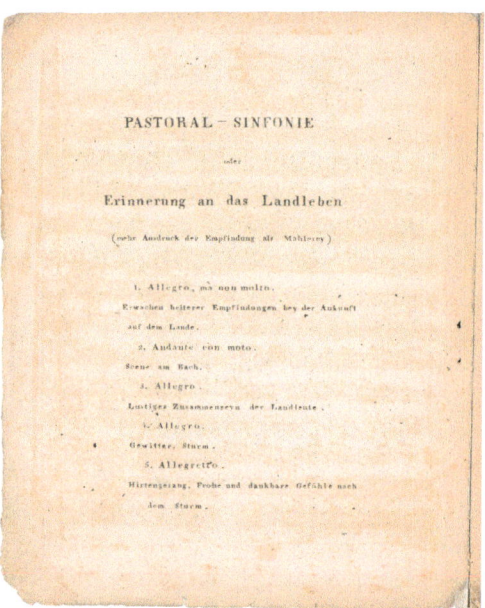

Abb. 1: Symphonie Nr. 6, Originalausgabe in Stimmen, Breitkopf & Härtel, Plattennummer 1337 (Exemplar D-BNba, Sammlung H.C. Bodmer, HCB C op. 68 = HCB C Md 4).[11] Violine 1. Links der französischsprachige Vordertitel, rechts die Rückseite des Titelblatts mit der in Beethovens Korrekturbrief geforderten deutschen Formulierung. Die deutschen Satzbezeichnungen wurden vermutlich nach dem in der *Allgemeinen musikalischen Zeitung* am 25.1.1809 abgedruckten Programmzettel der Uraufführung ergänzt.

Auch für die sehr umfangreiche Verbalanweisung in den Violoncelli und Kontrabässen stand schon kein Platz mehr zur Verfügung. Der Stecher musste sich damit behelfen, einen Asterisk am Beginn des zweiten Satzes und eine Fußnote einzufügen (vgl. Abb. 2).

Insbesondere die letztgenannte Änderung ist für den Korrekturprozess aufschlussreich. Denn anders als die Titelformulierung hat sie Konsequenzen für den Notentext und findet sich in derselben Form in mehreren anderen Quellen der ausgesprochen gut überlieferten Pastoralsymphonie. Außer in dem angeführten Brief steht die Anweisung zu den Violoncelli und Kontrabässen (das obere Bass-System gilt für zwei gedämpfte Solo-Violoncelli, das untere für die übrigen Violoncelli und die Kontrabässe) auch im dem Aufführungsmaterial der Uraufführung, und zwar sowohl in der dafür benutzten

---

11 Digitalisat: https://www.beethoven.de/de/media/view/5777241401196544/scan/0 und folgende Seite.

Abb. 2: Symphonie Nr. 6, Originalausgabe in Stimmen, Breitkopf & Härtel, Plattennummer 1337 (Exemplar D-BNba, Sammlung H.C. Bodmer, HCB C op. 68 = HCB C Md 4).[12] Violoncello / Kontrabass, S. 4 (Beginn des zweiten Satzes). Der Asterisk sowie die korrespondierende Fußnote wurden nach Eintreffen von Beethovens Korrekturbrief noch in der Druckplatte ergänzt.

---

12 Digitalisat: https://www.beethoven.de/de/media/view/5777241401196544/scan/61.

Partiturabschrift[13] als auch in einem Exemplar der handschriftlichen Violoncello-/Kontrabass-Stimme,[14] von Beethoven jeweils eigenhändig nachgetragen. In der autographen Niederschrift[15] wurde die Korrektur dagegen nicht mehr durchgeführt; in diesem späten Werkstadium hat der Komponist seine Eigenschrift nicht mehr aktuell gehalten.

Da die Nachträge im Aufführungsmaterial festgehalten wurden, kann man vermuten, dass der Inhalt des Korrekturbriefs von März 1809 mit der Uraufführung im Dezember 1808 zusammenhängt. Diese Vermutung lässt sich aufgrund weiterer Indizien bestätigen, die erstaunlich präzise Erkenntnisse über den Ablauf des Korrekturprozesses ermöglichen. Es gibt nämlich noch mehr Korrekturen, die sowohl in der Aufführungspartitur als auch in den zugehörigen Stimmen von Beethoven eingetragen wurden und die sich ebenfalls nicht mehr im Autograph finden. Fast alle weisen darüber hinaus noch eine weitere Gemeinsamkeit auf: Sie wurden von einem unbekannten Schreiber – offenbar einem Verlagsmitarbeiter – mit roter Tinte in der Partiturabschrift für Breitkopf & Härtel nachgetragen, die sich seit September 1808 in Leipzig befand.[16] Da diese Partitur Beethoven seit diesem Zeitpunkt nicht mehr zur Verfügung stand, können die Nachträge nur über ein Korrekturverzeichnis an den Verlag gelangt sein. In die Partiturabschrift gelangten diese Einträge mit roter Tinte jedoch wohl erst sehr viel später, denn von derselben Hand und mit demselben Schreibmittel gibt es in dieser Abschrift auch Eintragungen zum Partiturerstdruck, der erst 1826 – 17 Jahre nach der Originalausgabe in Stimmen – erschien.[17] Offenbar hat die heute verschollene Korrekturliste also zumindest noch bis 1826 existiert. Durch das Zusammenkommen der folgenden Indizien lässt sich das nicht erhaltene Verzeichnis zumindest annähernd rekonstruieren:

1. Die Korrekturen finden sich als autographe Nachträge in der Partitur und der entsprechenden Stimme des Uraufführungsmaterials (im Falle von Streicherdubletten nur in einem Exemplar).
2. Die entsprechenden Korrekturen wurden nicht mehr im Autograph nachgetragen.

---

13 Narodna in univerzitetna knjižnica Ljubljana, Glasbena zbirka, MZ 1765/1955. Digitalisat der Faksimile-Ausgabe (hrsg. von Jonatan Vinkler, Ljubljana 2015): http://www.hippocampus.si/ISBN/978-961-7055-55-9/mobile/index.html#p=94.
14 Gesellschaft der Musikfreunde in Wien, XIII 6153.
15 Beethoven-Haus Bonn, BH 64, fol. 66 r. Digitalisat der Seite: https://www.beethoven.de/de/media/view/4897880234000384/scan/90.
16 Beethoven-Haus Bonn, NE 146. Digitalisat: https://www.beethoven.de/de/media/view/5552507505868800.
17 Breitkopf & Härtel, Plattennummer 4311. Digitalisat des Exemplars Beethoven-Haus Bonn, Sammlung H. C. Bodmer, HCB C Md 47a: https://www.beethoven.de/de/media/view/5777241401196544. Dass die Eintragungen mit roter Tinte im Zusammenhang mit dem Partiturerstdruck von 1826 und nicht mit der Originalausgabe in Stimmen von 1809 stehen, geht aus einer Nummerierung der Partitursysteme hervor, die von derselben Hand und mit demselben Schreibmittel vorgenommen wurde und die sich auf die Reihenfolge der Systeme im Partiturdruck bezieht.

3. In der Verlagspartitur wurden die Korrekturen mit roter Tinte nachgetragen.[18]
4. In einigen Fällen sind in der Originalausgabe an den Korrekturstellen Plattenkorrekturen erkennbar.[19]

Gut zu erkennen ist dies beispielsweise in der ersten Flöte, T. 50 f. des zweiten Satzes. Hier hat Beethoven sowohl in der bei der Uraufführung verwendeten Stimme (Abb. 3a) als auch in der Aufführungspartitur (Abb. 3b) die jeweils 2. Achtelnote von h^2 zu c^3 korrigiert und zur 1.–3. Achtelnote (in der Partitur nur T. 50) eine Portato-Artikulation ergänzt. Im Autograph (Abb. 3c) wurden die Änderungen im Gegensatz zu vielen anderen, früher erfolgten Nachträgen nicht mehr korrigiert; es wurde zu diesem Zeitpunkt nicht mehr aktuell gehalten. In der beim Verlag befindlichen (mittelbaren)[20] Stichvorlage wurde die Änderung dagegen später vorgenommen, und zwar von unbekannter Hand mit roter Tinte (Abb. 3d). In der gedruckten Stimme der Originalausgabe (Abb. 3e) ist deutlich eine Plattenkorrektur zu erkennen.

Noch ein fünftes Indiz bestätigt diese Zusammenhänge: In der für die Uraufführung benutzten Partiturabschrift findet sich im zweiten Satz eine autographe Taktzählung, jeweils in Zehnerschritten („10", „20" usw.). Die einzige Abweichung betrifft die letzte Zahl: Nach „100" und „[1]10" (Beethoven ließ ab hier die Hunderterziffer weg) folgt nicht etwa „[1]20", sondern – zwei Takte später – „[1]22" (s. Abb. 4); weitere Takte hat Beethoven nicht mehr gezählt. Der Grund ist leicht erkennbar: In T. 122 f. findet sich die letzte Korrektur des zweiten Satzes, auf die die oben genannten Kriterien für das mutmaßliche Fehlerverzeichnis zutreffen (autographe Korrekturen in Aufführungsstimme und -partitur, rote Tinte von unbekannter Hand in der Verlagspartitur, unkorrigierte ursprüngliche Lesart im Autograph): Es handelt sich um die Parallelstelle zur zuvor genannten Korrektur, nun in der ersten Oboe und einer anderen Tonart. Im Gegensatz zum vorausgehenden Beispiel ist hier übrigens keine Plattenkorrektur erkennbar; anders als die Flötenstimme war die erste Oboe vermutlich noch nicht gestochen, als der Korrekturbrief eintraf.

Die Taktzählung war offenbar notwendig, um dem Verlag präzise Positionsangaben der Fehler machen zu können. Die gezählten Takte dürften also eine Entsprechung in der verschollenen Fehlerliste gehabt haben. Diese lässt sich somit nicht nur erstaunlich ge-

---

18 Nicht übertragen wurden dabei die bereits im Hauptbrief enthaltenen Korrekturen. Beim Stich der Originalausgabe in Stimmen wurden sie offenbar direkt in die Platten übertragen, während man 1826 bei der Herstellung des Partiturerstdrucks anscheinend nur die Korrekturliste, nicht aber den zugehörigen Brief heranzog. Aus diesem Grund gelangten die beiden Korrekturen (deutscher Titel und Anweisung zu der Bassgruppe im zweiten Satz) nicht in den Partiturerstdruck.
19 Dass dies nicht ganz konsequent der Fall ist, liegt zum einen wohl daran, dass der Korrekturbrief vermutlich während des Herstellungsprozesses der Druckplatten eintraf, so dass einige Fehler wohl schon vor dem Stich der entsprechenden Platte berücksichtigt werden konnten. Zum anderen sind Plattenkorrekturen naturgemäß im Druckexemplar nicht immer sichtbar.
20 Verschiedene Indizien sprechen dafür, dass die Verlagspartitur nicht als direkte Vorlage für den Stich diente, sondern dass in Leipzig zunächst Stimmen danach ausgeschrieben wurden. Vgl. *Beethoven Werke*, Abteilung I, Bd. 3: *Symphonien III*, hrsg. von Jens Dufner, München 2013, S. 232 und 286 f.

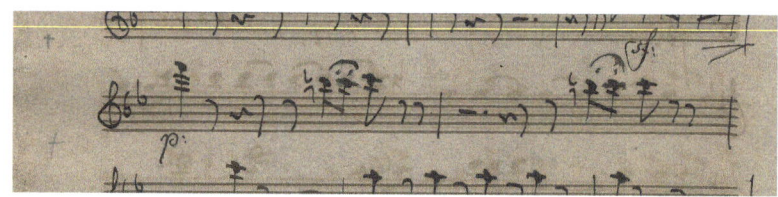

Abb. 3a

Abb. 3b

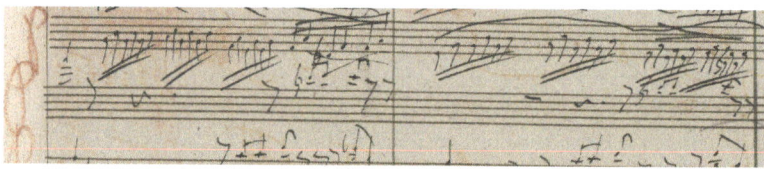

Abb. 3c

Abb. 3d

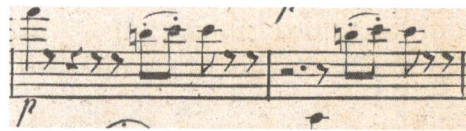

Abb. 3e

Abb. 3: Symphonie Nr. 6, 2. Satz, T. 50f., 1. Flöte; a: Stimmenabschrift von Joseph Klumpar mit autographen Eintragungen Beethovens (A-Wgm, XIII 6153); b: Partiturabschrift von Joseph Klumpar für die Uraufführung mit autographen Eintragungen Beethovens (Sl-Lu, MZ 1765/1955); c: Autographe Arbeitspartitur (D-BNba, BH 64); d: Partiturabschrift für den Verlag von Joseph Klumpar mit autographen Eintragungen Beethovens (D-BNba, NE 146), hier mit Korrekturen eines Verlagsmitarbeiters mit roter Tinte; e: Originalausgabe in Stimmen, Breitkopf & Härtel, Plattennummer 1337 (Exemplar D-BNba, Sammlung H.C. Bodmer, HCB C op. 68 = HCB C Md 4) mit Plattenkorrektur.

Abb. 4: Symphonie Nr. 6 (Pastoralsymphonie), Partiturabschrift von Joseph Klumpar für die Uraufführung mit autographen Eintragungen Beethovens (Sl-Lu, MZ 1765/1955), 2. Satz, T. 122. Hier und im Folgetakt steht für die Oboenstimme die mutmaßlich letzte Korrekturanweisung für den zweiten Satz im heute verschollenen Korrekturverzeichnis; die Taktzählung unter dem Notensystem stammt von Beethoven.

nau rekonstruieren, sondern es lassen sich durch die Vielzahl der erhaltenen autorisierten Quellen auch wertvolle Einblicke in den Korrekturprozess gewinnen, die bei den meisten, schlechter überlieferten Werken Beethovens nicht möglich sind.

Wie bei dem erstgenannten Beispiel der *Figaro*-Variationen gehen Beethovens Korrekturwünsche auch bei der Pastoralsymphonie aus mehreren Dokumenten hervor: in diesem Fall aus der Partitur der Uraufführung, den Aufführungsstimmen, der Stichvorlage, dem Brief an den Verlag (einschließlich der verschollenen Korrekturliste) und – als Negativbefund – durch ihr Fehlen im Autograph. Die Beispiele haben dabei gezeigt, dass die Nachträge in den

Jens Dufner

verschiedenen Quellen nicht vollkommen gleich sein müssen, auch wenn sie das vermutlich sein sollten. So wurde bei der genannten Korrektur in T. 50f. die Artikulation in der Aufführungspartitur nur in T. 50 nachgetragen, während das in der handschriftlichen Stimme, der Verlagspartitur und im Stimmenerstdruck auch im Folgetakt der Fall ist.

Korrekturliste ohne Konsequenz:
Die Sonate A-Dur op. 69 für Violoncello und Klavier

Eine Fehlerliste allein sagt also noch nichts darüber aus, welchen Bezugspunkt die Korrekturen haben. Es kann sich um eine Fahnenkorrektur bzw. eine systematische Durchsicht einer neu erschienenen Ausgabe handeln (siehe WoO 40), um Korrekturen oder kompositorische Weiterentwicklungen aus dem Höreindruck (wie im Wesentlichen die Nachträge an den Verlag zu op. 67/68) oder gar um mehr oder weniger zufällige Fehlerfunde, die auch nach Drucklegung noch zu einem beliebigen Zeitpunkt erfolgt sein können. Letzteres gilt beispielsweise für den Korrekturbrief zur A-Dur-Sonate für Violoncello und Klavier op. 69. „Hier die Druckfehler von der *Violon*schell Sonate",[21] heißt es dort zu Anfang – der Korrekturbrief ist nicht nur an denselben Verlag Breitkopf & Härtel gerichtet, sondern beginnt auch im gleichen Duktus wie derjenige zu den Symphonien („Hier erhalten sie die kleinen Verbesserungen in den *Sinfonien*"). Nun ist allerdings explizit von „Druckfehler[n]" die Rede; im Gegensatz zu den Symphonien geht es hier also ausschließlich um die Eliminierung von objektiven Defiziten. Die sehr ausführliche Auflistung ist ein besonders eindrucksvolles Korrekturdokument, da Beethoven mit vielen Notenbeispielen die Änderungswünsche sehr anschaulich dokumentiert. Für die Druckgeschichte hatte der Brief jedoch keinerlei Relevanz mehr: Er traf erst einige Monate nach Veröffentlichung beim Verlag ein und verzeichnete Fehler, die Beethoven im bereits fertigen Druck fand (oder auf die er hingewiesen wurde). Was genau die Grundlage war (etwa ein Handexemplar Beethovens, das zum Musizieren verwendet wurde, ein korrigiertes Exemplar eines befreundeten Musikers o. ä.) ist unklar.

Es ist kein Exemplar der Originalausgabe bekannt, in dem auch nur ein einziger dieser Fehler in den Platten korrigiert wurde. Es hat wohl auch nie eines gegeben, auch wenn das (alte) Werkverzeichnis von Kinsky/Halm aus dem Brief noch auf die Existenz einer Titelauflage mit diesen Korrekturen schloss.[22] Es lassen sich lediglich einige handschriftliche Korrekturen

---

21 Beethoven an Breitkopf & Härtel, Brief von kurz nach dem 26. Juli 1809, BGA 393; Beethoven-Haus Bonn, Sammlung H. C. Bodmer, HCB Br 79. Digitalisat: https://www.beethoven.de/de/media/view/5381904224223232

22 *Das Werk Beethovens. Thematisch-bibliographisches Verzeichnis seiner sämtlichen vollendeten Kompositionen*, hrsg. von Georg Kinsky, nach dem Tode des Verfassers abgeschlossen und hrsg. von Hans Halm, München 1955, S. 165. Das Missverständnis bei Kinsky/Halm ergab sich vermutlich aus Beethovens Bemerkung, Traeg habe die Korrekturen „in den Exemplaren, die er noch hatte, Verbessert" (BGA 393, wie Anm. 21). Dabei dürfte es sich jedoch allenfalls um handschriftliche Eintragungen gehandelt haben, zumal Traeg nur kommissionarisch für Breitkopf & Härtel tätig war. Vgl. *Beethoven Werke*, Abtei-

in einzelnen Exemplaren nachweisen,[23] die nicht einmal sicher auf das Fehlerverzeichnis zurückzuführen sind, da es sich teilweise um selbstverständliche Fehlerkorrekturen handelt und kein Exemplar bekannt ist, in dem sämtliche angezeigten Fehler berichtigt sind.

Ein Handexemplar Beethovens mit Relevanz für einen neuen Druck: Zwei Sonaten op. 102 für Violoncello und Klavier

Für einige Werke haben sich Handexemplare Beethovens erhalten. Sie stellen eine besonders vage Kategorie dar – „Handexemplar" meint erst einmal nur, dass Beethoven in irgendeiner Form Benutzungsspuren hinterlassen hat. In der Regel lässt sich noch nicht einmal nachweisen, dass er das Exemplar selbst besessen hat, denn er könnte auch in der Druckausgabe eines Freundes, Mäzens, Musikers o. ä. Anmerkungen und Eintragungen vorgenommen haben. Dies müssen nicht zwangsläufig Fehlerkorrekturen sein. So finden sich beispielsweise im Handexemplar der Klaviertrios op. 1[24] auch Unterstreichungen einzelner Namen im Subskribentenverzeichnis sowie zahlreiche Fingersätze von Beethovens Hand. Erstere haben nichts mit der Lektorentätigkeit Beethovens zu tun, letztere vermutlich ebensowenig, auch wenn es tatsächlich Fälle gibt, in denen Beethoven noch in einem (Probe-)Abzug Fingersätze für den Druck ergänzte.[25] Eintragungen in Handexemplaren können also rein persönliche Anmerkungen sein, spielpraktische Eintragungen oder eben auch Fehlerkorrekturen bzw. kompositorische Überarbeitungen, unter Umständen als Grundlage für Korrekturen einer Druckausgabe.

Ein Beispiel für ein Handexemplar, dessen Korrekturen noch Konsequenzen für spätere Drucke hatten (wie noch zu zeigen ist, sind diese Konsequenzen allerdings anders als zu erwarten), findet sich bei den beiden letzten Sonaten für Violoncello und Klavier op. 102. Es handelt sich dabei um einen Abzug der bei Simrock erschienenen Bonner Originalausgabe, der erst in den 1990er Jahren ans Licht kam.[26] Die Genese der Sonaten op. 102 ist sehr kompliziert, durch eine fast lückenlose Quellenüberlieferung allerdings auch aus-

---

lung V, Bd. 3: *Werke für Violoncello und Klavier*, Kritischer Bericht, hrsg. von Jens Dufner, München 2008, S. 20.
23 Vgl. Lewis Lockwood, „The Autograph of the First Movement of the Sonata for Violoncello and Pianoforte, Opus 69", in: *Beethoven. Studies in the Creative Process*, Cambridge (MA) und London 1992, S. 17–94 und 253–260 (Anmerkungen), hier: S. 255.
24 Beethoven-Haus Bonn, Sammlung H. C. Bodmer, HCB C BMd 2. Digitalisat: https://www.beethoven.de/de/media/view/4708127639339008
25 Siehe weiter unten die Ausführungen zu den frühen Abzügen der Klaviersonaten op. 2.
26 Beethoven-Haus Bonn, NE 272. Digitalisat: https://www.beethoven.de/de/media/view/6539904179765248. Erstmals beschrieben bei Albi Rosenthal, „,Ein Böcklein aus dem Stall' – Beethovens Anmerkungen in einem Exemplar der Erstausgabe von op. 102", in: *Beethovens Werke für Klavier und Violoncello. Bericht über die Internationale Fachkonferenz Bonn, 18.–20. Juni 1998*, hrsg. von Sieghard Brandenburg, Ingeborg Maas und Wolfgang Osthoff (Schriften zur Beethoven-Forschung, 15), Bonn 2004, S. 229–238.

gesprochen gut dokumentiert: Es gibt für beide Sonaten jeweils eine autographe Niederschrift, drei von Beethoven überprüfte Abschriften[27] (von denen zwei als Stichvorlagen dienten)[28] und zwei durch den Komponisten autorisierte Originalausgaben (bei Simrock in Bonn und bei Artaria in Wien). Die komplexen, nicht linearen Quellenbezüge können hier nicht im Einzelnen dargelegt werden.[29] Sehr stark verkürzt kann man sagen, dass die frühere (in Bonn bei Simrock erschienene) Originalausgabe von 1817 bzw. 1818 ein späteres Werkstadium wiedergibt als die erst 1819 bei Artaria veröffentlichte Wiener Originalausgabe. Dieser scheinbare Widerspruch ergibt sich dadurch, dass für die spätere Originalausgabe eine Vorlage benutzt wurde, die bereits eine veraltete Fassung enthielt: Beethoven hatte vor der Drucklegung der Bonner Originalausgabe 1817/18 die Sonaten noch sehr gründlich überarbeitet. Zum Zeitpunkt dieser Überarbeitung waren jedoch schon zwei weitere Abschriften angefertigt worden, in die diese Korrekturen nicht mehr gelangten. Eine dieser beiden Abschriften lieh sich Beethoven dann Ende 1818/Anfang 1819 von Erzherzog Rudolph aus,[30] um sie Artaria für die zweite Originalausgabe als Stichvorlage zur Verfügung zu stellen. Die Tatsache, dass der Werktext dieser Abschrift zu diesem Zeitpunkt gar nicht mehr aktuell war, war Beethoven entweder nicht mehr bewusst oder wurde

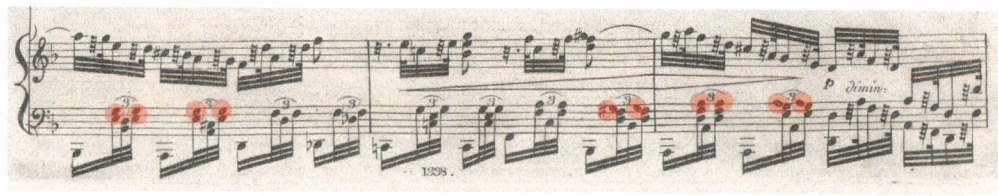

Abb. 5: Sonate für Violoncello und Klavier op. 102 Nr. 2, 2. Satz, T. 64–66. Oben die Bonner Originalausgabe (Simrock, Plattennummer 1337, Exemplar D-BNba, Sammlung H.C. Bodmer, HCB C 102,2),[31] unten die Wiener Originalausgabe (Artaria, Plattennummer 2579, Exemplar D-BNba, Sammlung H.C. Bodmer, HCB C Md 28).[32] Die abweichenden Noten sind farblich hervorgehoben.

---

27 Eine dieser Abschriften ist für die Sonate op. 102 Nr. 2 nur fragmentarisch überliefert.
28 Die dritte Abschrift war auch als Stichvorlage angefertigt worden, doch kam der für England geplante Druck nicht zustande.
29 Vgl. Dufner, *Werke für Violoncello und Klavier* (wie Anm. 22), S. 33–40.
30 Vgl. BGA 1278.
31 Digitalisat: https://www.beethoven.de/de/media/view/5603587283484672.
32 Digitalisat: https://www.beethoven.de/de/media/view/5228928696320000.

von ihm billigend in Kauf genommen. Die genealogische Abhängigkeit der Abschriften täuscht hier also über den tatsächlichen genetischen Entstehungsprozess hinweg.

Bei den weitaus meisten der zahlreichen Differenzen zwischen den beiden autorisierten Drucken handelt es sich in der Wiener Originalausgabe also um ein früheres Werkstadium, während die Bonner Originalausgabe das spätere wiedergibt (siehe die exemplarische Abb. 5). Es gibt jedoch einige Ausnahmen, wo diese Chronologie nicht zutrifft. Hier kommt nun das Korrekturexemplar der Bonner Ausgabe ins Spiel: In diesem finden sich zwar gerade einmal eine Handvoll Korrekturen von Beethovens Hand, doch sind diese umso bedeutender. Ein Beispiel aus der Fuge der letzten Sonate mag das verdeutlichen. Es handelt sich um T. 32 der Violoncellostimme im letzten Satz von op. 102 Nr. 2. Hier unterscheiden sich die beiden Druckausgaben rhythmisch voneinander. Während bei Simrock drei Viertelnoten notiert sind, findet sich bei Artaria die rhythmische Folge ♪♪. ♩. Nach der obigen Quellenbewertung könnte man die Lesart der Wiener Originalausgabe für eine frühere Variante halten, doch ist das hier nicht der Fall. Verständlich ist die Genese erst durch das erwähnte, von Beethoven handschriftlich korrigierte Exemplar der Bonner Ausgabe. Denn hier hat Beethoven sowohl in der Klavierpartitur als auch in der separaten Violoncellostimme den Rhythmus explizit handschriftlich zu der Synkope geändert, indem er die ersten beiden Viertelnoten mit einem Balken zu Achtelnoten verkürzte und dahinter eine zusätzliche, angebundene Viertelnote einfügte. Die Korrektur hat er parallel auch in der autographen Niederschrift und in der Stichvorlage der Wiener Originalausgabe vorgenommen. Die Wiener Originalausgabe bei Artaria hat somit die richtiggestellte Lesart bereits berücksichtigt.

Diese und einige andere Korrekturen Beethovens zeigen, dass das Handexemplar eine ganz eigene Rolle innerhalb der Entstehungsgeschichte der beiden Sonaten einnimmt: Die Korrekturen der darin gefundenen Fehler wurden in die Stichvorlage für eine neue Druckausgabe übertragen, obwohl diese Stichvorlage selbst ein längst überholtes Werkstadium darstellte. Das „Handexemplar" ist damit auch terminologisch schwer zu fassen, da es ganz verschiedene Funktionen erfüllt: Es war mutmaßlich zunächst ein Spielexemplar und wurde dann zum Festhalten von Korrekturen benutzt, die schließlich als Ergänzung in eine neue Stichvorlage eingingen, deren Werkstadium bereits veraltet und mit dem korrigierten Druck eigentlich gar nicht mehr kompatibel war.

Der schwierige Umgang mit Korrekturfahnen: Die Sonaten für Klavier op. 2

Echte Korrekturfahnen, also mit handschriftlichen Korrekturen versehene Probeabzüge, sind bei Beethoven nur selten überliefert. Und selbst bei den wenigen Exemplaren ist bisweilen gar nicht klar, inwieweit die Änderungen auf Beethoven oder lediglich auf eine verlagsinterne Fehlerlesung zurückgehen. Selbst ob es sich überhaupt um eine Korrekturfahne handelt, ist nicht immer zweifelsfrei zu ermitteln. Ein gutes Beispiel für die Schwierigkeiten findet sich bei den drei Klaviersonaten op. 2, für die gleich mehrere – mehr oder weniger eindeutige –

„Probeabzüge" bekannt sind. Es handelt sich um insgesamt vier frühe Abzüge (in insgesamt drei verschiedenen Druckstadien) der 1796 bei Artaria in Wien erschienenen Originalausgabe. Die vier Exemplare sind durch einen Stichfehler auf dem Titelblatt („Dedies" statt „Dediées") leicht von den späteren Exemplaren unterscheidbar, wo diese Schreibweise korrigiert wurde. Patricia Stroh hat die verschiedenen Druckstadien und die Korrekturabzüge in drei aufeinander aufbauenden Aufsätzen bereits eingehend untersucht,[33] weshalb an dieser Stelle darauf nicht mehr im Detail eingegangen zu werden braucht. Es sollen aber im Folgenden einige Probleme in der Bewertung und Benennung dieser frühen Abzüge dargestellt werden, die symptomatisch für den schwierigen Umgang mit „Probeabzügen" erscheinen.

Im frühesten bekannten Abzug des Artaria-Drucks[34] finden sich zahlreiche handschriftliche Einträge von einer unbekannten Hand, außerdem einige Fingersätze, die mit sehr hoher Wahrscheinlichkeit (leider nicht vollkommen zweifelsfrei) von Beethoven stammen. Sowohl die mutmaßlich autographen als auch die fremden Nachträge sind in späteren Abzügen berücksichtigt worden. Abgesehen von den Restzweifeln an der Autorschaft der Fingersätze ist es unmöglich zu bestimmen, ob die Korrekturen unbekannter Hand (mutmaßlich eines Verlagsmitarbeiters) von Beethoven veranlasst wurden – etwa in Form einer nicht erhaltenen Korrekturliste – oder lediglich eine verlagsinterne Korrekturlesung dokumentieren. Ob und inwieweit wir es hier also mit dem sich selbst lektorierenden Komponisten zu tun haben, ist unklar.

Das Exemplar, das das zweite bekannte Druckstadium dokumentiert,[35] weist keine handschriftlichen Eintragungen auf. Für sich allein betrachtet, gäbe es also keinen Grund, von einem Probeabzug zu sprechen. Erst dadurch, dass frühere und spätere (s. u.) handschriftlich korrigierte Exemplare erhalten sind, deren Korrekturen in Folgeauflagen berücksichtigt wurden, kann man also auch hier einen Vorababzug vermuten. Durch die fehlenden Einträge bleiben aber dennoch Zweifel: Hat man mehrere Vorababzüge gemacht und in einem parallelen, nicht bekannten Exemplar die Korrekturen für das folgende Druckstadium (s. u.) vermerkt? Oder ist das Fehlen handschriftlicher Eintragungen vielmehr als Hinweis zu sehen, dass es sich doch bereits um eine verkaufte Auflage handelte, von der lediglich ein Exemplar bekannt ist? Das würde dann auch die Bewertung des folgenden Plattenstadiums beeinflussen, denn dass noch Korrekturabzüge angefertigt wurden, wenn bereits Exemplare verkauft wurden, ist eher unwahrscheinlich.

---

33 Patricia Stroh, „Evolution of an Edition. The Case of Beethoven's Opus 2, Part 1: Punches, Proofs and Printings. The Seven States of Artaria's First Edition", in: *Notes* 57 (2000), S. 289–329; Part 2: „Partners and Pirates, Correction and Corruption: The Reprint Publishers and Their Editions from 1798 to 1826", in: *Notes* 60 (2003), S. 46–129; Part 3: „A Missing Link in the Case of Beethoven's Opus 2", in: *Notes* 68 (2011/12), S. 489–525.

34 Privatbesitz (USA). Digitalisat: https://digitalcollections.sjsu.edu/islandora/object/islandora%3A232_3297.

35 Ira F. Brilliant Center for Beethoven Studies, San José (CA), Op.2 No 1–3 Artaria 614 [1796v]. Digitalisat: https://digitalcollections.sjsu.edu/islandora/object/islandora%3A232_1463.

Vom dritten Plattenstadium sind zwei Abzüge erhalten, von denen nur einer Korrektureinträge enthält, die vermutlich alle von Beethoven stammen;[36] sie alle wurden in späteren Auflagen berücksichtigt. Das andere Exemplar[37] beinhaltet lediglich Einträge aus späterer Zeit; zu Lebzeiten Beethovens war es mutmaßlich noch unbeschrieben. Auch hier kann man letzten Endes nicht mit Sicherheit sagen, ob es sich bei den beiden Exemplaren um Probedrucke handelt oder bereits um Verkaufsexemplare einer frühen Auflage. Auch wenn die minderwertige Papierqualität, die Patricia Stroh bei den beiden Exemplaren (allerdings nicht bei dem Exemplar des vorausgehenden Druckstadiums!) beobachtet hat,[38] als Indiz für einen verlagsinternen Abzug gewertet werden kann, ist letztlich überhaupt nicht klar, welchen Status sie eigentlich haben.

Die Beispiele von den Klaviersonaten op. 2 zeigen die Probleme im Umgang mit „Probeabzügen". Ob es sich bei frühen Abzügen um Vorabexemplare zur Korrektur handelt oder um frühe Verkaufsexemplare, inwieweit ihre handschriftlichen Einträge und ihre Umsetzung in Form von Plattenkorrekturen autorisiert sind und anderes ist oft viel weniger klar, als es auf den ersten Blick scheint. Und natürlich muss man sich auch vergegenwärtigen, dass die bekannten Exemplare nur mehr oder weniger zufällig überliefert sind und vielleicht sogar eigentlich zur Makulierung bestimmt waren. Möglicherweise würden weitere Abzüge das Bild relativieren, so dass Aussagen zu Beethovens Lektoratsprozess nur eingeschränkt möglich sind.

Musterbeispiel einer Korrekturfahne: Trio B-Dur op. 97 für Klavier, Violine und Violoncello

Ob Beethoven überhaupt noch während der Drucklegung als Lektor tätig war und wie diese Lektorentätigkeit im Detail ausgesehen haben mag, ist aus den genannten Gründen für die meisten Werke völlig unklar. Nur ganz selten hat sich eine echte Korrekturfahne erhalten, die auch zweifelsfrei als solche erkennbar ist. Das wohl eindrücklichste Beispiel für eine solche Fahnenkorrektur durch den Komponisten findet sich für das Klaviertrio op. 97 (durch seine Widmung an Erzherzog Rudolph bekannt unter dem Populärtitel „Erzherzog-Trio"). Die zu diesem Werk überlieferte Korrekturfahne ist eindeutig in Bezug auf Autorisierung, Funktion und Stellung innerhalb des Druckprozesses.

---

36 Staatsbibliothek zu Berlin – Preußischer Kulturbesitz, Musikabteilung mit Mendelssohn-Archiv, N. Mus. ms. 304. Digitalisat: http://resolver.staatsbibliothek-berlin.de/SBB0002I8C800000000.
37 London, British Library, K.7.c.12.
38 Stroh (wie Anm. 33), Part 1, S. 298.

Es handelt sich um einen Probeabzug der Wiener Originalausgabe,[39] die 1816 beim Verlag S. A. Steiner erschien.[40] Er ist der Forschung grundsätzlich seit langem bekannt,[41] hat dort aber bislang keine große Rolle gespielt, vor allem wohl deshalb, weil er in verschiedenen Privatsammlungen aufbewahrt wurde und zwischenzeitlich sogar verschollen schien. Die bislang ausführlichste Untersuchung stammt von Seow-Chin Ong in seiner grundlegenden Quellenstudie zum Klaviertrio op. 97.[42] Ong kannte den damaligen Aufbewahrungsort des Korrekturexemplars nicht und konnte nur auf eine unvollständige und qualitativ schlechte Verfilmung im Bonner Beethoven-Archiv zugreifen.[43] Der Korrekturabzug befindet sich heute in der *Bibliotheca Bodmeriana* in Cologny. Dem Beethoven-Haus liegt mittlerweile ein hochaufgelöstes Digitalisat vor, in dem die teilweise verblassten Bleistifteintragungen gut erkennbar sind und das die Quelle für eine wissenschaftliche Auswertung zugänglich macht.

Der hier noch fehlende Titel, der in allen bekannten späteren Abzügen enthalten ist, war zu diesem Zeitpunkt möglicherweise noch gar nicht fertig (die Stichplatte wurde vermutlich von einem anderen Stecher in einem separaten Herstellungsprozess angefertigt), zumindest war er für eine Korrekturlesung der Musik nicht notwendig. Auch das Papier entspricht noch nicht dem Endprodukt: Die Qualität der Verkaufsexemplare, die auch häufigem Blättern standhalten musste und die eine konturscharfe Aufnahme der Druckerschwärze ermöglichte, war in einem für den einmaligen Gebrauch und zu anschließender Makulierung bestimmten Probeabzug nicht nötig. Schon auf den Digitalisaten ist deutlich zu erkennen, wie viel stärker die Druckerschwärze auf dem minderwertigen Papier verläuft als in den späteren Verkaufsabzügen (siehe Abb. 6).

Auf einer Leerseite am Anfang findet sich der von Beethoven mit Bleistift geschriebene Hinweis „NB: Die Täkte in allen 3 Stimmen abzählen". Worauf sich die geforderte Taktzählung genau bezieht, ist unklar. Möglicherweise hat Beethoven die Anweisung an sich selbst gerichtet, um in einer Referenzpartitur Taktzahlen einzutragen, die eine parallele

---

39 Fondation Martin Bodmer, Cologny, Bibliotheca Bodmeriana, B-29-7.
40 S. A. Steiner, Plattennummer 2582. Die bei Steiner erschienene Wiener Originalausgabe ist eine von zwei autorisierten Drucken des Klaviertrios. Ebenfalls 1816 erschien beim Londoner Verleger Birchall auch eine englische Originalausgabe. Die mehrfache Publikation entsprach einer Gepflogenheit Beethovens, neue Werke möglichst zeitnah an geographisch unterschiedlichen Orten zu veröffentlichen. Auf diese Weise konnte er das Verbreitungsgebiet der Ausgabe erhöhen und gleichzeitig mehrfach am Verkauf eines neuen Werks verdienen.
41 Schon erwähnt im Auktionskatalog Nr. 80 von C. G. Boerner in Leipzig, Auktion vom 1.–3. Mai 1905, als Nr. 49; vgl. das (alte) Werkverzeichnis von Kinsky/Halm (wie Anm. 22), S. 272.
42 Seow-Chin Peter Ong, *Source Studies for Beethoven's Piano Trio in B-Flat Major, Op. 97 („Archduke")*, Diss. Univ. of California, Berkeley (CA), 1995, v. a. S. 329–340.
43 Ebd., S. 298. Die schlechte Filmqualität und nicht immer konsequente Reihenfolge der Aufnahmen hat teilweise zu Missverständnissen geführt, die Ong nicht zu verantworten hat. So weist er beispielsweise auf das in der Verfilmung fehlende Titelblatt hin (das aber gar nicht Bestandteil des Originals ist) und verortet die unbedruckte Seite vor der ersten Notenseite fälschlich am Ende des Korrekturabzugs. Auch manche Bleistifteintragungen konnte Ong dem Film nicht entnehmen.

Abb. 6: Klaviertrio B-Dur op. 97, Klavierstimme, 2. Satz, T. 211. Originalausgabe Steiner, Plattennummer 2582. Links der Probeabzug (CH-CObodmer, B-29-7), rechts ein Verkaufsexemplar (D-BNba, Sammlung H.C. Bodmer, HCB C Md 75).

Korrekturliste ermöglichen (beispielsweise um einen Fehlerabgleich mit der nach England geschickten oder noch zu schickenden Stichvorlage für die Londoner Originalausgabe zu ermöglichen; siehe auch die o. a. autographen Taktzahlen in der Pastoralsymphonie); das kann aber nur Spekulation bleiben. Weder der Probeabzug selbst noch das Autograph oder eine ebenfalls erhaltene überprüfte Stimmenabschrift enthalten eine Zählung.

Wenn man sich nun die Korrekturen im Notentext genauer ansieht, dann überrascht sowohl die große Zahl als auch die Art der mitunter pedantisch anmutenden Anmerkungen Beethovens. Insgesamt finden sich fast einhundert Korrektureinträge von seiner Hand. Sie sind alle mit Bleistift notiert und wurden zum Teil von Verlagsseite anschließend noch einmal mit Rötel hervorgehoben und manchmal auch in ihrer Formulierung für den Stecher angepasst. Nur ganz wenige betreffen substanzielle Fehler wie etwa falsche Noten; nicht einmal jede zehnte Korrektur bezieht sich auf fehlerhafte Tonhöhen. Selbst die ergänzten Vorzeichen betreffen nur ganz selten notwendige Korrekturen, sondern sind in der Regel lediglich Warnungsakzidenzien. In der überwiegenden Mehrheit der Fälle handelt es sich um Anmerkungen zur Artikulation oder Dynamik: ergänzte Bögen, Staccatozeichen und Ergänzungen und Präzisierungen von dynamischen Angaben bzw. Akzentuierungen machen den Großteil der zahlreichen Korrekturanmerkungen aus. Selbst Schreibweisen von akzidentellen Zusätzen werden bisweilen ohne letztlichen Bedeutungsunterschied korrigiert, etwa wenn Beethoven von *„sempre p"* zu *„sempre piano"* verbessert.[44] Besonders wichtig waren Beethoven offenbar auch die Fortsetzungsstriche nach *crescendo* und *diminuendo*, die er sehr häufig noch in der Druckfahne nachtrug;[45] dieses Phänomen findet sich übrigens auch in der autographen Niederschrift[46] und der vom Komponisten durchgesehenen überprüften Stimmenabschrift[47], wo er die Striche sehr häufig noch in einem späteren Arbeitsgang hinzufügte.

Es gibt also viele Korrekturen, die man in diesem späten Kompositionsstadium, als die Stichplatte bereits angefertigt war, nicht mehr erwarten würde. Fast noch überraschender

---

44 Klavierstimme, S. 3 (1. Satz, T. 46).
45 Siehe z. B. Klavierstimme, S. 4 (1. Satz, T. 64–66).
46 Kraków, Biblioteka Jagiellońska, Mus. ms. autogr. Beethoven Mend.-Stift. 3.
47 Wien, Archiv der Gesellschaft der Musikfreunde, A 58a.

Abb. 7a

Abb. 7b

Abb. 7: Klaviertrio B-Dur op. 97, Klavierstimme, S. 6f. (1. Satz, T. 136–142). Originalausgabe Steiner, Plattennummer 2582. a: Probeabzug (CH-CObodmer, B-29-7). Die Bleistifteintragungen zur Auflösung der Abbreviaturen stammen von Beethoven, die Einträge mit Rötel von Tobias Haslinger. b: Die gleichen Takte in einem Verkaufsexemplar (D-BNba, Sammlung H. C. Bodmer, HCB C Md 29) nach Umsetzung der Korrekturen.

Gegenüberliegende Seite: Abb. 8: Klaviertrio B-Dur op. 97, Klavierstimme, S. 44 (4. Satz, T. 153–164). Originalausgabe Steiner, Plattennummer 2582. a: Probeabzug (CH-CObodmer, B-29-7), Bleistifteintragungen zur Auflösung der Abbreviaturen von Beethoven, Röteleintrag von Haslinger. b: Die gleichen Takte in einem Verkaufsexemplar (D-BNba, Sammlung H. C. Bodmer, HCB C Md 29) nach Umsetzung der Korrekturen.

Beethoven als Korrekturleser bei der Drucklegung seiner Werke

Abb. 8a

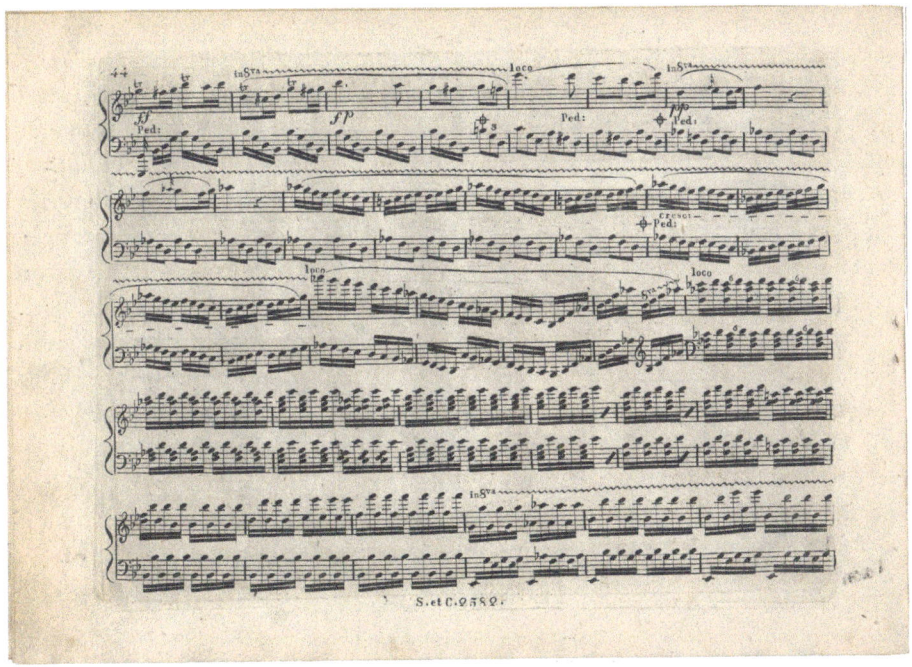

Abb. 8b

als die hohe Zahl und Art der Korrekturen ist die Tatsache, dass der Verlag sie nahezu alle umgesetzt hat; gerade mal eine Handvoll Anmerkungen blieben unberücksichtigt, und das vermutlich wohl auch nur deshalb, weil man sie übersah oder Beethovens Anweisungen nicht klar waren.[48] Prinzipiell scheint aber der Wille des Verlags erkennbar, sämtliche Korrekturwünsche Beethovens pedantisch genau umzusetzen. Es wurden also nicht nur echte Fehler korrigiert, sondern auch „kosmetische" Korrekturen (etwa *p* zu *piano*) übernommen, zahlreiche Fortführungsstriche nach *cresc.* usw. ergänzt, nicht zwingend notwendige Warnungsakzidenzien hinzugefügt und Ähnliches. Beethoven und möglicherweise auch der Verleger legten also nicht nur Wert auf einen richtigen Notentext, sondern auch auf scheinbare Nebensächlichkeiten, welche die Lesbarkeit des Textes erhöhen.

Vieles konnte auf der Platte einfach ergänzt werden (wenn lediglich etwas Neues hinzukam), doch ließ sich der Verleger auch von teilweise ausgesprochen umfangreichen Plattenkorrekturen nicht abschrecken, selbst wenn es sich lediglich um „Augenvarianten" handelte. Ein extremer Fall findet sich auf den Seiten 6 und 7 der Klavierstimme. Beethoven hat hier insgesamt sieben Takte, die alle mit Abbreviaturen („Brillen") notiert sind (1. Satz, T. 136–142), mit Bleistift durchgestrichen und einen Notabene-Verweis auf folgenden Kommentar am Fuß der Seite hinzugefügt: „Nb.: obschon der Kopist die Abkür=[zungen] gemacht ist es doch beßer so (Notenbeispiel) diese 6tel auszu=[schreiben] [unterste Zeile ist durch Papierbeschnitt verlorengegangen]". Dahinter notierte er: „So [eine Sextolengruppe in ausgeschriebener Notation] u. s. w." Auf der folgenden Seite notierte er noch einmal über den gestrichenen Takten: „eben so ausgesetzt". Tobias Haslinger, Geschäftsführer und Mitgesellschafter der Firma Steiner, hat an dieser Stelle über das von Beethoven mit Blei Geschriebene mit Rötel eine eigene Erklärung an den Stecher notiert: „Ist es nicht möglich, dieses heraus zu bringen, so ist eine <u>neue</u> Platte zu verfertigen." Obwohl Haslinger also gar nicht klar war, ob der Stecher so viele Takte aus den Platten herauspolieren und neu stechen konnte, stellte er die Umsetzung der Korrektur (die nur eine Notationsvariante bewirkte) nicht in Frage. Die neue Platte, die der Verleger in Kauf genommen hatte, war hier jedoch letztlich gar nicht notwendig. Die aufwendige Plattenkorrektur gelang, so dass in den später verkauften Exemplaren die Noten nach dem Wunsch des Komponisten ausgeschrieben waren (siehe Abb. 7a+b).

Im vierten Satz gibt es eine ganz ähnliche Stelle; auch hier fordert Beethoven die Aussetzung einer mit Abbreviaturen verkürzten Passage (am Rand notierte er mit Bleistift „alle ausgesetzt" bzw. „++ausgesetzt", Haslinger wiederum mit Rötel „Ebenfalls eine neue Platte."). Diesmal handelt es sich sogar um elf Takte (T. 153–158, 160–164), die in diesem Fall zwei Akkoladen umfassen, die sich anders als bei der ähnlichen Stelle im ersten Satz auf einer einzigen Seite der Klavierstimme befinden. Während im vorausgehenden Beispiel nur zwei bzw. fünf Takte auf einer Partiturseite ausgekratzt und neu gestochen werden

---

[48] Siehe etwa die ungenaue Bemerkung zu *sfp* im Violoncello, S. 1 (1. Satz, T. 79): Beethoven wollte die Angabe hier vermutlich getilgt haben; ganz eindeutig ist dies hier jedoch nicht. Es erfolgte keine Plattenkorrektur an dieser Stelle.

mussten, waren hier zwei vollständige Akkoladen der fünf Akkoladen auf S. 44 betroffen. Vermutlich war der Aufwand gegenüber einem Neustich zu hoch gewesen, vielleicht hätte das aber auch die Stabilität der Pewter-Platte gefährdet – auf jeden Fall machte der Stecher an dieser Stelle von Haslingers Anweisung Gebrauch, eine neue Platte anzufertigen; die Seite 44 der Klavierstimme wurde vollständig neu gestochen, nun mit der von Beethoven geforderten Auflösung der Abbreviaturen (siehe Abb. 8a + b).

Wahrscheinlich ist es nur ein glücklicher Zufall, dass dieser Korrekturabzug überliefert ist, denn in der Regel wurden derartige Dokumente vernichtet, nachdem die Plattenkorrekturen ausgeführt waren. Die hohe Zahl der Korrekturen sowie die bedingungslose Umsetzung war möglicherweise auch für Beethovens Verhältnisse ein Extrem – wissen können wir das jedoch nicht.

Fazit

Die Korrekturen im Rahmen der Drucklegung sind wichtiger Bestandteil des Schaffensprozesses. Es handelt sich um die in der Regel letzte Arbeitsphase, in der die Optimierung des Textes im Vordergrund stand. Dazu gehörte sowohl die Beseitigung von Fehlern als auch der letzte kompositorische Feinschliff an dem jeweiligen Werk. Man kann sicher sagen, dass Beethoven Zeit seines Lebens daran interessiert war, die Drucklegung zu überwachen und zu beeinflussen,[49] auch wenn sich ihm nicht immer die Möglichkeit dazu bot. Gleichzeitig scheint er die Überwachung der Drucklegung freilich auch als Bürde empfunden zu haben, denn es schwingt in den Briefen, in denen er sich über Fehler in Druckausgaben beschwert, auch immer eine gewisse Frustration mit, dass eine solche Korrektur überhaupt nötig war. Beethovens Bruder Johann hat sogar einmal gegenüber dem Verlag B. Schott's Söhne darum gebeten, die Korrekturen des Stiches „dem bekannten geschickten Herrn Gottfried Weber [zu] übertragen", anstatt sie Beethoven nach Wien zu schicken.[50]

Beethoven scheint vor allem bei auswärtigen Verlegern immer wieder Korrekturabzüge angemahnt zu haben, wie man aus seinen Korrespondenzen entnehmen kann. In der Praxis hat die mühsame und zeitraubende Hin- und Rücksendung von Druckfahnen aber wohl häufig nicht funktioniert. Beethovens Einfluss auf den Druckprozess war bei den Wiener Verlegern vermutlich höher, wie das Beispiel der bei Steiner erschienenen Originalausgabe des „Erzherzogtrios" zeigt. Auch wenn Umfang und Umsetzung der Korrekturen hier extrem und möglicherweise nicht repräsentativ sind, kann man zumindest ansatzweise

---

49 Siehe die zahlreichen Briefbelege, in denen Beethoven Korrekturabzüge bei den Verlegern anmahnt oder sich über deren Ausbleiben beschwert. So beklagt er sich etwa – um ein beliebiges Beispiel zu nennen – am 22. November 1809 bei Breitkopf & Härtel, „warum nicht erst ein *Exemplar* zur übersicht, wie ich schon oft verlangt" an ihn geschickt wurde (BGA 408).

50 Johann van Beethoven an B. Schott's Söhne in Mainz, Brief vom 4. Februar 1825; BGA 1931.

Ähnliches auch für andere Werke vermuten. Allerdings muss man davon ausgehen, dass der Austausch zwischen Beethoven und den Verlagen in seinem direkten Umfeld wohl in hohem Maße mündlich erfolgte und auch deshalb nur schlecht dokumentiert ist.

Die Beispiele haben gezeigt, wie schwierig der Umgang mit dieser Art von Quellen ist und wie wenig wir eigentlich über Beethovens Lektoratstätigkeit im Zuge der Drucklegung wissen. Die Materialbasis ist – verglichen etwa mit Beethovens Autographen oder überprüften Abschriften – extrem schmal. Korrekturlisten und -abzüge waren grundsätzlich Wegwerfprodukte; mit der Umsetzung der Berichtigungen wurden sie Makulatur.[51] Die Überlieferung der wenigen Textzeugen verdanken wir häufig dem Zufall, etwa weil sich das Fehlerverzeichnis innerhalb eines Briefes befindet, der als Geschäftskorrespondenz archiviert wurde, oder weil die handschriftlichen Einträge irgendwann zufällig in einem überlieferten Exemplar erkannt wurden. Es hat sich ferner gezeigt, wie heterogen bereits die wenigen hier angeführten Beispiele sind. Sie ließen sich noch um weitere, wiederum völlig anders geartete Dokumente ergänzen, die hier nicht behandelt werden konnten – etwa die Notizen zu den *Diabelli-Variationen*, die Beethoven für sich selbst angefertigt hat, um Änderungen festzuhalten und dabei Revisionsprozesse für verschiedene Druckvorgänge zu koordinieren.[52] Die unterschiedlichen Quellentypen, die den Korrekturprozess dokumentieren, sind nur schwer zu systematisieren und müssen viel differenzierter betrachtet werden, als das meist der Fall ist.

Die Systematisierung der überlieferten Quellen zu Korrekturvorgängen ist vor allem deshalb so kompliziert, weil man sie aus sehr verschiedenen Perspektiven betrachten kann und muss. So gibt es unterschiedliche Notationsformen (z. B. Fehlerverzeichnisse und korrigierte Drucke), Korrekturarten (Fehlerbereinigungen, kompositorische Weiterentwicklungen, Korrekturen zur besseren Lesbarkeit und Verständlichkeit usw.), Bezugspunkte der Korrektur (Reflex auf Druckabzüge oder unabhängig vom Druck erkannte Defizite) und Grundlagen der Korrekturlesung (Fehlerlesung, etwa im Abgleich mit einem Referenztext, musikalische Erprobung). Die Korrekturen können ferner eine Konsequenz für spätere Auflagen (und sogar Neuausgaben) haben oder völlig folgenlos bleiben, sie können autograph, autorisiert oder unabhängig vom Komponisten entstanden sein (was bisweilen nicht eindeutig bestimmbar ist). Die Liste der verschiedenen Perspektiven ließen sich wohl noch erweitern; erst in den verschiedenen Kombinationen dieser Aspekte ist eine wirkliche Bestimmung der Korrekturdokumente möglich.

Dass gerade die Terminologie große Probleme bereitet, ist wohl kein Zufall, sondern ein Symptom für den schwierigen Umgang mit Korrekturdokumenten: Die verwendeten

---

51 Das gilt zumindest für Beethoven und im Wesentlichen wohl auch für seine Zeitgenossen. Aus der späteren Musikgeschichte sind auch besser dokumentierte Quellenüberlieferungen aus der Drucklegungsphase bekannt. So ist z. B. bei Brahms der Korrekturprozess stellenweise besser belegt als die frühe Werkgenese; vgl. Kathrin Kirsch, *Von der Stichvorlage zum Erstdruck. Zur Bedeutung von Vorabzügen bei Johannes Brahms* (Kieler Schriften zur Musikwissenschaft, 52), Kassel u. a. 2013, S. 242 f.

52 Enthalten im *Engelmann*-Skizzenbuch, Beethoven-Haus Bonn, Sammlung H. C. Bodmer, Mh 60, S. 16–18.

Attribute sind oft unscharf oder unklar und beziehen sich auf ganz verschiedene Perspektiven. So bezeichnet beispielsweise eine „Korrekturliste" lediglich die Notationsform (handschriftliches Fehlerverzeichnis), während ein „Korrekturabzug" neben der Notationsform (Druck mit handschriftlichen Eintragungen) auch eine Konsequenz (es gibt spätere Abzüge mit umgesetzten Korrekturen) suggeriert. Über den Bezugspunkt oder die Frage nach Fehlerbereinigung oder Weiterentwicklung sagen beide Termini nichts aus. Ein „Handexemplar" weist hingegen auf die Nutzung bzw. den möglichen Besitz hin. Würde sich durch einen neuen Fund belegen lassen, dass die Einträge eines „Handexemplars" eigentlich an den Verlag gerichtet waren, so müsste man aus dem „Handexemplar" konsequenterweise einen „Korrekturabzug" machen. Beide könnten auch identisch sein, etwa wenn Beethoven ein „Handexemplar" als Korrekturwunsch dem Verlag übergab oder umgekehrt ein „Korrekturabzug" nach Umsetzung der Änderungen anschließend in Beethovens Besitz gelangte. Die angerissenen Probleme lassen sich auf nahezu alle Begriffe übertragen, die für Korrekturdokumente verwendet werden.

Trotz der ungünstigen Materialbasis und den terminologischen Schwierigkeiten erweist sich eine Untersuchung der Korrektur- und Revisionsprozesse im Zuge der Drucklegung als lohnend und notwendig. Hier besteht durchaus noch Forschungsbedarf,[53] um die letzten Stadien des Schaffensprozesses besser verstehen zu können.

---

53 An dieser Stelle sei auch auf das von der Mainzer Akademie der Wissenschaften und der Literatur geförderte Grundlagenforschungsprojekt *Beethovens Werkstatt* hingewiesen, das in seinem dritten Modul (*Auf der Suche nach dem Werktext: Originalausgaben, variante Drucke und Beethovens Revisionsdokumente*) Textentwicklungen während und nach der Übergabe eines Werktextes an den Verleger untersucht und Kollationierungswerkzeuge dazu entwickelt hat.

Zwischen Komponist, Kopist, Verleger und Herausgeber

Paratexte in Robert Schumanns Klavierwerken als Herausforderung historisch-kritischen Edierens

Timo Evers

Es entspricht einem breiten Konsens in der musikhistorischen Forschung, dass Robert Schumann großen Wert auf die Ausstattung seiner Drucke, aber auch auf die Kontrolle der entsprechenden Produktionsprozesse gelegt hat. Gezeichnet wurde das Bild eines geschäftstüchtigen, ökonomisch geschickt agierenden Komponisten, der sich nur dann kompromissbereit[1] gegenüber seinen Zuarbeitern bzw. Verlegern zeigte, wenn nicht die Grundfesten seines künstlerisches Anliegens negativ berührt waren.[2] Diese Haltung profitierte nicht nur von Schumanns Sozialisation, war er doch als Sohn eines Autors, Verlegers und

---

1 Deutlich wird dies etwa anhand von Schumanns Reaktionen auf Korrekturvorschläge Clara Wiecks / Schumanns: Hatte er auf ihre kurz vor der Drucklegung Ende Dezember 1839 und Anfang 1840 geäußerte Kritik an den *Nachtstücken* op. 23 positiv reagiert und einige Aspekte davon für den Druck berücksichtigt, weil es sich um Stellen handelte, die ihm selbst fragwürdig schienen, so hieß es im gemeinsam geführten Ehetagebuch grundsätzlich: „Einmal stritten wir uns, wegen Auffassung meiner Compositionen seitens Deiner. Du hast aber nicht Recht, Klärchen. Der Componist, und nur er allein weiß wie seine Compositionen darzustellen seien. Glaubtest Du's besser machen zu können, so wär's dasselbe, als wenn der Maler z. B. einen Baum pp besser machen wollte, als ihn Gott geschaffen. Er kann einen schöneren malen – dann ist es aber eben ein anderer Baum, als den er darstellen wollte." Robert Schumann, *Tagebücher*, Bd. II: *1836–1854*, hrsg. von Gerd Nauhaus, Leipzig 1987 (im Folgenden als *Tb II* abgekürzt), S. 107. Zu Claras Kritik der *Nachtstücke* vgl. Robert Schumann, *Nachtstücke op. 23*, hrsg. von Michael Beiche (Robert Schumann. Neue Ausgabe sämtlicher Werke, im Folgenden als *RSA* abgekürzt, Bd. III/1/5), Mainz u. a. 2012, S. 299–301. Die Beispiele sollen jedoch keineswegs eine vergleichbare Quantität und Qualität der von Clara, Bekannten und Freunden geäußerten Kritik auf der einen Seite und derjenigen von Verlegern und ihren Zuarbeitern auf der anderen Seite suggerieren.

2 Positiv formuliert: Schumann verkehrt in den künstlerischen Kreisen Leipzigs, Dresdens und Düsseldorfs und führt die Künste (Musik, Literatur, Bildende Kunst) in seinen Musikdrucken trotz ökonomischer und teilweise auch technischer Hindernisse transmedial zusammen: So lässt er einige der poetischen Titel seiner *43 Clavierstücke für die Jugend* op. 68 von Ludwig Richter in Vignettenform für das Titelblatt der Originalausgabe illustrieren und gewährt dafür anstelle einer kaum zu leistenden Honorarzahlung dem Sohn des einflussreichen Malers und Zeichners zwischen November 1848 und August 1849 immerhin 24 Sitzungen Kompositionsunterricht; vgl. Robert Schumann, *Tagebücher*, Bd. III: *Haushaltbücher, Teil 2: 1847–1856. Anmerkungen und Register*, hrsg. von Gerd Nauhaus, Leipzig 1982, S. 501. Vgl. zu der Thematik grundsätzlich: Bernhard R. Appel, *Vom Einfall zum Werk. Robert Schumanns Schaffensweise* (Schumann Forschungen, 13), Mainz u. a. 2010; Hrosvith Dahmen, „Robert Schumann und seine Verleger – ein vorläufiger Bericht", in: *Robert Schumann und die Öffentlichkeit. Hans Joachim Köhler zum 70. Geburtstag*, hrsg. von Helmut Loos, Leipzig 2007, S. 228–240; Irmgard Knechtges-Obrecht, „,… auf daß das Aeußere einigermaßen dem innern Charakter entspreche.' Robert Schumann und die Ausstattung seiner Notendrucke", in: *Schumann und die Düsseldorfer Malerschule*.

Buchhändlers seit den 1820er Jahren bestens mit den Praktiken des Buch- und Musikalienwesens vertraut; auch die in dieser Zeit zu beobachtende anhaltende Professionalisierung des Musikverlagswesens im Zeichen der Standardisierung von Produktionsprozessen bot Schumann einen geeigneten Kommunikationsraum der künstlerischen Möglichkeiten, um seine musikalischen Vorstellungen und Ziele zu verwirklichen und in die Öffentlichkeit hineinzutragen.

Dass Schumann dies schon zu Beginn seiner Karriere als öffentlich auftretender Komponist kreativ nutzt, sei kurz am Beispiel der Drucklegung der *Impromptus* op. 5 skizziert: Schumann hatte seit Beginn der 1830er Jahre professionelle Leipziger Musikverleger für die Publikation seiner frühen Klavierwerke gewinnen können.[3] Bei Friedrich Kistner waren im November 1831 die *Abegg-Variationen* op. 1, im April 1832 die *Papillons* op. 2 – beide zunächst noch ohne Opuszahl – erschienen. Anfang Juni 1832 hatte Schumann dann bei einem durch Friedrich Wieck vermittelten Treffen mit Friedrich Hofmeister in einen Vertrag eingewilligt, der die baldige Publikation dreier zu diesem Zeitpunkt erst ansatzweise komponierter Klavierwerke vorsah.[4] Es handelte sich dabei um die später unter den Opuszahlen 3 und 4 veröffentlichten Klavierwerke – die *Studien nach Capricen von Paganini* bzw. die *Intermezzi* – sowie um einen *Fandango, Rhapsodie pour le Pianof.*[orte][5] (Anhang F15). Allerdings hatten sich in der Folgezeit Schwierigkeiten bei der Vollendung dieser Klavierwerke und der sich daran anschließenden Drucklegung ergeben. Zwar konnten die *Studien nach Capricen von Paganini* op. 3 als erstes im September 1832 ausgeliefert werden; die von Schumann stark überarbeitete Stichvorlage für das nächste Werk, die *Intermezzi* op. 4, erhielt der Verlag allerdings erst Mitte Dezember 1832.[6] Erscheinen soll-

---

Ausstellung vom 1.–19. Juni 1988 [...] im Rahmen des 3. Schumann-Festes, hrsg. von Bernhard R. Appel, Düsseldorf 1988, S. 41–63.

3 Nachweise in: Margit L. McCorkle, *Robert Schumann. Thematisch-Bibliographisches Werkverzeichnis*, unter Mitwirkung von Akio Mayeda und der Robert-Schumann-Forschungsstelle hrsg. von der Robert-Schumann-Gesellschaft, Düsseldorf (*RSA*, Bd. VIII/6), Mainz u. a. 2003 (im Folgenden als *RSW* abgekürzt), S. 5, 9, 12.

4 Schumann dazu im Tagebuch unter dem Eintrag vom 9. Juni 1832: „In der Stadt ging ich zum jungen Hofmeister; die Sache ist abgemacht." Robert Schumann, *Tagebücher*, Bd. I: *1827–1838*, hrsg. von Georg Eismann, Leipzig 1971 (im Folgenden als *Tb I* abgekürzt), S. 408. Vgl. auch die Einleitung zu *Der Briefwechsel Robert und Clara Schumanns mit dem Verlag Friedrich Hofmeister 1832 bis 1852*, hrsg. von Thomas Synofzik, in: *Schumann Briefedition*, Serie III: *Verlegerbriefwechsel*, Bd. 3: *Briefwechsel Robert und Clara Schumanns mit Leipziger Verlegern III*, hrsg. von Petra Dießner, Irmgard Knechtges-Obrecht und Thomas Synofzik (Schumann Briefedition, im Folgenden als *SBE* abgekürzt, Bd. III/3), Köln 2008, S. 199–219; hier S. 201–202.

5 So angekündigt in: *Allgemeine musikalische Zeitung* 34, Nr. 28 (11. Juli 1832), Sp. 472; Vgl. auch *RSW*, S. 676f, Digitalisat: https://reader.digitale-sammlungen.de/de/fs1/object/display/bsb10527982_00268.html [Stand: 29.05.2019].

6 In einem Brief an die Familie in Zwickau vom 28. April 1832 kündigt Schumann bereits die bald erfolgende Publikation der *Intermezzi* op. 4 an (Zwickau, Robert-Schumann-Haus, Bibliothek, 5890–A2); die Stichvorlage zu diesem Klavierwerk schickt Schumann aber erst als Anlage zu dem verschollenen,

ten die *Intermezzi* aber erst Ende Oktober 1833[7] – trotz wiederholten Drängens des ungeduldigen jungen Komponisten, der zwischenzeitlich noch mindestens zwei Korrekturdurchgänge[8] gewünscht hatte. Nachdem Schumann wohl Ende Januar 1833 die Arbeiten an der dritten Hofmeister versprochenen Komposition, dem *Fandango pour le Pianoforte*, der zeitweise auch als *Fantasie satyrique* bezeichnet wurde, eingestellt hatte,[9] bot er dem Verleger stellvertretend dafür das später bei Friese herausgebrachte *Allegro* in h-Moll op. 8 an.[10] Nach Hofmeisters ablehnendem Bescheid komponierte Schumann dann jedoch vom 26. Mai 1833 wohl bis Mitte Juni des gleichen Jahres die sogenannten *Impromptus sur une Romance de Clara Wieck pour le Pianoforte* op. 5, für die er eine – hinsichtlich des Zeitplans sehr ambitionierte – Publikation rechtzeitig zu Friedrich Wiecks Geburtstag am 18. August 1833 anvisierte.[11] Schumann konnte angesichts des sich insgesamt um mehr als ein Jahr verzögernden Druckes der *Intermezzi* op. 4 kaum mit einer Publikation der *Impromptus* op. 5 pünktlich zu diesem Termin rechnen. Umso erstaunlicher mutet seine Lösung des Problems an: Am 3. Juli 1833 ließ Schumann Hofmeister von der Existenz des neuen Klavierwerkes wissen und teilte dem Verleger im selben Schreiben mit, dass er sich bereits selbst um die Drucklegung im Verlag seiner Brüder bemüht habe, die Herstellungskosten allein tragen wolle, jedoch zum Zwecke eines besseren Absatzes auf dem Musikalienmarkt Hofmeisters Verlag auf der Titelseite und in werbenden Anzeigen nennen wolle.[12] Die Rechnung ging auf: Schumann hatte zur Herstellung des Druckes neben der verlegerischen Kompetenz seiner Brüder auch den Leipziger Kupferstecher Daniel Heinrich Barbé, der für Hofmeister bereits Schumanns op. 3 gestochen hatte, gewinnen können.[13] Mit dem für die hohe Qualität seiner Sticharbeiten in Leipzig gerühmten Barbé konnte Schumann nun

---

    jedoch durch eine Konzeptschrift annähernd erhaltenen Brief vom 17. Dezember 1832 an den Verlag (Zwickau, Robert-Schumann-Haus, Bibliothek, 4871/VII,C,9 – A3, S. 67–68).

7 In Hofmeisters Druckbuch sind die 100 ersten Abzüge der Originalausgabe von op. 4 erst mit dem Datum des 26. Oktober 1833 verzeichnet (*Chronologisches Verzeichniss der Verlags-Musicalien*, Leipzig, Sächsisches Staatsarchiv, Staatsarchiv Leipzig, Musikverlag Friedrich Hofmeister 43). Die Exemplare werden in den folgenden Tagen ausgeliefert worden sein.

8 Erste Korrekturfahnen hat Schumann von dem Verlag wohl erst kurz vor dem 14. Juli 1833 erhalten (vgl. *SBE*, Bd. III/3, S. 227–228, hier S. 227). Noch im Brief an Hofmeister vom 6. September 1833 mahnt er eine 2. Korrektur an (vgl. *SBE*, Bd. III/3, S. 229).

9 Inzwischen hatte sich die Fertigstellung des letzten der Hofmeister zugesagten Klavierwerke wohl auch deshalb verzögert, weil Schumann zwischen September 1832 und Frühjahr/Sommer 1833 mit der Komposition der sogenannten Zwickauer Jugendsymphonie in g-Moll (Anhang A3) beschäftigt war. Vgl. *RSW*, S. 653 f.

10 Brief Robert Schumanns an den Verlag Friedrich Hofmeister vom 29. Januar 1833 (*SBE*, Bd. III/3, S. 222–224, hier S. 222).

11 Vgl. Zwickau, Robert-Schumann-Haus, Bibliothek, 5890 – A2, S. 185; Brief Robert Schumanns an den Verlag Friedrich Hofmeister vom 3. Juli 1833 (*SBE*, Bd. III/3, S. 225–227, hier S. 225–226).

12 Ebd.

13 Noch im Brief vom 9. November 1837 schreibt der Leipziger Verleger Robert Friese an Schumann bezüglich der anstehenden Publikation der *Davidsbündlertänze* op. 6: „Barbé will am 18. Nov. die Correctur Ihrer Davidsbündlertänze liefern; es ist recht schlimm, daß dieser Mensch hier [in Leipzig] einzig in seiner Art ist." *SBE*, Bd. III/3, S. 69.

offensichtlich nicht nur in enger Abstimmung einen graphisch sehr dicht und präzise gearbeiteten Notendruck nach eigenen Vorstellungen realisieren, sondern dieses aufwendige Unternehmen auch noch bereits Anfang August 1833 und damit rechtzeitig zu Wiecks Geburtstag zum Abschluss bringen.[14]

Zeitraum der Erstpublikation	op.	Titel	Verleger
1831, November	op. 1[15]	THÈME | sur le nom | Abegg | varié pour le Pianoforte | et dédié à Mademoiselle Pauline | Comtesse d'Abegg […]	Friedrich Kistner
1832, April	op. 2	PAPILLONS | pour le Pianoforte […]	Friedrich Kistner
1832, September	op. 3	ETUDES | pour le | Pianoforte | d'après les | CAPRICES de PAGANINI | avec doigter, exercises préparatifs et avant-propos | sur le but que l'editeur s'y propose. | STUDIEN | nach | CAPRICEN von PAGANINI | bearbeitet, | mit Fingersatz, vorbereitenden Uebungen und | einem Vorwort über ihren Zweck […]	Friedrich Hofmeister
1833, August	op. 5	IMPROMTUS [sic] | sur une Romance de Clara Wieck | pour le | Pianoforte | composés et dediés | À MONSIEUR FRÉDERIC WIECK […]	Robert und Carl Schumann / Friedrich Hofmeister
1833, Ende Oktober	op. 4[16]	INTERMEZZI | per il | Pianoforte | composti e dedicati | AL SIGNORE KALLIWODA | Maestro di capella etc. […]	Friedrich Hofmeister

Tabelle. Schumanns Klavierwerke opp. 1–5: Chronologie ihrer Erstveröffentlichung

Das Beispiel zeigt wie viele andere auch, dass Schumann über das künstlerisch-technische, jedoch auch kommunikative Know-how sowie über ökonomische Mittel verfügt und diese konsequent nutzt, indem er Verlage so wählt bzw. instrumentalisiert, dass er seine künstle-

---

14 Dass die Originalausgabe der *Impromptus* op. 5 tatsächlich rechtzeitig zu Friedrich Wiecks Geburtstag fertiggestellt war, geht auch aus einem Eintrag in dem gemeinsam geführten Tagebuch Clara und Friedrich Wiecks hervor: „Ich habe noch nach zuholen, daß der Vater zu seinem Geburtstag d. 18. Aug[.], den wir in Schneeberg bei Becker feierten, von Schumann die ihm dedicirten Impromptus über meine Romance erhielt und große Freude darüber hatte." Clara Wieck, *Tagebuch 3*, S. 42; Zwickau, Robert-Schumann-Haus, Bibliothek, 4877,2 – A3 (*Clara Schumann. Jugendtagebücher 1827–1840*, hrsg. von Gerd Nauhaus und Nancy B. Reich unter Mitarbeit von Kristin R. M. Krahe, Hildesheim u. a., 2019).

15 Digitalisat: https://www.brahms-institut.de/Archiv/web/bihl_digital/schumann_drucke_units/schum_op_001.html [Stand: 29.05.2019].

16 Digitalisat: https://www.brahms-institut.de/Archiv/web/bihl_digital/schumann_drucke_units/schum_op_004.html [Stand: 29.05.2019].

rischen und kulturell-kommunikativen Ziele möglichst ohne Abstriche erreichen kann.[17] Ließen sich in ähnlicher Art zahlreiche weitere Beispiele für Schumanns Geschick im Umgang mit seinen Verlegern anführen, so zeigt doch bereits dieser Fall, dass es sich um eine recht oberflächliche, marktstrategisch determinierte Perspektive mit deutlichem Fokus auf den vermeintlich wichtigsten Akteur – nämlich den geschäftstüchtigen Komponisten selbst – handelt. Dass mit diesem starken Gewicht auf den Komponisten jedoch immer auch die Gefahr der Überzeichnung gegeben ist, sollte einleuchten, wird damit doch das Kollektiv sämtlicher anderer an der Drucklegung Beteiligter marginalisiert.[18]

Dass man überhaupt von einem solchen Kollektiv ausgehen muss, ist aufgrund der überlieferten Kopistenabschriften und des sehr umfangreichen Briefwechsels mit Kopisten, Verlegern und auch mit Druckereien unmittelbar evident. Fragt man allerdings nach der Qualität dieses kommunikativen Verhältnisses zwischen dem Komponisten, seinen Zuarbeitern bei der kollektiven Erarbeitung von Musikdrucken und den Verlegern, also danach, welchen Einfluss sie im Detail auf die zu Schumanns Lebzeiten produzierten Drucke genommen haben, so stößt man in vielerlei Hinsicht an Grenzen des analytischen Zugriffs, die der Überlieferung und teilweise auch dem Übergangscharakter der handschriftlichen Quellen im Drucklegungsprozess geschuldet sind.

In der Tat ist über den eigentlichen Produktionsprozess hinsichtlich der Rolle und des Verhältnisses *aller* Beteiligter – also Komponist, Kopist, Lektor und Verleger – erstaunlicherweise wenig bekannt. Die Gründe dafür liegen auf der Hand: Im Zeichen einer Musikgeschichtsschreibung, die Genie und Kunstwerk in den Mittelpunkt des Interesses rückt, mussten solche alltagspraktischen Fragen in den Hintergrund treten, auch wenn von ihnen nichts weniger als philologische Grundentscheidungen im Zuge des historisch-kritischen Edierens unmittelbar abhängen. In Bezug auf letzteres gilt es in Einzelfällen zu entscheiden, ob die Kopisten, Notenstecher und teilweise auch die Verleger in einigen Details bei der Erarbeitung des Notendruckes dem Komponisten Änderungsvorschläge unterbreitet oder gar eigenmächtig in den Text eingegriffen haben, wobei auf einer übergeordneten Ebene immer danach zu fragen ist, ob solche Änderungen vom Komponisten letztendlich autorisiert sind. Relativ selten sind solche Prozesse jedoch lückenlos dokumentiert.[19]

---

17 Dahmen (wie Anm. 2).
18 Die Erforschung des Einflusses der Zuarbeiter im Kontext der Drucklegung nicht nur Schumann'scher Werke scheint jedoch angesichts Schumanns Einstellung zu Korrekturarbeiten umso gebotener. So schrieb er etwa anlässlich der Korrektur seiner Oper *Genoveva* op. 81 noch im Brief vom 9. Juni 1851 an den Peters-Verlag: „Die Durchsicht einer solchen Arbeit ist aber eine sehr zeitraubende, und obendrein für den Componisten sehr langweilige, weshalb ich um Ihre Nachsicht bitte." (*SBE*, Bd. III/3, S. 364).
19 Die Drucklegung von Schumanns 148 mit einer Opuszahl versehenen Werken ist nur in 135 Fällen von Schumann überwacht worden. Mit Bezug auf die von ihm autorisierten Drucke sind nur Korrekturfahnen zu 15 Werken bekannt geworden. Vgl. dazu Matthias Wendt, „Der Komponist als Korrektor – Die Bedeuung der originalen Korrekturfahnen für die Robert-Schumann-Gesamtausgabe", in: *„Mit mehr Bewußtsein zu spielen." Vierzehn Beiträge (nicht nur) über Richard Wagner*, hrsg. von Christa Jost (Musikwissenschaftliche Schriften der Hochschule für Musik und Theater München, 4), Tutzing 2006, S. 59–69, hier S. 61.

Und so entzieht sich das Verhältnis von Komponist, Mitarbeitern und Verlegern insgesamt häufig dem Gesichtsfeld des Historikers und Herausgebers, weil entweder grundsätzlich die entsprechenden Quellen fehlen oder solche nicht hinreichend Auskunft über die Funktion dieser anderen Personen für die Entstehung eines musikalischen Druckwerkes geben. So stand Schumann gerade zu Beginn seiner Laufbahn als Komponist in den 1830er Jahren in persönlichem Kontakt zu seinen Verlegern in Leipzig, darunter Kistner, Hofmeister, Friese und Härtel; ein ausgeprägter Schriftverkehr zwischen den Parteien erübrigte sich also häufig. Nicht zuletzt bei Konzerten, Salon- und Hausmusik sowie bei anderen gesellschaftlichen Ereignissen rund um Leipzig, ja sogar bei den Davidsbündlertreffen und Planungen zur von Schumann mitinitiierten und seit 1834 regelmäßig erscheinenden *Neuen Zeitschrift für Musik* boten sich zahlreiche Gelegenheiten, um mit den Verlegern gewisse Aspekte im persönlichen Gespräch zu klären.[20] Beispielsweise sind wir im angesprochenen Falle der *Impromptus* op. 5 überhaupt nur deswegen über die von Schumann gewählte Lösung, das Werk im Selbstverlag, jedoch mit Angabe des Hofmeister-Verlags herauszugeben, informiert, weil Schumann damit ein besonderes Anliegen im Sinne einer Überraschung verband und dieses deshalb auf schriftlichem Wege Hofmeister kommunizieren musste.[21]

Wohl noch intensiver als mit den Verlegern mag Schumann mit seinen Kopisten, teilweise auch mit den Stechern, über deren Aufgaben gesprochen haben, sodass sich Anweisungen an Kopisten und Kupferstecher in den überlieferten Autographen bzw. in den autorisierten Stichvorlagen eher selten finden.[22] Aufgrund dieses persönlichen Kontakts werden sich detailliertere Aufzeichnungen Schumanns erübrigt haben; daher können in einigen Fällen die Namen der Kopisten bisher nicht immer zweifelsfrei den einzelnen, nicht in jedem Fall erhaltenen Abschriften zugeordnet werden, und daher sind bisweilen nicht einmal die Namen der Kopisten bekannt.[23]

Trotz des angesprochenen Überlieferungsdefizits, das quantitativ kaum beziffert werden kann, ist eine beträchtliche Zahl an Quellen überliefert, die wesentliche Auskünfte über das produktive Verhältnis zwischen Schumann und seinen Zuarbeitern und Verlegern geben. Zu diesen Quellen gehören neben den bereits angesprochenen schriftlichen Korrespondenzen mit Verlegern – teilweise auch mit Kopisten und Notendruckereien – auch Tagebucheinträge und vergleichbare Egodokumente, vor allem jedoch die Musikhandschriften selbst, wobei die Qualität der Information immer von der Funktion einer solchen Handschrift im Entstehungs- und Drucklegungsprozess abhängt. Auf Basis zahlreicher im Rahmen der Neuen Robert-Schumann-Gesamtausgabe bereits vorliegender Einzelunter-

---

20 Vgl. dazu etwa die Einleitung zu Schumanns Briefwechsel mit dem Verlag Friedrich Hofmeister in *SBE*, Bd. III/3, S. 199–219, besonders S. 202, 216f., 219.
21 Vgl. dazu Schumanns Brief an den Verlag Hofmeister vom 3. Juli 1833 (*SBE*, Bd. III/3, S. 225–227).
22 Vgl. Wendt (wie Anm. 19), S. 62 und passim.
23 Vgl. Anette Müller, *Komponist und Kopist. Notenschreiber im Dienste Robert Schumanns* (Studien und Materialien zur Musikwissenschaft, 57), Hildesheim u. a. 2010, S. 210–225.

suchungen kann im Falle der Klavierwerke[24] grundsätzlich das folgende Modell des weitgehend standardisierten Entstehungs- und Drucklegungsprozesses skizziert werden; kleinere Abweichungen bestätigen die Regel:[25]

Im nach diesem Modell konstatierten Idealfall hätte Schumann nach ersten Ideen und Skizzen für ein neues Werk zunächst einen oder mehrere unvollständige Entwürfe zu bestimmten Stücken, Sätzen oder Abschnitten niedergeschrieben, woran sich ein sogenanntes Arbeitsmanuskript – in manchen Fällen auch mehrere Arbeitsmanuskripte – angeschlossen hätte. Wesentliches Kennzeichen eines Arbeitsmanuskriptes bei Schumann ist die Vollständigkeit des autographen Notentextes, der bereits eine komplette Werkfassung enthält, auch wenn der Text mitunter nicht vollständig ausnotiert ist und es mehrere revidierte Schichten geben mag, die auf einzelne Aspekte des Kompositionsprozesses schließen lassen. Da die Arbeitsmanuskripte aufgrund korrekturbedingter Leseprobleme in der Regel nicht für eine Aufführung geeignet sind, fungieren sie meist als Kopier-, sehr selten auch als Stichvorlage. Die erwähnten Leseprobleme und Abbreviaturen im Arbeitsmanuskript erschweren einen von dieser Quelle ausgehenden Stich erheblich und machen deshalb eine Abschrift notwendig, die Schumann bisweilen selbst übernimmt, meistens aufgrund von Zeitmangel jedoch in die Hände eines von ihm als befähigt erachteten Kopisten gibt; dieser musste angesichts von Schumanns flüchtiger, häufig auch inhaltlich inkonsistenter Notierweise eine beträchtliche Lesekompetenz aufweisen. Hat der Kopist das Arbeitsmanuskript nach Schumanns Anweisungen in Form einer Stichvorlage kopiert, schließt sich meist ein Korrekturlesen Schumanns an; bei diesem Korrekturlesen arbeitet Schumann nicht bloß Korrekturen fehlerhafter Lesarten, sondern bisweilen auch eine Revision agogischer, artikulatorischer und dynamischer Zeichen ein; auf Satzebene gibt es dagegen kaum etwas zu modifizieren.

Nachdem der Verlag die von Schumann autorisierte Stichvorlage erhalten hat, wird diese anschließend in der Regel noch durch einen verlagsinternen Mitarbeiter bezüglich des paratextuellen Beiwerks und kleinerer Darstellungsprobleme der Notenorthographie modifiziert. Bisweilen sind diese durch den Verlag erfolgten Eingriffe nicht autorisiert, und Schumann protestiert heftig, wenn er davon noch vor der Publikation erfährt, sodass die Eingriffe rückgängig gemacht werden müssen.[26] Grundsätzlich zieht Schumann jedoch

---

24 Der angesprochene Produktionsvorgang müsste im Falle von Werken anderer Besetzungen noch bezüglich des Problems divergierender Stimmen- und Partiturdrucke und in den Korrekturprozess einbezogener Probeaufführungen erweitert werden.
25 Zum Folgenden vgl. Appel (wie Anm. 2), besonders Kapitel 6–10; Müller (wie Anm. 23), S. 225–342.
26 So hatte der Verlagslektor Carl Gurckhaus in der Stichvorlage zu *Bilder aus Osten. 6 Impromptus* für Klavier zu vier Händen op. 66 unter anderem eigenmächtig die metrischen Angaben in Nr. 5 geändert. Schumann strich diese Korrektur daraufhin aus; die Reaktion des Korrektors im Brief vom 18. April 1849 an den Komponisten fällt angesichts der recht teuren Korrektur leicht pikiert aus: „Wenn Sie sich noch zu erinnern wissen, habe ich in den Impromptus wo der Tact so oft wechselt die Bezeichnung $^2/_4$ & $^6/_8$ eingebracht, was jedoch von Ihnen gestrichen wurde. Es ist eine böse Correctur! – Kann's nicht stehen bleiben?" zit. nach *Korespondencja Schumanna*, Schumanns Sammlung an

diese Form der Arbeitsteilung vor: Die Darstellung der Noten, genauer: das Notenbild, ist Sache des Notenstechers; Schumann fordert auch deswegen in der Regel mindestens einen Korrekturdurchgang der durch den Verlag vorbereiteten Stichplatten an,[27] wobei er entstandene Stichfehler, kaum jedoch die Ästhetik des Notenbildes korrigiert.[28] In die ihm daraufhin vom Verlag geschickten Probeabzüge trägt er dann seine letzten Änderungswünsche ein oder fordert bei allzu fehlerhaftem Notensatz gar noch eine zweite Korrektur. Da sich im Falle der Klavierwerke eher selten Korrekturfahnen nachweisen lassen, kann die ursprünglich in diesen Quellen zu vermutende Fassung letzter Hand meist nicht mehr nachvollzogen werden. Ohnehin lässt sich nicht für jedes Werk eine tatsächlich durchgeführte Korrektur nachweisen; zudem haben die Verleger wohl nicht immer Schumanns Imprimatur abgewartet.[29]

---

ihn gerichteter Briefe in der Biblioteka Jagiellońska, Kraków, Bd. 20, Nr. 3633 – Schumann ließ sich jedoch nicht umstimmen: Seine Rückkorrektur musste ausgeführt werden (Brief an Gurckhaus vom 22. April 1849, Brief in Düsseldorf, Heinrich-Heine-Institut, Akzessions-Nr. 58.2987).

27 Schumann hatte möglicherweise negative Erfahrungen mit dem Verfahren einer ersten bzw. nahezu ausschließlich durch ihn bewerkstelligten Korrektur gesammelt. Etwa im Falle der im Sommer 1836 unter dem Doppelpseudonym Florestan und Eusebius erschienenen Klaviersonate fis-Moll op. 11 hatte er derart viele Fehler übersehen, dass er sich kurze Zeit später zur Veröffentlichung einer Korrekturliste in der *Neuen Zeitschrift für Musik* (*NZfM* 5, Nr. 12, 9. August 1836, Intelligenzblatt) veranlasst sah, Digitalisat: https://ia600706.us.archive.org/20/items/NeueZeitschriftFuerMusik1836Jg3Bd5/NeueZeitschriftFuerMusik1836Jg3Bd5.pdf [Stand: 29.05.2019]. Da der Verleger Friedrich Kistner sich dem Verdacht schlampiger Arbeit ausgesetzt sah veröffentlichte Schumann eine weitere Anzeige (*NZfM* 5, Nr. 14, 16. August 1836, S. 58): „Unser Hr. Verleger fürchtet, die ‚Druckfehleranzeige' in der letzten Beilage könne seiner Firma schaden, und ersucht uns, nachzubemerken, daß wir die Correctur selbst gemacht. Daran liegt es eben; Bretter haben die Componisten vor den Augen beim Durchsehen ihrer Compositionen. Das Publicum muß es aber erfahren, daß sie es gehabt […]." Digitalisat: https://reader.digitale-sammlungen.de/de/fs1/object/display/bsb10527926_00068.html [Stand: 29.05.2019]. Vgl. dazu Bernhard R. Appel, „Zur Editionsgeschichte von Robert Schumanns Klaviersonate Opus 11", in: *Studia Musicologica Academiae Scientiarum Hungaricae* 34 (1992), S. 367–388; auch aufgrund solcher Probleme bei der Drucklegung kommen von Schumann immer wieder Werke in ihrer Erstauflage auf den Markt, deren einzelne erhaltene Exemplare teilweise abweichenden Notentext enthalten, konnten kleinere Korrekturen doch jederzeit in die Druckplatten eingearbeitet werden. Vgl. dazu Bernhard R. Appel, „Abweichungstypen in Abschriften und Drucken", in: *Robert Schumann und die französische Romantik. Bericht über das 5. Internationale Schumann-Symposium der Robert-Schumann-Gesellschaft am 9. und 10. Juli 1994 in Düsseldorf*, hrsg. von Ute Bär (Schumann Forschungen, 6), Mainz u. a. 1997, S. 275–296.

28 Vgl. Wendt (wie Anm. 19), S. 64–65.

29 Als Beispiel diene die Editionsgeschichte der *Davidsbündlertänze* op. 6: Nach intensiven Verhandlungen mit mehreren Verlagen hatte Schumann die Rechte der 1850 erschienenen Neuausgabe dem Verlag Schuberth & Co verkauft. Noch im Brief vom 1. Juli 1850 hatte der Verlag Schumann attestiert, dass in den mitgelieferten Platten der Originalausgabe graphisch nichts zu ändern sei. Aus der Korrespondenz mit dem Verlag und der Paez'schen Offizin (*Schumann Briefedition*, Serie III: *Verlegerbriefwechsel*, Bd. 6: *Briefwechsel Robert und Clara Schumanns mit Verlagen in Berlin und Hamburg*, hrsg. von Hrosvith Dahmen u. a. (SBE, Bd. III/6), Köln 2009, S. 429f., 434f.) geht hervor, dass Schumann sich noch in allerletzter Minute (um den 28. Juli 1850 herum) zu einer Revision dieses Klavierwerks entschlossen hatte, die er unter großem Zeitdruck noch rechtzeitig an die Notenstecherei schicken

Dieses Modell, das sich in vielen Einzelheiten bestätigen lässt, suggeriert zwar eine in manchem Sinne dynamische Kooperation zwischen Komponist, Kopist und Verleger, wobei Schumann möglichst den gesamten Herstellungsprozess eines neuen Druckwerkes unter seiner Kontrolle zu halten bestrebt ist, sodass kaum von einer gleichmäßig verteilten Reziprozität in dieser Dreiecksbeziehung gesprochen werden kann: Schumann scheint nur dann Konzessionen an einen Verlag gemacht zu haben, wenn sie seine eher langfristig angelegten Ziele nicht zu unterminieren drohten.

Allerdings weist das referierte Modell bereits auf ein entscheidendes Problem des editorischen Zugangs hin: Dieser Zugang scheint, wie bereits angedeutet, angesichts der für jedes Werk anders verlaufenen Überlieferungssituation häufig an entscheidenden Knotenpunkten arg begrenzt, lassen sich doch in zahlreichen Fällen einzelne Stufen im Drucklegungsprozess und mithin auch die Frage nach der Autorisation durch den Komponisten nicht abschließend klären. Im Fall der *Intermezzi* op. 4 sind in der Originalausgabe von 1833 paratextuelle Zusätze zu finden, die nicht in der von Schumann zu großen Teilen selbst geschriebenen und teilweise stark überarbeiteten Stichvorlage enthalten sind;[30] Schumann muss sie also in einer leider verloren gegangenen Korrekturfahne ergänzt haben, wobei das Fehlen einer solchen Korrekturfahne einige Skepsis gegenüber der grundlegenden Verlässlichkeit der Stichvorlage hervorruft.

Die Situation erweist sich als noch unbefriedigender im Falle der *Davidsbündlertänze* op. 6: Laut Schumanns Tagebucheintragungen muss es einen Korrekturdurchgang gegeben haben;[31] was korrigiert wurde und welche Korrekturen in die Druckplatten eingearbeitet wurden, lässt sich aufgrund des Fehlens entsprechender Quellen nicht mehr nachvollziehen. Auffällig ist jedoch die häufig deutlich detaillierter erscheinende Ausarbeitung der agogischen, artikulatorischen und dynamischen Zeichen im Arbeitsmanuskript[32], wobei diese Zeichen in der Originalausgabe bisweilen vollständig fehlen. Wie gravierend die Abweichungen sein können, zeigt Notenbeispiel 1: Im Arbeitsmanuskript zu Nr. 2 aus Heft II sind die ersten acht Takte, was die Zeichen zu Dynamik und Artikulation anbelangt, recht präzise ausgearbeitet. In der Originalausgabe fehlen diese Zeichen jedoch nahezu vollständig. Dass sie eher nicht vom Kopisten bzw. Notenstecher übersehen worden sind, wird anhand der geänderten Dynamik (*mf* statt *p*) und Vortragsbezeichnung (*Einfach* statt *Volksmässig*) deutlich. Für die 1850 erfolgte Neuausgabe arbeitet Schumann schließlich

---

konnte. Angesichts des großen Zeitdrucks wurde seitens des Verlags jedoch keine Titelkorrektur mehr abgewartet. Im Brief vom 26. August informierte der Verlag den Komponisten, dass eine Titelkorrektur nicht mehr möglich sei, weil bereits die gesamte Auflage gedruckt sei. Vgl. dazu die Darstellung der Veröffentlichungsgeschichte im Rahmen der neuen Gesamtausgabe (*RSA*, Bd. III/1/1,2, S. 340–345).

30 So fehlt in der autographen Stichvorlage (Staatsbibliothek zu Berlin – Preußischer Kulturbesitz, Musikabteilung mit Mendelssohn-Archiv, Mus. ms. autogr. R. Schumann 29) zu op. 4/2, T. +64–65 und T. +195–198 noch der paratextuelle Zusatz *Meine Ruh ist hin* (+ in der Taktzählung entspricht Auftakt).

31 *Tb II*, S. 46.

32 Gesellschaft der Musikfreunde in Wien, Archiv und Bibliothek, A 281 (Nachlass Johannes Brahms).

wieder diverse Artikulationsbögen ein,[33] die jedoch einem gänzlich anderen Konzept folgen als diejenigen des Arbeitsmanuskriptes:

Notenbeispiel 1. Robert Schumann, *Davidsbündlertänze* op. 6, Heft II, Nr. 2: T. +1–8 im Arbeitsmanuskript (AM), in der 1838 erschienenen Originalausgabe (OA) und in der 1850 überarbeiteten Fassung der Neuausgabe (NA)[34]

Im anderen Fall, dem *Album für die Jugend* op. 68, mag der aufgrund ökonomischer Erwägungen beschleunigte Produktionsprozess[35] gravierende Konsequenzen für die veröffentlichte Gestalt des Notentextes gehabt haben, sind doch zahlreiche, wohl zumindest teilweise auf den Stecher zurückgehende Abweichungen von der Stichvorlage dokumentiert, so etwa ein möglicherweise fälschlich in das Stück *Erster Verlust* op. 68/16 hineingeratener Ton: Schumann hat in der Stichvorlage[36] im unteren System in T. 29, 2. Takthälfte, zunächst eine Achtelpause notiert, diese sodann schwer erkennbar ausgestrichen und rechts

---

33 Als Stichvorlage diente ein altes Exemplar der Originalausgabe, in das Schumann mit Bleistift seine Revision eintrug (Gesellschaft der Musikfreunde in Wien, Archiv und Bibliothek, A 282).
34 Digitalisat: https://brahmsinstitut.de/Archiv/web/bihl_digital/schumann_drucke_units/schum_op_006.html [Stand: 29.05.2019].
35 Siehe dazu Anm. 41.
36 Zwickau, Robert-Schumann-Haus, Bibliothek, 10955 – A1.

daneben eine Viertelpause notiert. Letztere ist jedoch möglicherweise vom Stecher nicht als solche, sondern als Achtelnote *e* gelesen worden, die Stelle ist also nicht als ♩, sondern als ♪ *e* übertragen worden, was angesichts des Notentexts im oberen System mit ♪ *e*¹ (!) musikalisch durchaus sinnvoll erscheint. Wohl ausgehend von diesem Text im oberen System ist in der Erstausgabe sodann noch ein Artikulationskeil zu ♪ *e* im unteren System ergänzt worden – ein Zeichen, das in der Stichvorlage aufgrund der anderen Bedeutung des Zeichens als ♩ selbstverständlich fehlt. Ob es sich bei dieser Stelle insgesamt um einen von Schumann (1) übersehenen oder (2) schließlich sanktionierten Stichfehler oder nicht doch (3) um eine auf Veranlassung Schumanns erst später durchgeführte Korrektur handelt, kann aufgrund fehlender Korrekturfahnen nicht entschieden werden. Im zweiten Fall hätte der Notenstecher jedoch die Gestalt des Tonsatzes maßgeblich mitgeprägt.

Die hier nur sehr oberflächlich angedeuteten Beispiele zeigen, dass sich der Herausgeber angesichts der gezeichneten lückenhaften Überlieferungssituation rasch mit vielfältigen Herausforderungen konfrontiert sieht, sich jedoch auf jeden Fall zu diesen Problemen verhalten und je nach werkspezifischer Problemlage für die Edition eines jeden Werkes neue Lösungen finden muss.

Ein relevanter, vielleicht sogar der entscheidende Ansatz, der das Verhältnis zwischen Komponist und Zuarbeitern zu beleuchten hilft, ist einer, der vom Begriff des *Paratextes*[37] ausgeht. Denn Paratexte, insofern sie oberflächlich das klassische Beiwerk eines Buches oder eben auch eines Notendruckes betreffen, erweisen sich bei Schumann in der Regel als ein Gegenstand, der besonders im Falle räumlicher Distanz intensiv zwischen Komponist und Verleger diskutiert wird. Zur Debatte standen dabei grundsätzlich Aspekte der Materialität, der äußeren Gestaltung, der Titel, Besetzungsangaben, Widmungen, Mottos, Vorworte, literarischen Zusätze, Satzüberschriften, intertextuellen Bezüge und optischen Paratexte wie Abbildungen usw. Als ein wesentlicher Grund für diese intensiv geführten Auseinandersetzungen mit den Verlegern wäre anzuführen, dass Schumann in der Gestaltung seiner Drucke offensichtlich (ganz im Sinne von Gérard Genette[38]) die kommuni-

---

37 Vgl. dazu die einschlägige Studie von Gérard Genette, *Paratexte. Das Buch vom Beiwerk des Buches*, mit einem Vorwort von Harald Weinrich, aus dem Französischen von Dieter Hornig, Frankfurt am Main ³2008; entsprechend auf Notentexte übertragen, hat Reinhard Kapp Paratexte als „all jenes Beiwerk" definiert, „das zum eigentlichen Notentext hinzukommt, ihn dem Verständnis erschliesst und so erst zu einem ‚Text' im strengeren Sinne macht". Dass Paratexte kaum vom eigentlichen wortlosen Werktext getrennt werden können, begründet Kapp u. a. durch den nicht zu verkennenden Aspekt der Intermedialität, die für Schumann offensichtlich einen besonderen Reiz hatte. Vgl. Reinhard Kapp, „Text und Paratext in Schumanns Ausgaben seiner Kompositionen", in: *Schumann interpretieren*, hrsg. von Jean-Jacques Dünki mit Anette Müller und Thomas Gartmann, Sinzig 2014, S. 479–557, hier S. 479 ff., 556 f.

38 Nach Genette wäre beim Paratext zwischen *Peritext* und *Epitext* zu unterscheiden. Der öffentliche *Peritext* ist im direkten Umfeld des Textes in einem veröffentlichen Band räumlich untrennbar mit diesem verbunden (Formate, Reihen, Umschlag und Zubehör, Titelseite und Zubehör, Satz, Auflagen, der Name des Autors, Titel, Widmungen, Mottos, Vorworte, Zwischentitel und Anmerkungen). Demgegenüber werden unter der Kategorie des *Epitextes* alle paratextuellen Formen gefasst, die zwar

kativen Möglichkeiten im Sinne einer Schaltstelle zur Vermittlung der durch den Autor intendierten künstlerischen Botschaft gesehen hat; denn diese Schnittstellen in der Kommunikation zwischen Autor und Publikum steuern maßgeblich die Rezeption, indem sie Deutungsmuster kanalisieren und so zu rezeptiven Handlungen im Sinne der Autorintention anstiften. In Schumanns Sprache: Das Äußere soll mit dem Inneren harmonieren.[39]

Die folgende Aufstellung entspricht einer Zusammenfassung der ausführlichen Untersuchung, die Reinhard Kapp zu Schumanns künstlerischem Umgang mit Paratexten vorgelegt hat. Kapp stellt – ausgehend von der genannten literaturwissenschaftlichen Studie Genettes – für das recht breitgefächerte Œuvre dieses Komponisten folgende Systematik paratextueller Elemente in den von Schumann autorisierten Musikdrucken auf, die er durch eine Vielzahl an Beispielen untermauert.[40] Es handelt sich um:

I. Ziffern, Zählungen
II. Werktitel
    1. Gattungsterminologie
    2. Arten von Werktiteln
III. Weitere zur Titelei gehörige Hinweise
    1. Besetzungsangaben
    2. Widmungen
    3. Mottos
    4. Vorworte, sonstige literarische Zusätze
IV. Die einzelnen Stücke bzw. Sätze
    1. Überschriften, Satzbezeichnungen
    2. Vortragsangaben: Überschriften und Vorschriften
    3. Reine Vortragsangaben
        a) Zeitmaß
        b) Bewegung und Ausdruck
        c) Die eigentlichen Charakter- und Ausdrucksbezeichnungen

---

    inhaltlich noch in Beziehung zum Werktext stehen, die jedoch zunächst räumlich von diesem getrennt sind (*öffentlicher* Epitext: Anzeigen, Gespräche, Rezensionen, Debatten; zunächst *privater* Epitext: Briefwechsel, mündliche Mitteilungen, Tagebücher, Vortexte). Vgl. Genette (wie Anm. 37), S. 12 und 16.

39 Mehrfach von Schumann geäußert: So wünscht er im Brief vom 17. Juni 1849 an Friedrich Whistling, dass „die Ausstattung einer Composition immer dem Inhalt gemäß eingerichtet" werde (zit. nach *Schumann Briefedition*, Serie III: *Verlegerbriefwechsel*, Bd. 2: *Briefwechsel Robert und Clara Schumanns mit Leipziger Verlegern II*, hrsg. von Renate Brunner (SBE, Bd. III/2), Köln 2011, S. 331–333, hier S. 331); schon im Brief vom 24. März 1838 hatte er gegenüber Raimund Härtel in Bezug auf „das ähnliche zierliche Format des Notenstiches" bekundet, dass er „gern leiden mag, wenn das Aeußere einigermaßen dem innern Charakter entspricht." (zit. nach Hermann Erler, *Robert Schumann's Leben. Aus seinen Briefen geschildert*, Bd. 1, Berlin 1887, S. 147).

40 Vgl. Kapp (wie Anm. 37).

d) „Mit [...]"
e) „Im [...]"
V. Intratextuelle – intertextuelle Bezüge
VI. Optische Para„texte" (graphische Gestaltung der Ausgaben und des Notenbildes, dekorative Bildelemente)

Dass gerade die Analysekategorie des Paratextes bemerkenswerte Einblicke in das Verhältnis zwischen dem Komponisten und anderen an der Drucklegung Beteiligten gewährt, zeigen Bernhard Appels und Michael Beiches Untersuchungen zur Editionsgeschichte der *43 Clavierstücke für die Jugend* op. 68, besser bekannt unter dem abweichenden Umschlagtitel der Originalausgabe als *Album für die Jugend*.[41] Schumanns anspruchsvolle Vorstellungen bezüglich der Ausstattung – er strebte ursprünglich unter anderem einen anderen Werktitel,[42] für nahezu jedes der einzelnen Stücke eine eigene Vignette und Druck auf verschiedenen Papiersorten unterschiedlicher Farbgebung und mit unterschiedlichen Randleisten an[43] – stießen bei Härtel, dem Schumann das neue Klavierwerk ursprünglich überlassen wollte, auf ökonomische Bedenken.[44] Schumann wählte letztendlich eine die künstlerische Idee nicht unterminierende, jedoch ökonomischere Lösung und konnte das Album deshalb noch äußerst erfolgreich pünktlich zu Weihnachten 1848 bei *Schuberth & Co.* herausbringen.[45]

Konzessionen macht Schumann abermals nur, soweit sie nicht sein Grundziel allzusehr beeinträchtigten. Die durch das ehrgeizige Veröffentlichungsziel (Weihnachten 1848) und durch den Verlagswechsel noch erhöhte Zeitnot scheint sich allerdings negativ auf den Erstdruck ausgewirkt haben: So erscheint dieser mit der falschen Angabe *40 Clavierstücke für die Jugend* auf der Titelseite bzw. *Album für die Jugend. 40 Clavierstücke* auf dem Titel

---

41 Vgl. Bernhard R. Appel, *Robert Schumanns „Album für die Jugend". Einführung und Kommentar. Mit einem Geleitwort von Peter Härtling*, Zürich und Mainz 1998; Michael Beiche: „,Es ist des Edierens kein Ende.' Fragen zu einer Edition von Robert Schumanns op. 68", in: *Correspondenz. Mitteilungen der Robert-Schumann-Gesellschaft E. V. Düsseldorf* 36 (2014), S. 8–20.

42 Das Werk sollte ursprünglich als *Weihnachtsalbum vor dem Christfest 1848* erscheinen und somit auch den Absatz kurz vor den Feiertagen fördern. Dieser Titel (als Peritext) hätte jedoch den Verlegern Gebrüder Schuberth zufolge auf lange Sicht den Absatz geschmälert, gegen die Verwendung als Epitext bestanden allerdings keine Einwände; so heißt es im Brief vom 17. Oktober 1848 an den Komponisten: „Das Wort Weihnacht lassen wir fort – soll bloß in der Anzeige figuriren, damit es ewig & täglich geht". Vgl. Appel (wie Anm. 41), S. 173 und 188; zit. nach *Korespondencja Schumanna*, Schumanns Sammlung an ihn gerichteter Briefe in der Biblioteka Jagiellońska, Kraków, Bd. 20, Nr. 3544.

43 Vgl. dazu den Brief des Verlags Breitkopf & Härtel an Schumann vom 17. September 1848; Schumanns Brief an den Verlag Breitkopf & Härtel vom 22. September 1848; Schumanns Brief an Carl Reinecke vom 6. Oktober 1848; sämtlich abgedruckt bei Appel (wie Anm. 41), S. 174–177, 182–184.

44 Härtel schränkte Schumanns Vorstellungen von der Ausstattung des Druckes und des zu beziehenden Honorars schließlich derart ein, dass der Komponist sein Angebot an den Verlag Anfang Oktober 1848 verärgert zurückzog. Vgl. Appel (wie Anm. 41), S. 178–181.

45 Schumann erhielt vom Verlag zusammen mit dem Brief vom 13. Dezember 1848 15 Belegexemplare der Originalausgabe des op. 68. Ebd., S. 191.

Timo Evers

des nur äußerst selten überlieferten Schutzumschlages: Schumann hatte zu früherem Zeitpunkt lediglich 40 Stücke veröffentlichen wollen, sich dann jedoch unter Einbeziehung nachkomponierter Stücke zur Veröffentlichung von insgesamt 43 Stücken entschlossen; der so entstandene Fehler konnte in den bereits erarbeiteten Titeln des Opus 68 jedoch nicht mehr korrigiert werden. Erst 1850 wurde der Fehler in der *zweiten mit einem Textanhange* [i. e. „Musikalische Haus- und Lebensregeln"] *vermehrten Auflage* berichtigt.[46]

Ließe sich ähnliches auch für andere Werke beobachten, so müsste sich die Paratextanalyse nicht auf die hier nur sehr grob angedeutete Weise beschränken. In den letzten Jahren wurde in der Forschung die Perspektive zudem um die Darstellung des Notentextes erweitert,[47] auch wenn umfassende Untersuchungen zu diesem Gegenstand noch immer fehlen. Gerade die Einsicht, dass historische Notenorthographie in den von Schumann autorisierten Ausgaben seiner Werke häufig Eingriffen durch Verlagsmitarbeiter ausgesetzt war, also nicht in jedem Fall dem von Schumann Vorgegebenen entsprechen muss, kann für die Frage nach der Rolle von Zuarbeitern und Verlegern für die Edition fruchtbar sein. Zwar lässt sich dieser Aspekt nur untersuchen, wenn die Überlieferung hinreichend gesichert ist; doch zeigen singuläre Beispiele, dass der Verlag eingegriffen hat und diese Eingriffe teilweise Schumanns Absichten widersprachen, teilweise jedoch auch durch ihn sanktioniert wurden. Ob er sie überhaupt in jedem Fall wahrgenommen hat, muss allerdings offen bleiben.

So kann, wie bereits erwähnt, im oben vorgestellten Fall von op. 68/16 nicht mehr ermittelt werden, ob die Änderung von ♩ zu ♪ *e* einem nachträglich von Schumann übersehenen oder sanktionierten Fehler des Stechers entspricht, oder ob es sich nicht eher um eine Korrektur des Komponisten handelt. Etwas anders verhält es sich dagegen in dem folgenden, besonders diskussionsbedürftigen Beispiel, das zuerst Michael Beiche angesprochen hat.[48] Im unter dem Titel *Rundgesang* firmierenden Stück Nr. 22 des *Albums für die Jugend* weicht die formale Anlage im Erstdruck erheblich von derjenigen ab, die Schumann in der autographen Stichvorlage[49] vorgesehen hatte. Der Grund dafür dürfte in der verkürzten Darstellungsweise in der Stichvorlage zu suchen sein, notierte Schumann die Reprisen der dem Stück zugrundeliegenden ABA-Liedform doch nicht aus, sondern verwies durch Anweisungen an den Stecher auf die von ihm intendierte und für den Druck auszustechende Darstellungsform des kurzen Klavierstückes. Die folgende Darstellung deutet in einer ersten Ebene in Akkolade SV zunächst die von Schumann in der Stichvorlage notierte Form mit den entsprechenden Stichanweisungen an. Dahinter verbirgt sich, dass Schumann of-

---

46 Ebd., S. 188 f.; Beiche (wie Anm. 41), S. 10.
47 Vgl. Bernhard R. Appel, „Historische Notenorthographie als editorisches Problem", in: *Aspekte historischer und systematischer Musikforschung. Zur Symphonie im 19. Jahrhundert, zu Fragen der Musiktheorie, der Wahrnehmung von Musik und Anderes*, hrsg. von Christoph-Hellmut Mahling und Kristina Pfarr (Schriften zur Musikwissenschaft, 5), Mainz 2002, S. 499–515.
48 Beiche (wie Anm. 41), S. 14–15.
49 Vgl. Anm. 36. Inzwischen als Faksimile erschienen: *Robert Schuman. Album für die Jugend op. 68. Faksimile nach dem Autograph aus dem Robert-Schumann-Haus, Zwickau*, hrsg. und mit einer Einführung von Michael Beiche (Meisterwerke der Musik im Faksimile, 43), Laaber 2017.

fenbar eine variierte Liedform mit dem Formschema A – A – B – A – B – A′ vorgesehen hatte.⁵⁰ Diese auf Basis der Stichvorlage ohne Wiederholungen auszustechende Form ist in der grau unterlegten zweiten Ebene darunter (OA soll) unter Einbeziehung der konkordanten Takte dargestellt. In der dritten Ebene (OA ist) ist schließlich das Endresultat der Originalausgabe angedeutet:

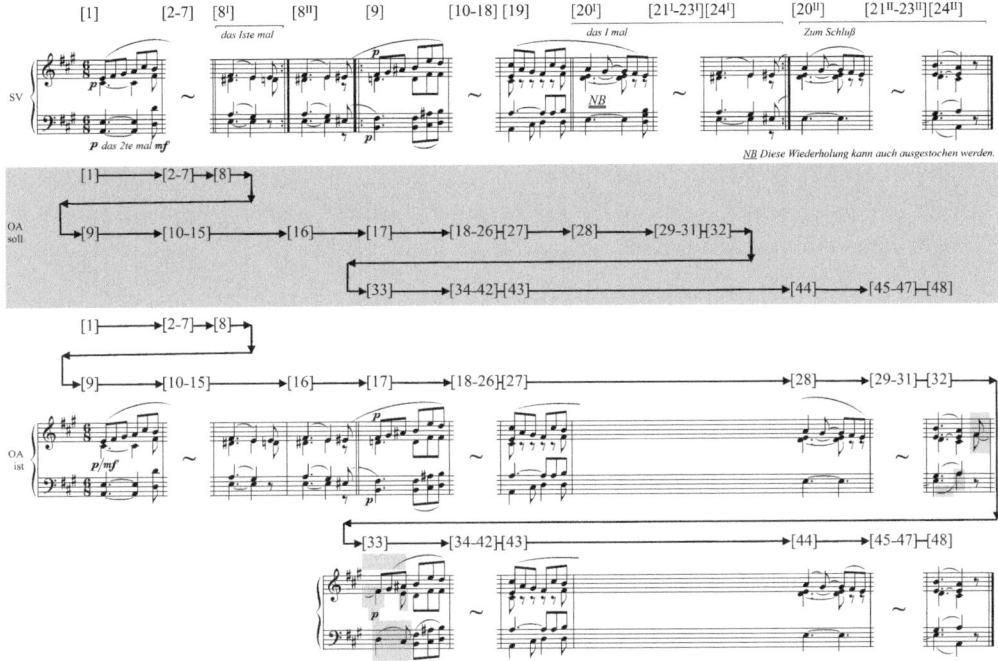

Notenbeispiel 2. Robert Schumann, *Rundgesang* op. 68/22: Übersicht über die verkürzt niedergeschriebene Disposition in der autographen Stichvorlage (SV), davon ausgehend Rekonstruktion der auszustechenden Abschnitte (OA soll) und Darstellung des davon abweichenden tatsächlich ausgestochenen Notentextes in der Originalausgabe (OA ist)⁵¹

Der Vergleich zur grau unterlegten zweiten Ebene deutet an, dass entgegen den Anweisungen der Stichvorlage die für die Schlusstakte vorgesehene emphatische harmonische Steigerung (T. 44–48) von Formteil A′ zweifach, nämlich zusätzlich bereits vor Wiederholung des B-Teils ausgestochen ist (T. 28–32); es ergibt sich also das abweichende Formschema A – A – B – A′ – B – A′.

Zwar kann aufgrund fehlender Korrekturfahnen, in denen diese Änderung gegenüber der Stichvorlage auf irgendeine Weise angemerkt gewesen sein muss, nicht mehr genau

---

50 Jeder Formteil weist eine Länge von genau acht Takten auf.
51 Digitalisat: https://www.brahms-institut.de/Archiv/web/bihl_digital/schumann_drucke/abh_005_002_187_s_026.html.

erschlossen werden, wie es zu dieser Änderung gekommen ist. Doch ist eher nicht davon auszugehen, dass sie auf einen Fehler des Stechers zurückgeht. Er hätte in diesem Fall nicht nur die in der Stichvorlage die mit der *das 1 mal*-Klammer markierten Takte 20^I–24^I trotz korrekt eingezeichneter Dispositionsmarken[52] vollständig übersehen; auch hätte er auf die dadurch entstandenen Brüche bei den geänderten Anschlussstellen reagieren müssen. Die Darstellung zeigt im grau unterlegten Notentext, dass die entstandenen Brüche in diesen Anschlussstellen tatsächlich ausgebessert worden sind, wobei erheblich in den Tonsatz eingegriffen worden ist. Diese in der Stichvorlage nicht nachweisbaren Ausbesserungen können allerdings kaum durch den Notenstecher erfolgt sein. Vor diesem Hintergrund bleiben zwei mögliche Erklärungen für den nicht mehr rekonstruierbaren Änderungsvorgang:

(1) Entweder hat der Stecher tatsächlich die Takte 20^I–24^I im Probestich übersehen und die so entstandenen Bruchstellen nicht weiter beachtet, wobei Schumann in einem Korrekturdurchgang auf einen vollständigen Neustich verzichtet und stattdessen die Bruchstellen nachträglich ausgebessert hätte.

(2) Oder die Änderungen gehen insgesamt auf Schumann zurück, der den Stecher vielleicht schon vor dem Stich auf einem nicht erhaltenen Beilagezettel über das neue Konzept informiert oder die Änderungen erst im Zuge des Korrekturvorgangs in die Korrekturfahnen eingetragen hätte.

Da nicht entschieden werden kann, welche der beiden Möglichkeiten zutrifft – die Raumaufteilung des Drucks und Spuren von Plattenkorrekturen in überlieferten Exemplaren der Originalausgabe helfen nicht weiter –, kann die Rolle des Stechers und dessen Einfluss auf die Form des Klavierstückes nicht ermittelt werden. Das Verhältnis der (kreativen) Zusammenarbeit zwischen Komponist und Stecher bleibt hier zwar im Detail im Dunkeln, doch muss in diesem Fall – anders als im oben wiederholt genannten – zumindest eine Sanktionierung Schumanns angenommen werden, da die Eingriffe insgesamt zu gravierend für einen Notenstecher erscheinen.

In anderen Fällen kann allerdings durchaus philologisch belastbar von einem Eingreifen der Verlagsmitarbeiter zwar nicht in die Ebene des eigentlichen Tonsatzes, so doch in dessen Darstellung gesprochen werden. So verlegt der Notenstecher der *Intermezzi* op. 4 in der autographen Stichvorlage[53] am Ende des zweiten Intermezzos in T. 188–189 die von Schumann auf beide Systeme verteilte Basslinie vollständig in das untere System, ohne diesen Eingriff auch auf die früheren Parallelstellen T. 11–12 bzw. 127–128 zu übertragen.

---

52 Zusätzlich findet sich über Schumanns <u>NB</u>-Eintragung zu T. 20^{II}–24^{II} (in *OA soll* T. 44–48) eine mit Bleistift vorgenommene Notiz von fremder Hand, die teilweise eliminiert worden ist. Noch lesbar sind die ersten beiden Wörter *Fällt weg* […]. Welche Funktion dieser Notiz zukommt, kann nicht geklärt werden: Sie kann durch den Stecher als Gedächtnisstütze eingetragen worden sein und auf Schumann zurückgehen. Ebenso kann sie erst nach dem Stich der entsprechenden Druckplatte notiert worden sein, um so auf den entstandenen Fehler oder das andere Konzept hinzuweisen. Vgl. dazu das in Anm. 49 zitierte Faksimile, dort S. 41.

53 Vgl. Anm. 30.

Zwischen Komponist, Kopist, Verleger und Herausgeber

Wenn diese Inkonsequenz dann auch ohne Änderung tatsächlich in die im September 1833 erschienene Originalausgabe übernommen wurde, gibt es doch keine Anhaltspunkte dafür, dass Schumann gegen diesen Eingriff irgendwelche Einwände gehabt hätte. Im Übrigen appliziert Schumann bei diesen, aber auch bei anderen Parallelstellen selbst eine inkonsequent abweichende Notenorthographie.

Notenbeispiel 3. Robert Schumann, *Intermezzo* op. 4/2, T. 188–189. Eingriff wohl des Notenstechers in die Darstellung des Notensatzes mit Rötel in der teilautographen Stichvorlage (SV)[54] und Übernahme dieser Änderung in die Originalausgabe (OA),[55] darunter die entsprechenden Parallelstellen ohne diese Änderung in OA. (Autograph in der Staatsbibliothek zu Berlin, Preußischer Kulturbesitz – Musikabteilung mit Mendelssohn-Archiv)

---

54 Digitalisat: https://digital.staatsbibliothek-berlin.de [Stand: 05.06.2019].
55 Digitalisat: https://www.brahms-institut.de/Archiv/web/bihl_digital/schumann_drucke/abh_005_002_009_h1_s_006.html [Stand: 29.05.2019].

Timo Evers

Jenseits solcher Darstellungsprobleme rund um das Problemfeld historischer Notenorthographie lässt sich fragen, inwiefern Schumann überhaupt Präzision im modernen Sinne eingefordert hat, oder ob Eingriffe durch den Kopisten / Stecher / Verlag nicht vielmehr als vom Komponisten autorisierte Varianten zu lesen sind. So wurde im Zuge der grundsätzlich auf den alten Platten der Originalausgabe basierenden Neuausgabe der *Davidsbündlertänze* op. 6 im fünften Stück des ersten Heftes ein Neustich der ersten drei Akkoladen notwendig, weil Schumann in der vorausgegangenen Revision einen neuen Takt (T. 16^{I} und 16^{II} statt T. 16) eingefügt hatte. Im Zuge dieses Neustichs wurde die Position der hier besonders häufig applizierten Gabeln vom Stecher nicht immer präzise der Druckvorlage entsprechend übernommen; stattdessen weichen sie hinsichtlich ihrer Länge meist von der Originalausgabe ab, obwohl Schumann die Gabeln in der auf einem Exemplar der Originalausgabe basierenden Stichvorlage an keiner Stelle revidiert hatte.

Notenbeispiel 4. Robert Schumann, *Davidsbündlertänze* op. 6, Heft I, Nr. 5: Abweichungen der Gabeln in der Originalausgabe (OA) von der Neuausgabe[56] (NA)

Allerdings gibt es keine Anhaltspunkte dafür, dass diese kleineren Änderungen der Gabelposition grundsätzlich gegen Schumanns Vorstellungen verstoßen hätten, ist die Länge und Ausrichtung bei ihm doch offenbar nicht absolut, sondern eher als eine grobe Empfehlung zu lesen. Dieser Befund entspricht auch demjenigen, der sich aus dem sorgfältigen Vergleich der Quellen der Violinsonate in d-Moll op. 121 ziehen lässt:

---

56 Digitalisat: https://www.brahms-institut.de/Archiv/web/bihl_digital/schumann_drucke/abh_005_002_015_h1_s_008.html [Stand: 29.05.2019].

AM1: Autographes Arbeitsmanuskript/Working manuscript (D-DÜhi; 74.118)
SV: Stichvorlage der Partitur von Kopistenhand/Engraver's copy of the score in copyist's hand (F-C; MS 1071)
RV: Reinschrift der Violinstimme von Kopistenhand/Fair copy of violin part in copyist's hand (F-C; MS 1071)
OP: Originalausgabe der Partitur/Original edition of score (Leipzig: Breitkopf & Härtel 1853)
OS: Originalausgabe der Violinstimme/Original edition of violin part (Leipzig: Breitkopf & Härtel 1853)

Notenbeispiel 5. Robert Schumann, 2. Violinsonate d-Moll op. 121, I. Satz, T. 6–9, Violinstimme. Vergleich der Gabelpositionen in fünf verschiedenen Quellen, aus: *Robert Schumann, 2. Sonate für Violine und Pianoforte op. 121*, hg. von Ute Bär (= *RSA II/2/3*), Mainz etc. 2001, S. 297.

Die exakte Position der Gabeln variiert dort in jeder Quelle, sodass die Herausgeberin in ihrer Edition jede entsprechende Stelle im Einzelnen diskutieren musste, wenngleich der Lesart der Stichvorlage als Hauptquelle der Vorzug zu geben war; ausdrückliche Korrekturen der Gabeln durch Schumann begegnen in Bezug auf op. 121 also nicht. Schumann kam es auch hier offensichtlich nicht auf Feinregulierung an, und so überließ er diese Details den Mitarbeitern des Verlags.

Das Beispiel relativiert die von Schumann geforderte Präzision der Zeichen zu Artikulation und Dynamik nur vordergründig. In deren auf den richtigen Vortrag durch den Interpreten gemünzten sorgfältigen Anwendung erblickt Schumann gar im paratextuellen Sinne eine weitere Ebene der „zweiten Composition", wenn es heißt:

> Statt der Vortragbezeichnung durch Worte lieber Zeichen einzuführen, scheint am angemessensten; wie schnell faßt das Auge z. B. das < statt *crescendo*; ja in diesen verschlungenen Bögen, Kreuzen, Spitzhäcken liegt ein besonderer Reiz und eine zweite Composition, wie denn überhaupt das verschiedene Verfahren, wie Componisten ihre Werke bezeichnen, mehr als die Töne selbst, von ihrer ganzen Bildung Zeugniß geben möchten.[57]

---

[57] Anonym abgedrucktes „Nachwort" zu: [Anton Wilhelm Florentin von Zuccalmaglio], „Aufzeichnungen des Dorfküster Wedel. Sprache der Tonkunst", in: *NZfM* 5, Nr. 3 (8. Juli 1836), S. 11–13, hier S. 13, Digitalisat: https://reader.digitale-sammlungen.de/de/fs1/object/display/bsb10527926_00021.html [Stand: 29.05.2019]. Dass der Text von Schumann stammt, wird an seiner Aufnahme in leicht revidierter Form in die 1854 erschienenen *Gesammelten Schriften* deutlich (Robert Schumann, *Gesammelte Schriften über Musik und Musiker*, Bd. 1, Reprint der Ausgabe Leipzig 1854, mit einem Nachwort von Gerd Nauhaus und einem Register von Ingeborg Singer, Wiesbaden 1985, S. 51–52). Dort ist der Passus mit der Bezeichnung „zweite Composition" allerdings ausgespart: „Statt der Vortragsbezeichnungen halte auch ich sehr auf eine Zeichenschrift, welche der der Noten näher steht, als das schnell abschließende Wort. Wie schnell faßt das Auge das <, während es das italienische Wort [*crescendo*] erst buchstabiren muß; in den verschlungenen Bogen, Linien, Haken liegt ein besonderer Reiz, und die Art, wie Componisten bezeichnen, klärt fast rascher über ihre ästhetische Bildung auf, als die Töne selbst."

In diesem Sinne zeigt ein anderes Fallbeispiel rasch die Grenzen der vermeintlichen Beliebigkeit bei der Setzung von Zeichen der „zweiten Composition": In der Stichvorlage für die 1839 erschienene Originalausgabe der *Novelletten* op. 21 weist Schumann den Stecher zu Beginn der zweiten Novellette eigens an, „Die > vor den Noten" zu platzieren:[58]

Notenbeispiel 6. Robert Schumann, *Novelletten* op. 21, Nr. 2, T. 1–4: > nach der 1838 erschienen Originalausgabe bzw. nach moderner Konvention

Der Stecher hat dieser Anweisung Folge geleistet und die Akzente jeweils entsprechend vor die Spitzentöne der arpeggierten Akkorde des unteren Klaviersystems gesetzt. Offensichtlich kam es Schumann im Gegensatz zur modernen Notenorthographie, in deren Kontext man den Akzent-Keil stets über den Spitzentönen platzieren würde, darauf an, einen idiomatischen Unterschied zu symbolisieren, der eben darin besteht, dass der Akzent offensichtlich nur für den Spitzenton gelten soll. Bei dieser von Schumann eigens ausgewiesenen Stelle soll sich der Kopist bzw. Stecher also genau nach der Vorlage richten; bei anderen Passagen gibt es einen gewissen Spielraum, der allerdings mangels eindeutiger Quellen kaum erschöpfend zu bestimmen sein dürfte. Immerhin ergeben sich gewisse Anhaltspunkte: Schaut man sich das Verhältnis von Schumanns Autographen und der von ihm korrigierten Stichvorlagen an, dann fällt auf, dass die Position gewisser Zeichen, teilweise auch die Aufteilung des bei Schumann hochkomplexen, häufig quasi-polyphonen Klaviersatzes, häufig von der durch den Stecher festgelegten Raumaufteilung des Notentextes abhängig ist.

Und so schließt sich der Kreis: In gewissen Fällen ist davon auszugehen, dass spezifische Formen und Abweichungen der Notenorthographie gegenüber dem Autograph von Schumann autorisiert und daher zu übernehmen sind. Die Annahme einer Werktreue in dem

---

58 Wiesbaden, Breitkopf & Härtel, Verlagsarchiv, ohne Signatur.

Sinne, dass alle Parameter des Notendruckes den Intentionen und dem Willen des Komponisten unterliegen, ist gerade durch den Aspekt der in manchem Sinne paratextuellen Kategorie der Notenorthographie ein Stück weit zu relativieren bzw. neu zu definieren: Gerade bei der Notenorthographie handelt es sich bisweilen um einen ebenso fundamentalen wie fluiden Gegenstand, der von zahlreichen weiteren Personen im Zuge des drucktechnischen Herstellungsprozesses abhängig ist. Dies muss allerdings noch nicht heißen, dass Abweichungen gegenüber dem Autograph bzw. der Stichvorlage grundsätzlich gegen die Intentionen des Komponisten, die wir nicht kennen, verstoßen.

Immerhin führen die Fragen der „zweiten Komposition" und der Notenorthographie direkt zum Kern einer Komposition und ihrer Interpretation, auch wenn die Bedeutung gewisser Zeichen und Formen der Darstellung nicht in jedem Fall mehr eindeutig entschlüsselt werden kann. Gerade deshalb sollte die Notenorthographie nicht in jedem Fall modernen Konventionen der Darstellung angepasst werden, da ein ungeprüftes Angleichen zu Bedeutungsverlust oder -verzerrung führen kann; stattdessen sollte es die Aufgabe des historisch-kritisch arbeitenden Herausgebers sein, solche Probleme zu thematisieren und sinnvolle Lösungen in einer transparenten Diskussion anzubieten.

Die Rolle der Zuarbeiter Schumanns darf dabei nicht ausgeklammert werden; in vielen Fällen sind sie offensichtlich für gewisse Entscheidungen verantwortlich, die von Schumann übersehen, verworfen, sanktioniert oder kreativ weiterverarbeitet werden. Das Verhältnis von Komponist und Zuarbeitern bei der kollektiven Erarbeitung eines Notendrucks erweist sich letztendlich als ein vielfältiges, durchaus von Ambivalenz geprägtes, in der Retrospektive häufig nicht mehr in allen Details entschlüsselbares.

(Fast) Alle oder keine

Zur Neu-Edition der Streichquintette und des Klarinettenquintetts von Brahms bei unterschiedlicher Überlieferung von Druckkorrekturquellen

Kathrin Kirsch

Durch die Arbeit an der Johannes Brahms Gesamtausgabe (JBG) und durch ein an die Ausgabe eng angebundenes eigenständiges Forschungsprojekt, das sich mit den späten Korrekturstadien befasste, ist in den letzten Jahren Brahms' Zusammenarbeit mit Verlegern und Lektoren im Zuge der Drucklegung eigener Werke immer stärker in den Blick genommen worden. Bereits in der Anfangszeit der neuen Gesamtausgabe wurde klar, dass trotz des Bilds von Brahms als ‚Kopfarbeiter' und seiner bekannten Neigung, Skizzenhaftes, Unfertiges und Verworfenes regelmäßig zu vernichten, Quellen aus fast allen Schaffensphasen, wenn auch teils spärlich, erhalten sind.[1] Auch in der späten Phase des Entstehungsprozesses im Zuge der Drucklegung eigener Werke nahm Brahms neben Fehlerkorrekturen auch Verbesserungen und Detailanpassungen vor und wirkte oftmals bis in paratextliche Details hinein intensiv an der Veröffentlichung mit.[2] Dabei gab es unterschiedlichste Quellentypen, die teilweise nur in Einzelfällen überdauerten und deren Bewertung und Rekonstruktion für die Einschätzung zweifelhafter Lesarten gerade deshalb relevant sind, weil man vom überlieferten Einzelfall hofft, auf mutmaßliche Tendenzen begründet schließen zu können: Briefe,[3] Korrekturlisten,[4] Korrekturabzüge mit druckrelevanten Eintragungen vom Komponisten, von Lektoren und Verlegern; außerdem weitere Druckabzüge, die

---

[1] Siehe dazu zusammenfassend z. B. Michael Struck, „Vom Einfall zum Werk – Produktionsprozesse, Notate, Werkgestalt(en)", in: *Brahms-Handbuch*, hrsg. von Wolfgang Sandberger, Stuttgart und Weimar 2009, S. 171–198.

[2] Siehe ausführlicher zu Brahms' Korrekturarbeit an seinen Werken, mit dem 2. Klavierkonzert op. 83 und dem 1. Streichquintett op. 88 als Fallbeispiele: Kathrin Kirsch, *Von der Stichvorlage zum Erstdruck. Zur Bedeutung von Vorabzügen bei Johannes Brahms* (Kieler Schriften zur Musikwissenschaft, 52), Kassel u. a. 2013.

[3] Einschlägige und gedruckt vorliegende Briefwechsel sind z. B. diejenigen mit Brahms' Verlegern und mit dem regelmäßig von Fritz Simrock beauftragten Lektor Robert Keller: *Johannes Brahms. Briefe an Fritz Simrock*, Bd. 1–4, hrsg. von Max Kalbeck (Johannes Brahms. Briefwechsel Bd. IX–XII), Berlin 1917 und 1919; *Johannes Brahms im Briefwechsel mit Breitkopf & Härtel, Bart[h]olf Senff, J. Rieter-Biedermann, C. F. Peters, E. W. Fritzsch und Robert Lienau*, hrsg. von Wilhelm Altmann (Johannes Brahms. Briefwechsel, Bd. XIV), Berlin 1920; *Johannes Brahms und Fritz Simrock – Weg einer Freundschaft. Briefe des Verlegers an den Komponisten*, hrsg. von Kurt Stephenson, Hamburg 1961; *The Brahms-Keller Correspondence*, hrsg. von George S. Bozarth in Zusammenarbeit mit Wiltrud Martin, Lincoln und London 1996.

[4] Im Fall der *3. Symphonie* op. 90 wurde sogar nach dem Erstdruck eine Korrekturliste auf der Grundlage von Kellers nachträglicher Revision als Beilage zur fehlerhaften Partitur gedruckt. Vgl. *Johannes*

vor der Herstellung des ersten Auflagendrucks, z. B. als Vorab-Handexemplare, Geschenkexemplare oder Aufführungsexemplare hergestellt wurden und einen vorläufigen Druckstatus mit oder ohne handschriftliche Eintragungen zeigen,[5] sowie Druckexemplare, die durch Plattenfehler bzw. Spuren von Plattenkorrekturen Hinweise auf Korrekturvorgänge liefern können.[6] Der zeitgenössische Publikationsprozess leitet insofern direkt (durch überlieferte relevante Quellen) oder indirekt (durch die Kenntnis ‚typischer' Publikationsverläufe oder durch Indizien des konkreten Prozesses) heutige editorische Entscheidungen. Die Festlegung der Hauptquelle und die Bewertung von deren Lesarten basiert – sofern es sich bei der fraglichen Hauptquelle um einen Druck handelt, was meist der Fall ist – auf der Bewertung auch des Drucklegungsprozesses, über den allzu häufig nur Indizien bekannt sind.

Die Edition der beiden Streichquintette und des Klarinettenquintetts von Brahms im Rahmen der JBG[7] vereint drei Werke, die zeitlich relativ eng beieinander liegen und gattungsmäßig vergleichbar sind. Die Überlieferungslage von Dokumenten aus dem Drucklegungsprozess ist jedoch so unterschiedlich, dass sich bei der Arbeit an der Edition gerade hier die Frage stellte, inwieweit bekannte oder angenommene Ereignisse aus dieser Phase in die Bewertung von Lesarten und in editorische Entscheidungen einzubeziehen waren.

Die Quintette entstanden zwischen 1882 und 1891 und zeigen in den Arbeitsprozessen den bereits arrivierten Komponisten und erfahrenen Publizisten eigener Werke, der seit Längerem mit seinem Hauptverleger Fritz Simrock zusammenarbeitete. Alle drei Stücke bedingten als kammermusikalische Werke dieselben musikalischen Quellentypen: Neben einer (autographen oder abschriftlichen) Partitur-Stichvorlage für die Herstellung einer Lesepartitur auch abschriftliche Stimmen-Stichvorlagen, jeweils Vorabzüge und Korrekturabzüge unterschiedlicher Bearbeitungsstufen sowie – für die Originalfassung nur am Rande von Bedeutung – die entsprechenden Stichvorlagen und Abzüge von Klavierarrangements. Die Möglichkeit, ein Werk unter Benutzung früher Abzüge oder anhand von Abschriften zu erproben, hatte mutmaßlich für diese drei Werke eine hohe Relevanz, da Brahms hier, anders als z. B. bei Klaviersolowerken, die Originalbesetzung erstmals klanglich evaluieren und in ihrem Notat entsprechend verbessern konnte. Zugleich kommt den

---

Brahms. Symphonie Nr. 3 F-Dur opus 90, hrsg. von Robert Pascall (Johannes Brahms. Neue Ausgabe sämtlicher Werke, Serie I, Bd. 3), München 2005, S. XXV f. mit Abbildungen S. 195 und 160.

[5] Zur Systematisierung von Vorabzügen und der Einschätzung von handschriftlichen Eintragungen siehe Johannes Behr und Kathrin Kirsch, „Ein bislang unbekannter Korrekturabzug zum 2. Klavierkonzert op. 83 von Johannes Brahms", in: *Spätphase(n)? Johannes Brahms' Werke der 1880er und 1890er Jahre. Internationales musikwissenschaftliches Symposium Meiningen 2008*, hrsg. von Maren Goltz, Wolfgang Sandberger und Christiane Wiesenfeldt, München 2010, S. 157–169; siehe besonders den Abschnitt „Funktionen und Charakteristika verschiedener Typen von Vorabzügen" von Behr, S. 157–162.

[6] Vgl. z. B. Carmen Debryn und Michael Struck, „Zur Bedeutung von Vorabzug und Plattenkorrektur-Spuren für die vorliegende Edition", in: *Johannes Brahms. Klavierquintett f-Moll Opus 34*, hrsg. von dens. (Johannes Brahms. Neue Ausgabe sämtlicher Werke, Serie II, Bd.), München 1999, S. XVII f.

[7] *Johannes Brahms. Streichquintette Klarinettenquintett*, hrsg. von Kathrin Kirsch (Johannes Brahms. Neue Ausgabe sämtlicher Werke, Serie II, Bd. 2), München 2019.

einzelnen Musikern eine größere Bedeutung zu als z. B. bei der Erprobung eines Orchesterwerks, bei der der Klangkörper insgesamt die Interpretation und klangliche Evaluation prägt.

Trotz der Vergleichbarkeit der Vorgänge unterscheiden sich die Publikationsprozesse und die Quellenlage – wenig überraschend – dennoch in einigen, nicht unwesentlichen Punkten. Die jeweilige Überlieferung, die daraus abgeleiteten Bewertungen und editorischen Entscheidungen hier vergleichend darzustellen, soll erstens Abläufe des Publikationsprozesses von kammermusikalischen Werken und die Überlieferungslage relevanter Quellen eines bekannten Komponisten gegen Ende des 19. Jahrhunderts exemplarisch dokumentieren. Zweitens stellt sich im Vergleich die Frage, inwiefern eine spezifische Quellenlage trotz bekannter allgemeiner Tendenzen im Einzelfall zu unterschiedlichen Bewertungen und Entscheidungen führen oder inwieweit zumindest im Fall der standardisierten Abläufe ab der Mitte des Jahrhunderts eine allgemeinere Gültigkeit der Befunde angenommen und als Entscheidungshilfe genutzt werden kann.

Das Werk, bei dem die Drucklegung wohl am besten dokumentiert ist, ist Brahms' 1. Streichquintett in F-Dur op. 88. Hier lässt sich ein Arbeitsprozess erkennen, der in seiner Effizienz sicherlich das Ergebnis der jahrelangen Zusammenarbeit zwischen dem Verleger Fritz Simrock, dem regelmäßig von Simrock beauftragten Lektor Robert Keller und Brahms ist. Die Schnelligkeit, mit der drei Korrekturdurchgänge zielführend bearbeitet wurden, zeigt eine bereits fortgeschrittene Standardisierung der Abläufe, zumindest unter diesen insgesamt wohl als optimal zu bezeichnenden Bedingungen:

Simrock, der die Stichvorlagen am 21. Oktober von Brahms erhalten hatte,[8] schickte nach dem 25. Oktober 1882 die von ihm selbst und von Keller noch einmal durchgegangene autographe Partitur-Stichvorlage und die abschriftlichen Stimmen-Stichvorlagen, aus denen Brahms das Stück vorab hatte spielen lassen, an die Stecherei C. G. Röder in Leipzig.[9] Bereits am 9. November hatte Keller, laut seinem Vermerk auf dem erhaltenen ersten Partitur-Korrekturabzug,[10] die erste Fahne durchgesehen. Dazu hatte er anhand der Stichvorlagen Fehler korrigiert und zudem die von Brahms im Zusammenhang mit weiteren Erprobungen des Werks vorgenommenen und vermutlich in einem verschollenen Stimmen-Korrekturabzug eingetragenen Änderungen[11] in die Partitur übertragen. Der erste Korrekturabzug enthält also ausschließlich Eintragungen von Keller, die jedoch teilweise auch von Brahms angewiesene kompositorische Änderungen dokumentieren. Laut einem Vermerk auf diesem ersten Korrekturexemplar der Partitur sollte dann die Umset-

---

8 *Briefwechsel X* (wie Anm. 3), S. 225 f.
9 Nach Erhalt der Stichvorlagen hatte Simrock noch eine Nachfrage an Brahms gerichtet, die dieser am 25. Oktober beantwortete. An diesem Tag oder kurz danach wird Simrock dann die Stichvorlagen weitergeleitet haben. Vgl. *Briefwechsel X* (wie Anm. 3), S. 225–228.
10 Der Abzug befindet sich heute im Archiv der Gesellschaft der Musikfreunde in Wien, Bibliothek Renate und Kurt Hofmann.
11 Zur Frage möglicher alternativer Überlieferungswege dieser Änderungen von Brahms siehe den Abschnitt Quellengeschichte und -bewertung in JBG II/2 (wie Anm. 7).

zung dieser gesammelten Korrekturen in den Platten durch die Stecherei bis zum 11. November erledigt werden. Keller erhielt die jeweils zweiten Partitur- und Stimmenabzüge,[12] überprüfte die Umsetzung der Korrekturen und markierte einige fragliche Stellen, damit Brahms sie bei seinem Korrekturdurchgang bedenken konnte. Brahms ging beide Abzüge ab dem 13. November durch, beantwortete Kellers Fragen und nahm weitere kompositorische Änderungen vor. Vermutlich am 18. November sandte er alles an Keller zurück, der letzte Verdeutlichungen der Korrekturen vornahm und die Fahnen an die Stecherei zurückschickte. Parallel war Brahms ein weiterer Partiturabzug desselben Druckstatus zugesandt worden. Darin dokumentierte er fast alle im druckrelevanten Abzug markierten Änderungen noch einmal, teilweise nur andeutungsweise, ohne sie allerdings mit Randvermerken hervorzuheben. Diesen Abzug behielt er offenbar als Vorab-Handexemplar und schenkte ihn später Eusebius Mandyczewski.[13]

Am 19. November schrieb Brahms an Simrock: „Ja, sehen Sie, was wären Sie und Ihr Kopist, wenn Keller nicht wäre!! […] gestern schickte ich das Quintett. […] Herrn Keller aber schönsten Dank."[14] Mehrfach hat Brahms Kellers redaktionelle Arbeit gelobt[15] und auf diese Weise betont, dass er die unmittelbaren redaktionellen Eingriffe, aber auch die erwähnten Vorschläge, die durchaus kompositorische Detailfragen betreffen konnten, nicht nur als notwendiges Übel hinnahm, sondern schätzte. Dieses Lektorat plante Brahms – wie auch die verlegerischen und die abschreibenden Tätigkeiten – als Schritt zur Veröffentlichung eines Werks fest ein. Nach diesem Arbeitsschritt war Brahms – wie meist – am letzten Korrekturdurchgang nicht mehr beteiligt, sondern Keller übernahm vermutlich allein die Kontrolle der Umsetzung anhand der jeweils dritten, heute verschollenen Abzüge und überprüfte noch einmal die Übereinstimmung zwischen Partitur und Stimmen, wobei dabei die erwünschten Abweichungen zum besseren Verständnis der Spieler zu berücksichtigen waren.[16]

Aus diesem Publikationsprozess sind also immerhin drei druckrelevante Korrekturabzüge erhalten (1. und 2. Partitur-Korrekturabzug und 2. Stimmen-Korrekturabzug), die Einträge von Brahms, Keller und Simrock enthalten, wobei auch mutmaßliche Brahms'sche Korrekturen und Änderungen aus einem verschollenen 1. Stimmen-Korrekturabzug (oder ggf. einer anderen verschollenen Quelle) in Kellers Übertragung überliefert sind. Insgesamt sind derzeit knapp 20 druckrelevante Korrekturabzüge Brahms'scher

---

12 Der Partitur-Korrekturabzug ist heute Teil der Juilliard Manuscript Collection, New York, Signatur 27 B731rs no. 1 Sim, Digitalisat: https://juilliardmanuscriptcollection.org/op-88-in-f-major/string-quintet; Stimmenabzug im Brahms-Institut Lübeck, Inventarnummer: 1991.352.
13 Heute Zentralbibliothek Zürich – Musikabteilung, Signatur Ms Q 324, Digitalisat: http://doi.org/10.7891/e-manuscripta-26732.
14 Brief von Brahms an Simrock vom 19. November 1882, in: *Briefwechsel XI* (wie Anm. 3), S. 8.
15 Vgl. *Brahms-Keller Correspondence* (wie Anm. 3), S. xxvii–xxx.
16 Siehe z.B. Brahms' Hinweis bei der Einreichung der Stichvorlagen für das *2. Streichquintett op. 111*: „Hr. Keller möchte achtgeben, daß ich in Stimmen und Partitur öfter verschieden bezeichne!" Brahms an Simrock am 13. Dezember 1890, in: *Briefwechsel XII* (wie Anm. 3), S. 36.

Werke mit und ohne Eintragungen von Brahms bekannt.[17] Sie werfen aber jeweils nur ein Schlaglicht auf *ein* Stadium des Drucklegungsprozess, während in aller Regel mindestens zwei Abzüge vom Lektor und mindestens einer von Brahms gelesen wurden. Selbst im Fall des 1. Streichquintetts sind also einzelne Stadien nur indirekt aus Indizien zu erschließen. Dass die entsprechenden Quellen existierten und wie sie jeweils in den Ablauf eingebunden waren, lässt sich jedoch aufgrund der Quellen ungewöhnlich klar erkennen. An den überlieferten Abzügen lassen sich einige über den Einzelfall hinaus relevante Beobachtungen machen.

Zunächst sind einige Kriterien der Quellentypen mit Korrekturen festzuhalten, die auch Hinweise auf den Druckstatus geben können. Der erste Partitur-Korrekturabzug ist meist ein sogenannter nicht-exemplarmäßiger Abzug, das heißt,[18] die Blätter sind jeweils nur einseitig bedruckt. Im Fall des 1. Streichquintetts enthält jedes Doppelblatt zwei nebeneinanderliegende Partiturseiten. Dabei ist die Seitenverteilung des späteren, aus beidseitig bedruckten Doppelblättern bestehenden Partitur-Auflagendrucks bereits berücksichtigt (unterstes aufgeklapptes Doppelblatt: links leere S. [2], rechts S. 51; zweites Doppelblatt: links S. 50, rechts S. 3; drittes Doppelblatt: links S. 4, rechts S. 49 etc.). Der Druck und das Papier sind von minderer Qualität. Spätere Korrekturabzüge dagegen sind meist exemplarmäßig gedruckt, unterscheiden sich also auf den ersten Blick nur dadurch vom endgültigen Auflagendruck, dass sie meist ohne Titelseite vorliegen und ggf. dadurch, dass sie im Plattendruckverfahren hergestellt wurden. Letzteres kann allerdings nur dann ein Kriterium für die Erkennung eines Abzugs sein, wenn die Erstdruck-Auflage nachweislich im Flachdruck erschien. Überliefert sind aber auch im Publikationsprozess sehr spät hergestellte Vorabzüge, auch mit Titelseiten, die häufig nicht mehr für druckrelevante Korrekturvorgänge herangezogen wurden, sondern als Vorabexemplare, z. B. für frühe Aufführungen oder als Copyright-Exemplare zur Sicherung des Urheberrechts in den USA genutzt wurden.[19] Für die Quellenbewertung ist die Differenzierung zwischen druckrelevanten und nicht druckrelevanten Abzügen wesentlich, um handschriftliche Eintragungen als situativ oder kompositorisch relevant zu unterscheiden.[20]

---

17 Vgl. den Katalog der zum damaligen Zeitpunkt bekannten Abzüge in: Kirsch, *Stichvorlage* (wie Anm. 2), S. 263–288.

18 Im Fall größerer Formate liegen nicht-exemplarmäßige Drucke auch in Einzelblättern vor, z. B. im Fall des 2. Klavierkonzerts op. 38 von Brahms, siehe Johannes Brahms, *Klavierkonzert Nr. 2 B-Dur opus 83*, hrsg. von Johannes Behr (Johannes Brahms. Neue Ausgabe sämtlicher Werke, Serie I, Bd. 8), München 2013, S. 174.

19 Vgl. z. B. die Beschreibung und Einordnung der Copyright-Abzüge zu den *Sieben Fantasien* op. 116 und *Drei Intermezzi* op. 117 für Klavier in: Johannes Brahms, *Klavierstücke*, hrsg. von Katrin Eich (Johannes Brahms. Neue Ausgabe sämtlicher Werke, Serie III, Bd. 6), München 2011, S. 229f., 232 und 235f.

20 Ein weiteres Kriterium, um Vorabzüge von Auflagendrucken zumindest im Plattendruck der Firma Röder zu unterscheiden und auf das kürzlich Johannes Behr (bisher nur gesprächsweise) hinwies, ist die Form des Plattenabdrucks: Erst nach Druckfreigabe scheinen die Platten an den Ecken so abgeschliffen

Kathrin Kirsch

Erster und zweiter Korrekturabzug der Partitur unterscheiden sich naturgemäß in der Zahl der Fehler und Unvollständigkeiten. Tatsächlich scheint (nach einer ersten Hauskorrektur durch die Stecherei C. G. Röder) den ersten Abzug außerhalb der Stecherei regelmäßig nur der Lektor durchgesehen zu haben, um Brahms nicht mit der Vielzahl an Stecherfehlern (fehlende Zeichen, verrutschte Notenköpfe, nicht aufgelöste Abbreviaturen usw.) zu behelligen. Im Fall von op. 88 hatte Brahms sich jedoch zumindest einen nichtexemplarmäßigen Abzug der Stimmen ausbedungen, um anhand der Materialien in dieser gegenüber dem Manuskriptstadium von Arbeitsspuren bereinigten Version proben und korrigieren zu können. Die Vielzahl der im Stich fehlenden Zeichen (Staccatopunkte und -striche, Gabeln, Vorzeichen) erklärt sich vermutlich teilweise auch dadurch, dass Stecher im ersten Durchgang Zeichen nicht umsetzten, deren Lesart, Ausdehnung oder Form für sie unklar waren. Sie rechneten mit dem redaktionellen Arbeitsschritt, in dem der Lektor ohnehin die Umsetzung gegen die Stichvorlage lesen und vom Komponisten uneindeutige Notationsformen aus seiner genaueren Kenntnis der individuellen Schreibkonvention oder durch Nachfrage klären würde. Diese Vorgehensweise vermied unnötige und aufwändige Änderungen in den Platten. Brahms wiederum äußerte verschiedentlich, ihm sei die Korrektheit des Stimmenmaterials in diesem Stadium weniger wichtig als die Verfügbarkeit gestochenen Materials zur ersten Erprobung. So äußerte er im Zusammenhang mit der Drucklegung des 2. Streichquintetts: „Die Quintettstimmen lassen Sie wohl ohne meine Korrektur nach Pest [zu Proben mit dem Hubay-Quartett] gehen und halten die Weltgeschichte nicht auf. Es kommt mir auf ein paar Noten dort nicht an [...]".[21]

Dennoch übermittelte Brahms auch schon anhand der ersten Fahnen, nämlich vermutlich den nicht-exemplarmäßigen Stimmen, Änderungswünsche. Sie fielen jedoch teilweise, wohl aufgrund des weniger übersichtlichen Stimmen-Mediums, etwas unvollständig oder vorläufig aus.

Die von Keller im ersten Abzug der Partitur eingetragenen Gabeln für T. 98 des Mittelsatzes (Abb. 1b) stehen nicht in der erhaltenen Partitur-Stichvorlage (Abb. 1a). Allenfalls ließen sich analoge Gabeln von der Parallelstelle T. 9 bzw. 11 übertragen. Sie waren jedoch in der Stichvorlage von Brahms immerhin nur mit Bleistift eingetragen und parallel in beiden Takten notiert, während Keller sie im Abzug nur für T. 98, nicht für T. 100 vermerkte (Abb. 1b). Aufgrund dieser mangelnden Systematik ist also anzunehmen, dass nicht Keller diese Gabeln gemäß der Parallelstelle ergänzte, sondern dass Brahms sie in den verschollenen Stimmenabzügen, vielleicht zunächst vorläufig, eintrug. Erst im 2. Korrekturabzug wurde die Arbeit an dieser Stelle abgeschlossen (Abb. 1c): Keller erkundigte sich zunächst nach den jeweiligen Folgetakten: „? Sollen die ⎯> [T. 99 und 101] nur in Viol. I stehen?" Diese Gabeln haben an der früheren Parallelstelle (T. 10 und 12) keine Entsprechung und erscheinen gerade im Zusammenhang mit in T. 9, 11 und 98 jeweils für alle drei

---

worden zu sein, dass deren Abdrücke abgerundet erscheinen, während sie bei Vorabzügen eckig aussehen.
21 Brahms an Simrock am 7. Januar 1891, in: *Briefwechsel XII* (wie Anm. 3), S. 39f.

(Fast) Alle oder keine

Abb. 1a: 1. Streichquintett op. 88, Partitur-Autograph (Stichvorlage), 2. Satz T. 98–101 (Brahmsgesellschaft Baden-Baden e. V.)

Abb. 1b: 1. Streichquintett op. 88, 1. Partitur-Korrekturabzug, 2. Satz T. 98–101 mit Eintragung von Keller gemäß Brahms' Anweisung (Archiv der Gesellschaft der Musikfreunde in Wien, Bibliothek Renate und Kurt Hofmann)

Kathrin Kirsch

Abb. 1c: 1. Streichquintett op. 88, 2. Partitur-Korrekturabzug, 2. Satz T. 98–101 mit Nachfrage von Keller und Brahms' kompositorischer Änderung (Juilliard Manuscript Collection, New York, Signatur 27 B73 1rs no. 1 Sim)

Oberstimmen notierten kürzeren Gabeln wenig plausibel. Dennoch griff Keller hier nicht eigenmächtig ein. Stattdessen nahm Brahms die Änderung der Dynamik endgültig gemäß der Parallelstelle vor, also mit den kurzen Gabeln in den Oberstimmen für T. 98 *und* 100 und ohne Gabeln für Vl. I in T. 99 und 101. Würde man den Vorgang der Kommunikation und der schrittweisen Annäherung der Dynamik nicht kennen, könnte man denken, im Redaktionsprozess sei die Dynamik redaktionell – womöglich unerwünscht – in Takt 98–101 an diejenige in Takt 9–12 angeglichen worden. Editorisch könnte das im Extremfall eine Rücknahme der von Brahms im Korrekturprozess sukzessiv hergestellten Lesart zur Folge haben.

Für die Rekonstruktion der letzten kompositorischen Ausarbeitung in der Phase der Drucklegung und einen Einblick in die konkrete Zusammenarbeit zwischen dem vom Verleger bestellten Lektor und Brahms ist der zweite Abzug von Partitur und Stimmen aufschlussreicher, weil der Komponist hier enger und systematischer eingebunden war. Keller korrigierte gemäß der Stichvorlage. Wo er Unklarheiten der Vorlage feststellte, notierte er Rückfragen an Brahms. Das betraf in diesem Quintett fünf Stellen: Im ersten Satz eine inkonsequente Legatobogensetzung und einen im Kontext nicht angemessen spielbaren Dreiklang, für den Keller eine Notenänderung vorschlug, im zweten Satz zusätzlich nötige Auflösungszeichen zu den Prallern und die schon angeführte dynamische Gestaltung in T. 99 und 101 sowie im dritten Satz eine Nachfrage zur unklaren Lesart einer Note in der Stichvorlage. Außerdem vermerkte Keller extra, dass er gegenüber Brahms' Schreibweise im Autograph gemäß der Konvention im letzten Satz durchweg für ganztaktige Pausen den Verlängerungspunkt im 3/2-Takt bereits im ersten Abzug getilgt hatte.[22] Alle fünf Vorschläge nahm Brahms im Zuge seiner Revision an und auch die von Keller selbständig gemäß der ihm vorliegenden Vorlage bzw. der Notationskonvention vorgenommenen Anpassungen und Korrekturen monierte er nicht. Insgesamt hatte Keller damit einen nicht unwesentlichen Anteil an der Ausdifferenzierung des neuen Werks in seiner gedruckten Form, ohne jedoch – nicht einmal hinsichtlich rein redaktioneller Fragen wie der Form der Pausennotation – eigenmächtig zu handeln. Das Verfahren war völlig transparent und alle Eingriffe – und unterbliebenen Eingriffe – wurden auktorial mindestens indirekt sanktioniert.

Brahms beantwortete in diesem Abzug aber nicht nur Fragen Kellers, sondern nahm unabhängig davon kompositorische Änderungen an Dynamik, Artikulation und Noten vor.[23] Sie betrafen durchaus noch die primäre Schicht der Komposition, etwa die Verteilung der Akkordtöne im Satz, seltener harmonische Schärfungen, außerdem Detailänderungen zur Differenzierung von Parallelstellen oder dynamische Ergänzungen gegenüber den in der Stichvorlage schon erkennbaren, aber noch nicht im Detail ausgeführten Lesarten.

Dass Brahms gelegentlich z. B. beim Problem der Ausdehnung von Gabeln eingriff, wenn ihm die Lösung des Stichs nicht gefiel, und dass seine Lösungen dann neue editorische Fragen aufwerfen, zeigt eine seiner Korrekturen im Kopfsatz von op. 88. Dabei ging es um die dynamische Verstärkung des Seitenthemas in seinem dritten und vierten Takt in Exposition und Reprise (T. 60–61 und 187–188).[24] Die Stichvorlage zeigt an beiden Stellen Crescendo-Gabeln, die etwa zwischen dem zweiten und vierten Viertel des jeweils ersten Taktes beginnen (an der Reprisen-Stelle tendenziell etwas später als in der Exposition, siehe Abb. 2a und 2c). Zusätzlich notierte Brahms an der ersten Stelle über den Systemen von Violine I, Viola I und Cello *cresc.* etwas früher im Takt, eher zum Taktanfang hin. Die Parallelstelle in der Reprise enthält *cresc.* in der Stichvorlage nur für Violine I. Denkbar wäre also entweder eine intendierte gleiche dynamische Gestalt oder eine dynamische

---

22 Die erwähnten Vermerke und Fragen finden sich in dem Korrekturabzug (siehe oben, Digitalisat: https://juilliardmanuscriptcollection.org/string-quintet-op-88-in-f-major), S. 7, 13, 23, 26, 35, und 36.

23 Ausführlicher zu Korrekturqualitäten mit Beispielen aus dem 1. Streichquintett siehe Kirsch, *Stichvorlage* (wie Anm. 2) S. 194–238.

24 Im Korrekturabzug (siehe oben, Digitalisat: https://juilliardmanuscriptcollection.org/string-quintet-op-88-in-f-major), S. 7 und 17.

Kathrin Kirsch

Mikrodifferenzierung[25] beider Stellen, in der für die Reprise ausschließlich die Violine I durch *cresc.* herausgehoben wäre. Die Stecherei setzte diese Notate in der Stichvorlage unterschiedlich um, sicherlich ohne die Parallelstellen zu vergleichen: In der Exposition beginnen nun die Gabeln in allen Stimmen bereits am Beginn von T. 60, und das *cresc.* ist ausgestochen (Abb. 2b). An der späteren Stelle wurde das *cresc.* nur für Violine I gestochen (Abb. 2d). Die Gabeln wurden hier eher diplomatisch gemäß der Stichvorlage umgesetzt, so beginnen sie in Violine I direkt nach *cresc.*, in Violine II und Cello mit dem dritten Viertel, in Viola I mit dem Drei-Achtel-Auftakt zu T. 188 und in Viola II wegen der Pause am Ende von T. 187 und dem Zeilenumbruch im Stich erst mit T. 188.

Abb. 2a: 1. Streichquintett op. 88, Partitur-Autograph (Stichvorlage), 1. Satz T. 60 f.

Abb. 2b: 1. Streichquintett op. 88, 2. Partitur-Korrekturabzug, 1. Satz T. 60 f. mit Brahms' Tilgung

---

25 Zum Begriff der Mikrovariante und editorischen Konsequenzen bei leicht abweichenden Lesarten siehe Michael Struck, „Kann man Brahms gut edieren? Korrekturspuren, Mikrovarianten und Aufführungstraditionen als editorische Hürden und Hilfen", in: *Internationaler Brahms-Kongress Gmunden 1997. Kongreßbericht* (Veröffentlichungen des Archivs der Gesellschaft der Musikfreunde in Wien, 1), hrsg. von Ingrid Fuchs, Tutzing 2001, S. 629–646.

(Fast) Alle oder keine

Abb. 2c: 1. Streichquintett op. 88, Partitur-Autograph (Stichvorlage), 1. Satz T. 187f.

Abb. 2d: 1. Streichquintett op. 88, 2. Partitur-Korrekturabzug, 1. Satz T. 187f. mit Brahms' Änderungen

Brahms griff an beiden Stellen in unterschiedlicher Weise ein: In der Exposition (Abb. 2b) tilgte er die (nun in dieser Form redundant erscheinenden) *Cresc.*-Zusätze vollständig, beließ jedoch die vereinheitlicht am Taktbeginn ansetzenden Gabeln. In der Reprise (Abb. 2d) beließ er das *cresc.* für T. 187 in der Violine I und rückverlängerte die Gabeln tendenziell. Dabei behielt er jedoch teilweise die Differenzierung entsprechend der Pausennotation in den Stimmen bei, indem er z. B. für Viola I den Beginn der Gabel beim Auftakt beließ, statt sie, wie in T. 60, zum ersten Viertel des Taktes und damit zum Schlusston vor den Pausen zu regulieren. Einen Ansatz dazu verwarf er sogar explizit durch die Tilgung einer entsprechend schon angesetzten Eintragung. Prinzipiell ist die Intention der dynamischen Angaben klar und an beiden Stellen analog. Im Detail jedoch unterscheiden sich die jeweiligen Stellen in der Stichvorlage, im Stich und in den korrigierenden Eingriffen von Brahms. Da aber Brahms an beiden Stellen erkennbar druckrelevante Eintragungen vornahm, verbietet sich eine heutige editorische Vereinheitlichung. Die Edition übernimmt deshalb die Lesarten des Drucks unter der Annahme, dass entstandene Differenzen zwischen den Parallelstellen meist von Brahms entweder nicht als wesentlich oder (teilweise) als naheliegende, eigentlich intendierte Standardisierung anzusehen sind.

Befunde wie diese haben zusammen mit den insgesamt gut dokumentierten späten werkgenetischen Phasen bei der Neu-Edition des 1. Streichquintetts dazu geführt, die Hauptquelle, den Erstdruck, in vielen Bereichen als verlässlich anzusehen. Editorische Entscheidungen fielen also häufiger zugunsten der Lesart des Drucks aus. Abweichungen zur Stichvorlage werden dokumentiert. Auf ein im Partitur-Druck fehlendes f (1. Satz, T. 96^2 im Vc.) z. B., das die Stichvorlage und auch der Stimmendruck aufweisen, wird in einer Fußnote im Notentext und ausführlich im Editionsbericht hingewiesen. Es wird jedoch nicht ergänzt, weil Brahms das Fehlen bei seiner Revision zumindest indirekt sanktionierte, zumal es im Kontext plausibel ist, jedoch nicht in die Stimmen übertrug, weil er diese weniger gründlich revidierte. Eingriffe die Gabellängen betreffend wurden bei der Edition im ganzen Quintett nur an weniger als zehn, teilweise allerdings mehrere Stimmen oder Takte umfassenden Stellen nötig. Ebenfalls weniger als zehn weitere offensichtliche Fehlerstellen (einzelne fehlende Staccatopunkte, Legatobögen und nach Abbreviatur in der Stichvorlage fehlende Gabeln) wurden emendiert.

Die Publikation des 2. Streichquintetts op. 111 verlief acht Jahre später hinsichtlich der Rahmenbedingungen und beteiligten Personen in ähnlicher Weise. Wie häufig, hatte Brahms im Sommer einige Werke fertiggestellt, darunter das neue Quintett, das er nach ersten Erprobungen im Herbst mit dem erweiterten Rosé-Quartett in Wien am 13. Dezember 1890 zum Druck bei Simrock einreichte. Diesmal dienten eine Partitur und Stimmen als Stichvorlage, die vom Autograph abgeschrieben worden waren. Abschriftliche Stimmen lagen sogar in doppelter Ausführung vor, weil Brahms zur Klärung eines klanglichen Problems am Beginn des Kopfsatzes[26] einen zusätzlichen Stimmensatz für parallele Erprobungen durch Joseph Joachim und sein Quartett in Berlin hatte abschreiben lassen. Alle Abschriften wurden von dem ebenfalls bereits langjährig für Brahms arbeitenden Kopisten William Kupfer angefertigt. Relativ kurz nach dem 10. Januar lag Brahms ein Stimmen-Korrekturabzug, spätestens wiederum kurz danach sicherlich auch ein Partitur-

---

26 Siehe weiter unten.

Korrekturabzug für die Revision vor; ein Stimmensatz wurde für weitere Proben und eine Aufführung durch das Hubay-Quartett in Budapest hergestellt.[27] Anfang Februar erhielt Keller jeweils zweite Korrekturabzüge,[28] an deren Revision Brahms in diesem Fall wohl kaum noch beteiligt war. Quellen aus dem Drucklegungsprozess sind keine erhalten: Alle Stichvorlagen und Korrekturabzüge sind vernichtet oder verschollen. Überliefert sind nur das von Coelestine Truxa aus Brahms' Papierkorb gerettete Zweitexemplar der abschriftlichen Stimmen für Joachim,[29] das nach Einsendung der druckrelevanten abschriftlichen Stimmen an den Verlag und Herstellung der ersten Stimmenabzüge überflüssig geworden waren und von Brahms entsorgt wurden, sowie die autographe Partitur.[30] Alle redaktionellen und kompositorischen Änderungen aus der Phase der Drucklegung können ausschließlich durch die Kollationierung von Autograph und Erstdruck indirekt erschlossen werden, indem Differenzen vor dem Hintergrund der in anderen Fällen bekannten Arbeitsabläufe bewertet werden. Aus den in den erhaltenen abschriftlichen Stimmen dokumentierten Änderungen lassen sich die Vorgänge zumindest bis zur Zeit kurz vor Einreichung beim Verlag teilweise auf die Partitur übertragen.

Die Phase der Drucklegung lief insgesamt unter etwas ungünstigeren Vorzeichen ab als bei op. 88. Noch kurz vor dem Beginn der Drucklegung war dem Verleger eine gravierende Abweichung zwischen der Originalfassung und dem Arrangement für Klavier zu vier Händen aufgefallen, wegen der er am 19. Dezember rückfragte. Im Arrangement fehlte gegenüber der Partitur im 4. Satz ein ganzer Takt, nachdem Brahms die betreffende Stelle in der Originalfassung erweitert hatte.[31] Umgekehrt sandte Brahms noch nach Eingang der Stichvorlagen am 22. Dezember brieflich Änderungswünsche an Simrock, die dieser bzw. Keller noch in die Vorlagen einzutragen hatten:[32] Der Komponist hatte sich mit der

---

27 „Einen exemplarmäßigen Abzug der Stimmen des Quintetts sandten wir heute nach Pesth. – Einen exemplarmäßigen Abzug der Violin- und Violoncellostimme zum Trio senden wir Ihnen übermorgen (am 10ten) und werden gleichzeitig Revisionsabzug dieser beiden sowie der Stimmen des Quintetts hinzufügen, höflichst bittend, uns dieselben möglichst bald zu remittiren." Unpublizierter Brief aus dem Verlag Simrock an Brahms vom 8. Januar 1891, Original in der Wienbibliothek im Rathaus, H. I. N. 165.560. Ausführlicher zu diesem Vorgang siehe das Kapitel „Quellengeschichte und -bewertung" in JBG II/2 (wie Anm. 7).

28 „Es mußte noch eine Revision gelesen werden die Heute Mittag v. Keller zurückkommt u.[nd] sofort z.[um] Druck geht!" Unpublizierter Brief von Simrock an Brahms vom 2. Februar 1891, Original in Wienbibliothek im Rathaus, H. I. N. 165.556.

29 Wienbibliothek im Rathaus, Sammlung Truxa, MHc 12098.

30 Archiv der Gesellschaft der Musikfreunde in Wien, Nachlass Johannes Brahms, A 107.

31 Brief von Simrock an Brahms vom 19. Dezember 1890, Text teilweise wiedergegeben in: *Scientia Antiquariatskatalog 60*, S. 110, Nr. 1698. Zum Problem der Taktabweichung zwischen dem Arrangement und der Originalfassung siehe auch Michael Struck, „Werk-Übersetzung als Werk-Alternative? Johannes Brahms' Klavierbearbeitungen eigener Werke", in: *Edition und Übersetzung. Zur wissenschaftlichen Dokumentation des interkulturellen Texttransfers. Beiträge der Internationalen Fachtagung der Arbeitsgemeinschaft für germanistische Edition, 8. bis 11. März 2000* (Beihefte zu editio, 18), hrsg. von Bodo Plachta und Winfried Woesler, Tübingen 2002, S. 447–464, hier S. 461 sowie ausführlich in JBG II/2 (wie Anm. 7).

32 Brief von Brahms an Simrock vom 22. Dezember 1890, in: *Briefwechsel XII* (wie Anm. 3), S. 37f.

Kathrin Kirsch

Gestaltung und Darstellung der Klangbalance am Kopfsatzbeginn schwergetan. Auch nach Diskussionen mit dem Rosé- und vermutlich auch dem Hubay-Quartett sowie brieflich mit Joachim nach der Erprobung und Aufführung durch dessen Quartett, hatte Brahms sich offenbar noch nicht endgültig entschlossen. Erst kurz vor Stichbeginn entschied er sich für eine Differenzierung, die das anfängliche Cello-Solo gegenüber den begleitenden Stimmen deutlicher hervortreten lässt. Am Ende wurde die dynamische Rücknahme für Geigen und Bratschen jedoch nur in die gedruckten Stimmen übernommen, um den intendierten *Forte*-Gesamtcharakter in der Lesepartitur nicht zu verändern.[33]

Brahms erhielt letztlich vermutlich überhaupt nur einen, den ersten Korrekturabzug von Stimmen und Partitur. Die dort von ihm und Keller angebrachten Korrekturen wurden in der Stecherei umgesetzt. Obwohl die relevanten Quellen dieser Phase nicht erhalten sind, ist auf der Grundlage der wenigen bekannten Korrekturabzüge Brahms'scher Werke anzunehmen, dass diese Umsetzung weitgehend erfolgreich war. Keller unternahm unter Zeitdruck die zweite Revision alleine. Sie sollte umgesetzt werden, bevor Joseph Joachim für Konzerte in London dringend die erwarteten Vorabzüge erhielt, die dann vermutlich bereits weitgehend der Druckfassung entsprachen. Hinzu kam, dass der 62-jährige Keller zu dieser Zeit, Ende Dezember 1890, aufgrund einer Erkrankung nicht mehr so belastbar war wie früher, daher langsamer und möglicherweise weniger zuverlässig arbeitete.[34]

Diese Quellenlage hat verschiedene editorische Konsequenzen. Der Editionsbericht verzichtet in diesem Fall auf die Fehlerqualifikation bei Eingriffen, weil mindestens zwei Stadien der Drucklegung nicht dokumentiert sind. Ob es sich bei den Abweichungen zwischen Partitur-Autograph und Erstdruck um Stecherfehler, Kopistenfehler, Redaktionsfehler oder Brahms' Schreibfehler in einem der nicht dokumentierten Arbeitsschritte handelt, ist nicht mit Sicherheit zu sagen. Ob es sich jeweils überhaupt um Fehler und nicht zumindest teilweise um kompositorische oder redaktionelle Änderungen handelt, kann nur aus dem Kontext erschlossen werden. Insgesamt wurden in diesem Fall im Vergleich zur JBG-Edition des 1. Streichquintetts weit mehr Eingriffe vorgenommen, nämlich über 50. Fast die Hälfte davon betreffen die Position und Reichweite von dynamischen und agogischen Angaben (darunter vor allem der Gabeln). Regulierungen der Stecherei, die im 1. Streichquintett von der Stichvorlage zum ersten Partitur-Korrekturabzug ebenfalls vorgenommen und weder dort von Keller noch im zweiten Partitur-Abzug von

---

33 Zum Problem der Klangbalance am Kopfsatzbeginn im Zusammenhang mit der Werkentstehung siehe Salome Reiser, „Brahms' Notentext zwischen Werkgestalt und Aufführungsanweisungen", in: *Musikedition. Mittler zwischen Wissenschaft und musikalischer Praxis*, hrsg. von Helga Lühning (Beihefte zu editio, 17), Tübingen 2002, S. 329–346, hier S. 343–345; Michael Struck, „Bedingungen, Aufgaben und Probleme einer neuen Gesamtausgabe der Werke von Johannes Brahms", in: *Johannes Brahms. Quellen – Text – Rezeption – Interpretation. Internationaler Brahms-Kongreß Hamburg 1997*, hrsg. von Friedhelm Krummacher und Michael Struck in Verbindung mit Constantin Floros und Peter Petersen, München 1999, S. 213–229, hier S. 223 und 229 sowie ausführlich in der Edition JBG II/2 (wie Anm. 7).

34 Vgl. *Brahms-Keller Correspondence* (wie Anm. 3), S. xl–xli.

Brahms moniert wurden, erscheinen dadurch in den meisten Fällen indirekt autorisiert. Im 2. Streichquintett muss die heutige Edition also gewissermaßen die Rolle des damaligen Lektors übernehmen – sofern man nicht pauschal die Validität des Korrektur- und Redaktionsprozesses annehmen will. Für die Edition im Rahmen der JBG musste eine solche pauschale Sanktionierung des Drucks auch deshalb verworfen werden, weil insgesamt fast 20 gegenüber dem Autograph oder aus dem Kontext als solche identifizierbare eindeutige Fehler belegen, dass Kellers bzw. Brahms' Korrekturarbeit während der Drucklegung weniger gründlich war als beim 1. Streichquintett.

Der Fall des Klarinettenquintetts op. 115 zeigt, welche Bedeutung eine abschriftliche Stichvorlage im Kontext der Drucklegung hat und wie stark ihr Fehlen, wie z. B. bei op. 111, die Zuverlässigkeit der Bewertung von Lesarten einschränkt. Wie meistens in der späteren Schaffensphase ließ Brahms vom Partitur-Autograph[35] eine Abschrift als Stichvorlage anfertigen.[36] Diesmal begann Eusebius Mandyczewski, vermutlich ab Anfang August 1891 mit der Abschrift, eher er – nach Abschluss des ersten Satzes – die Aufgabe an Kupfer weitergab. Dieser war zuvor noch mit der Abschrift des etwas früher fertiggestellten Klarinettentrios op. 114 befasst gewesen und kopierte nun die weiteren Sätze ab und schrieb die Stimmen aus. Nach mehreren Proben und Aufführungen aus diesem Material sandte Brahms am 24. Dezember die Partitur-Stichvorlage an Simrock. Zunächst sollte sie nur der Vorbereitung eines Arrangements für Klavier zu vier Händen dienen, das bei Julius Klengel in Auftrag gegeben wurde. Nach der letzten geplanten Aufführung in Joachims Berliner Quartett-Soirée am 19. Januar schickte Brahms die abschriftlichen Stimmen, einschließlich der alternativen Viola-solo-Stimme, ebenfalls als Stichvorlagen an den Verlag. Dabei wies er im Kopfsatz noch einen Stimmentausch für Klarinette und die beiden Violinen gemäß den abschriftlichen Stimmen-Stichvorlagen an, die in die abschriftliche Partitur-Stichvorlage übertragen werden sollte.[37] Deshalb findet sich heute in dieser abschriftlichen Partitur-Stichvorlage eine mehrere Takte betreffende kompositorische Änderung von Simrocks Hand, die aber Brahms' Intention wiedergibt.

Simrock übernahm nach Kellers Tod im Sommer 1891[38] offenbar selbst redaktionelle Durchsichten. Brahms bemängelte jedoch mehrfach, dass seitdem die Genauigkeit der Arbeit nachließ. Zudem fehlte Kellers Einfluss auf Simrock, wenn es um das Einfordern von Geduld und Zeit für nötige Korrekturarbeiten ging. Simrocks Eile bei der Veröffentlichung neuer Werke zur Beförderung des Verlagsumsatzes konnte sich nun eher durch-

---

35 Archiv der Gesellschaft der Musikfreunde in Wien, Nachlass Johannes Brahms, A 112.
36 Brahms-Institut Lübeck, Bra : A2 : 44, Digitalisat: https://www.brahms-institut.de/Archiv/web/bihl_digital/jb_stichvorlagen/BrahmsJ_op_115_part_sv_s_001.html.
37 „Eine Kleinigkeit im ersten Satz bei Buchstabe C wäre vorher [vor dem Stich] zu ändern, *nur* in den drei oberen Instrumenten." Brahms an Simrock am 23. Januar 1892, in: *Briefwechsel XII* (wie Anm. 3), S. 58.
38 Noch 1894 forderte Brahms: „Sie müssen für einen Ersatz Kellers sorgen!" Brahms an Simrock am 17. Dezember 1894, in: *Briefwechsel XII* (wie Anm. 3), S. 159 [f.], vgl. *Brahms-Keller Correspondence* (wie Anm. 3), S. xxviii.

setzen.³⁹ Brahms hatte offenbar einen Stimmen-Korrekturabzug des Klarinettenquintetts bearbeitet und an Simrock zurückgesandt und musste feststellen, dass die Stimmen gleich in den Auflagendruck gegangen waren, während er den Partitur-Abzug noch revidierte und sich daraus weitere Änderungen ergaben. In Anspielung auf eine Erkrankung Simrocks monierte er:

> Herzlich wünsche ich gute Besserung, und daß der liebe Herrgott gnädiger mit Ihnen umgehe, als Sie mit Quintetten. Mir ist ganz unfaßlich, wie die Stimmen zum Druck gehen konnten und nicht 3 Tage auf die Korrektur der Partitur warten?!⁴⁰

Aber auch der Partiturdruck blieb trotz Brahms' Bemühungen so fehlerhaft, wie diese früher bei Betreuung durch Keller kaum möglich gewesen wäre.⁴¹ Einen nicht unwesentlichen Fehler bemerkte Brahms noch selbst und meldete ihn kurz nach Erscheinen an den Verleger:

> Jedenfalls hätte ich die dringende Bitte, zum Schluß des Quintetts in Stimmen, Partitur und Arrangement das *con moto* (beim ³/₈-Takt) zu streichen! In der Partitur S. 55. (Es ist stehen geblieben; früher war vorher *meno Andante*.)⁴²

Brahms hatte im Partitur-Autograph und in der abschriftlichen Partitur-Stichvorlage die Temporücknahme *Poco meno mosso* in T. 129 gegenüber dem anfänglichen *Con moto* jeweils mit Bleistift getilgt. Die Angabe fehlte deshalb im Erstdruck. Damit war aber eine Wiederholung von bzw. Rückführung nach *Con moto* in T. 161 auch überflüssig geworden. Dies wurde aber im Redaktionsprozess nicht erkannt. Ob Brahms in diesem Zuge auch die darauf folgende neuerliche Temporücknahme *Un poco meno mosso* in T. 193 getilgt haben wollte, wie entsprechende Eintragungen im Autograph und im Handexemplar – nicht jedoch in der abschriftlichen Stichvorlage oder dem zitierten Brief an Simrock – nahelegen, ist eine Frage, die der Redaktion offenbar entging und daher in der Edition neu entschieden werden muss. Der Schluss des Werks greift thematisch auf den *Allegro*-Beginn des Kopfsatzes zurück. *Un poco meno mosso* würde also das *Con moto* des Finales mit Blick

---

39 Kellers Mühe, sich Simrocks Drängen zu widersetzen, spricht z. B. aus dem an Brahms gerichteten entschuldigenden Brief, in dem Keller sich für Brahms' Lob bedankte und anfügte: „Wenn trotzdem Dinge, wie das fehlende ♯ vor *d* [...] u.[nd] der entsetzliche ♭ [...] der Clavierstücke [...], vorkommen, so darf ich wohl auf die geforderte ,Eile' des Verlegers einen kleinen Theil meiner Schuld abwälzen." (Brief vom 27. August 1879, in: Bozarth, *Brahms-Keller*, S. 27 f.) Dennoch ist allerdings im Vergleich zwischen den hier vorliegenden Beispielen, die jeweils in etwa denselben Umfang an Material erzeugten, kaum ein zeitlicher Unterschied in der Herstellung der Ausgaben mit und ohne Keller festzustellen: In allen drei Fällen hat es von der Einreichung der Stichvorlagen beim Verlag bis zur Veröffentlichung etwa knapp zwei Monate gedauert.
40 Brief von Brahms an Simrock vom 25. Februar 1892, in: *Briefwechsel XII* (wie Anm. 3), S. 61.
41 Allerdings gab es auch unter Kellers Ägide Erstdrucke mit überdurchschnittlich vielen Fehlern, wenn z. B., wie bei der Herstellung der Partitur der *3. Symphonie* op. 90, unter übergroßem Zeitdruck und anderen Einschränkungen bei der Redaktion publiziert wurde. Siehe oben, Anm. 4.
42 Brief von Brahms an Simrock vom 10. April 1892, in: *Briefwechsel XII* (wie Anm. 3), S. 66.

auf die zitathafte Reminiszenz zurücknehmen. Die Tempoänderung ist aber von der Tilgung des im Satzverlauf früheren *Poco meno mosso* prinzipiell kompositorisch unabhängig. Die Edition in der neuen Brahmsausgabe wird gemäß der handschriftlichen Tilgung im Handexemplar und dem Autograph die entsprechende Angabe in T. 193 weglassen, aber in einer Fußnote zum Notentext auf die möglicherweise intendierte Tempoanweisung im Erstdruck hinweisen.[43]

Ein weiteres Problemfeld der damaligen Publikation und heutigen Edition des Klarinettenquintetts ist aufgrund der Überlieferungslage die Wiedergabe der Gabeln. Die erhaltene Partiturabschrift als Zwischenschritt zum Erstdruck macht die Umsetzung durch den Stecher in vielen Fällen als ‚Regulierung der Regulierung' unmittelbar nachvollziehbar. Aus dem gut dokumentierten Korrekturfall von op. 88 ist zwar bekannt, dass die Regulierungen der Stecherei ganz offensichtlich in den meisten Fällen von Brahms indirekt autorisiert wurden. Dennoch wird in der JBG-Edition des Klarinettenquintetts bei erheblicher Abweichung, die durch die doppelte Regulierung in Abschrift *und* Stich entstand, gemäß dem Autograph hinsichtlich der Gabellängen und -Positionen eingegriffen. Oftmals war eine Schreibungenauigkeit von Brahms zu einer zunehmenden Kopisten- und Stecherungenauigkeit geworden, bis hin zu eindeutigen Fehlern, die in der neuen Edition gemäß dem Autograph zurückgenommen wurden, wie die Abbildungen 3a bis 3d beispielhaft verdeutlichen.

Brahms' Gabelnotation enthielt eine offenbar intendierte Differenzierung, bei der die beiden Oberstimmen gegenüber den Unterstimmen später mit dem Crescendo einsetzen. Der Kopist verlängerte die Gabeln der Oberstimmen etwas, sodass die Differenzierung nicht mehr ersichtlich, aber eine einheitlicher Gabelposition auch nicht ganz klar erkennbar war. Im Stich wurden die Gabeln dann, wie ähnlich auch schon bei op. 88 zu beobachten war, weiter reguliert, wobei nun eine scheinbar intendierte Gleichzeitigkeit des Crescendo-Beginns im Hinblick auf die rhythmische Verschiebung der Unterstimmen nicht ganz überzeugend ist. Die JBG ändert die Gabellängen gemäß dem Autograph, wobei darauf hingewiesen wird, dass Brahms' Niederschrift im Detail (abbreviatorische Notation zwischen den Systemen, missverständlicher Gabelbeginn der untersten Gabel) nicht ganz eindeutig ist.

Aus der Kenntnis insbesondere der Korrekturabzüge zu op. 88, war zunächst auch hier eine nur vorsichtige Anpassung der Hauptquelle vorgesehen. Die Häufung offensichtlich doppelter Regulierungsprozesse führten dann aber zunehmend dazu, in der Edition die zeitgenössisch nur eingeschränkt zuverlässige Redaktion im Lektorat nachträglich anzu-

---

43 Auch die alte Gesamtausgabe bei Breitkopf und Härtel (*Johannes Brahms. Kammermusik für Streichinstrumente*, hrsg. von Hans Gál (Sämtliche Werke, Bd. 7), Leipzig [1927]) und die neue Studienausgabe im G. Henle Verlag (Johannes Brahms, *Quintett für Klarinette, zwei Violinen, Viola und Violoncello h-moll Opus 115*, hrsg. von Andrea Massimo Grassi, München 1999) verzichten bereits auf die Wiedergabe von *Un poco meno mosso* für T. 193, jeweils unter Hinweis auf die Tilgung von dieser Angabe und von *Con moto* in T. 161 im Handexemplar. Siehe jeweils im Revisionsbericht S. [III] bzw. S. 61 (Bemerkung zu T. 161).

Abb. 3a: Klarinettenquintett op. 115, Partitur-Autograph, 1. Satz T. 112 f. (Archiv der Gesellschaft der Musikfreunde in Wien, Nachlass Johannes Brahms, A 112)

Abb. 3b: Klarinettenquintett op. 115, Partitur-Abschrift (Stichvorlage), 1. Satz T. 112 f. (Brahms-Institut Lübeck an der Musikhochschule Lübeck, Bra : A2 : 44)

Abb. 3c: Klarinettenquintett op. 115, Partitur-Erstdruck, 1. Satz T. 112 f.

Abb. 3d: Klarinettenquintett op. 115, 1. Satz T. 112 f., JBG II/2

(Fast) Alle oder keine

Abb. 4a: Klarinettenquintett op. 115, Partitur-Autograph, 1. Satz T. 8f.

Abb. 4b: Klarinettenquintett op. 115, Partitur-Abschrift (Stichvorlage), 1. Satz T. 8f.

Abb. 4c: Klarinettenquintett op. 115, Partitur-Erstdruck, 1. Satz T. 8f.

Abb. 4d: Klarinettenquintett op. 115, JBG II/2, 1. Satz T. 8f.

passen. Daher wurden in einigen Fällen auch Gabeln gemäß der offensichtlich intendierten Ausdehnungen reguliert, wie z. B. der Gabelbeginn in Takt 8 des Kopfsatzes (Abbildungen 4a bis 4d).

Zudem wirkt sich eine abbreviatorische Schreibvereinfachung im Autograph bis in den Druck aus: Brahms notierte die Gabeln jeweils zwischen den Systemen, also vier Mal für fünf Stimmen. In der Abschrift und dem Partitur-Erstdruck wurde diese Form häufig (allerdings nicht in den hier abgebildeten Beispielen) übernommen, wenngleich die Gültigkeit auch für das Violoncello offensichtlich ist. Das erkannte der Kopist offenbar bei seinem nächsten Arbeitsschritt, dem Ausschreiben der Stimmen, bei dem man auf diese Frage unmittelbar gestoßen wird, während man das Problem bei der Abschrift der Partitur durch diplomatische Wiedergabe der Vorlage umgehen kann. In der gedruckten Violoncellostimme fehlen die Gabeln deshalb nicht. Die JBG arbeitet hier durch Eingriffe gleichsam die zeitgenössische lückenhafte Redaktion nach. Dass Brahms die fehlenden Gabeln im Cello nicht als sehr gewichtig ansah, sondern sie offenbar bei seiner Korrekturlesung der Partitur ‚mitdachte' und die Notwendigkeit ihrer Ergänzung übersah, ändert nichts daran, dass diese bei entsprechendem Lektorat idealerweise ergänzt worden wären. Im Klarinettenquintett werden sie in der Edition gemäß den gedruckten Stimmen und unter Hinweis auf die meist offensichtliche Abbreviatur im Autograph ergänzt. Insgesamt summieren sich die editorischen Eingriffe so auf insgesamt über 100.

Bezieht man die bekannten früheren Beispiele überlieferter Korrekturabzüge von Brahms, z. B. zu seiner 3. Klaviersonate op. 5, mit ein, in der er noch umfangreiche kompositorische Änderungen vornahm,[44] die teilweise sogar den Neustich von Platten nach sich zogen, so ist in seinem späteren Schaffen (nicht erst) bei der Publikation seiner Quintette eine deutliche Professionalisierung eingetreten: Brahms' zunehmende Erfahrung und die größere Standardisierung im Ablauf von Stich und Redaktion optimierten die Drucklegung. Größere Eingriffe sind bei keinem der drei Werke festzustellen. Die hohe Dichte an überlieferten Quellen zum Korrekturprozess bei op. 88 lässt auch für die beiden anderen Quintette des Gesamtausgabenbandes zunächst eine hohe Verlässlichkeit der gedruckten Hauptquellen (Erstdruck bzw. Handexemplar des Erstdrucks) vermuten. Die verschollenen bzw. rekonstruierten Korrekturabzüge wurden in allen drei Fällen auch als Quellen mit Sigeln in die Darstellung, z. B. die Stemmata, aufgenommen. Bei der Übertragung dieses editorischen Prinzips vom 1. Streichquintett auf die beiden übrigen Quintette hatte zunächst die Neigung zur Bestätigung der Hauptquellenlesart Bestand, weshalb die historisch-kritische Edition des 2. Streichquintett in Zweifelsfällen eher Lesarten des Drucks belässt. Das Fehlen praktisch aller Quellen aus dem Korrekturprozess und die noch fortgeführte Zusammenarbeit nicht nur mit dem Verleger Simrock, sondern auch mit dem Lektor Keller ließ Abweichungen zwischen Autograph und Erstdruck trotz der offensichtlich weniger gründlichen Redaktionsarbeit weitgehend als Ergebnis der von Brahms erwünsch-

---

44 *Johannes Brahms. Klaviersonaten*, hrsg. von Katrin Eich (Neue Ausgabe sämtlicher Werke, Serie III, Bd. 4), München 2014, S. 115.

ten Finalisierung seines Werks zur Veröffentlichung erscheinen. Im Fall des Klarinettenquintetts dagegen hat die Vielzahl der offensichtlichen Redaktionsfehler und der sichtbaren doppelten Ungenauigkeiten bei Abschrift und Stich dazu geführt, in der JBG die Lesarten der Hauptquelle häufiger nachträglich gemäß dem Autograph zu revidieren. Zwar hat Brahms auch hier zumindest einmal nachweislich Korrektur gelesen und es ist deshalb nicht auszuschließen, dass er die neuen Versionen autorisierte oder zumindest nicht mehr monierte. Die Folge aus Schreibungenauigkeit und zunehmender Kopisten- und Stecherungenauigkeit ist aber in den überlieferten Quellen so deutlich nachvollziehbar, dass die Annahme eines ‚Folgefehlers' näher liegt als die einer erwünschten und zielgerichteten Regulierung. Zugleich hat der verstärkte Rückgriff auf das Autograph jedoch zur Folge, dass im Druck als falsch erkannte Lesarten z. B. bei Gabelreichweiten, relativ genau nach der handschriftlichen und daher naturgemäß weniger standardisierten, gelegentlich auch ungenauen Vorlage quasi ‚diplomatisch' revidiert werden müssen, obwohl aus dem Drucklegungsprozess bekannt ist, dass Brahms mit einem gewissen Grad an Vereinheitlichung rechnete. Die Vereinheitlichung jedoch heute ‚historisierend' auf den handschriftlichen Befund zu übertragen kann nur in Maßen unternommen werden.

Wenn man fast alle Quellen aus dem Drucklegungsprozess kennt – wie bei op. 88 –, eröffnet das nicht nur einen Blick in diese Phase der Werkentstehung und der Zusammenarbeit von Komponist und Lektor, sondern stärkt nachhaltig die Annahme der Verlässlichkeit gedruckter Quellen der Zeit. Deutlich wird aber auch, dass man die grundsätzliche Annahme der Zuverlässigkeit von Druckquellen, wenn sie nach *abschriftlichen* Stichvorlagen entstanden, im Einzelfall relativieren muss. Endlich stellt sich am Beispiel von op. 111 die Frage, wie diese Erkenntnisse editorische Entscheidungen in Fällen leiten können, in denen die Abwesenheit sämtlicher Quellen dieser Phase die editorische Arbeit prägt. Die Feststellung, dass eine historisch-kritische Edition nicht nach einem Einheitspatent mit standardisierten Kriterien zu erarbeiten ist, sondern Entstehungsgeschichte und Kontexte individuell einzubeziehen sind, ist trivial, wenn man in Betracht zieht, dass dies eben jeweils nur begrenzt möglich ist. Die Rekonstruktion und die Einbeziehung ähnlich gelagerter Beispiele und die dafür nötige systematische Betrachtung spezifischer Phasen des kompositorischen Werkentstehungsprozesses bestimmter historischer Ausschnitte des Repertoires erhellen Tendenzen jedoch zunehmend und helfen bei der Einschätzung wiederkehrender Phänomene.

Richard Strauss

Ein junger Komponist in Interaktion mit seinen Verlegern

Andreas Pernpeintner und Stefan Schenk

Es ist kein Geheimnis, dass Richard Strauss mit seinen Verlegern einen selbstbewussten Umgang pflegte: Strauss gilt als Wegbereiter moderner Urheberrechts-Verwertungsgesellschaften wie der GEMA und kämpfte dafür, dass Komponisten an ihren Werken das Aufführungsrecht behielten. Strauss war geschäftstüchtig und erzielte für seine Werke hohe Honorare. In seinem Liederzyklus *Krämerspiegel* op. 66 aus dem Jahr 1918, für den er beim Berliner Kritiker Alfred Kerr eigens bissige Texte bestellte („Von Händlern wird die Kunst bedroht, / Da habt ihr die Bescherung. / Sie bringen der Musik den Tod, / Sich selber die Verklärung."), las er den großen deutschen Musikverlagen böse-humoristisch die Leviten. Entstehung, Drucklegung und erste Aufführungen des Zyklus waren sogar von juristischen Auseinandersetzungen begleitet.[1]

Strauss konnte zu diesem Zeitpunkt auf reichlich Erfahrung hinsichtlich der Zusammenarbeit mit Verlagen zurückgreifen. War die Publikation des 1876 komponierten *Festmarschs* op. 1 im Jahr 1881 bei Breitkopf & Härtel noch von Strauss' Onkel, dem Münchner Bierbrauer Georg Pschorr, finanziert worden, nahm Eugen Spitzweg, Eigentümer des Münchner Verlags Jos. Aibl, ab demselben Jahr und beginnend mit dem Quartett op. 2 Werke des jungen Aufstrebenden regulär in sein Verlagsprogramm auf. Erst 1900, als Strauss' Eintreten für die Rechte der Komponisten zur Streitfrage wurde, endete die Zusammenarbeit. Am 22. März teilte Strauss Spitzweg per Brief lapidar mit: „Mein neuer Verleger, ich vergaß neulich dir's zu sagen, ist Fürstner".[2] 1904 verkaufte der alt gewordene Spitzweg seinen Verlag an die Universal Edition Wien.

Die Zusammenarbeit mit dem Verlag Adolph Fürstner währte mehrere Jahrzehnte und überdauerte auch den Generationenwechsel zu Fürstners Sohn Otto. Insbesondere erschienen in diesem Verlag ab *Feuersnot* Strauss' Opern. Zum Bruch kam es während des Dritten Reiches, als Fürstner nach Großbritannien floh und Strauss fortan mit dem vormaligen Prokuristen Johannes Oertel, der im Zuge der sogenannten Arisierung Inhaber des deutschen Verlagsteils wurde, kooperierte. Erst nach Strauss' Tod erhielt Fürstner alle Verlagsrechte zurück.

---

1 Vgl. Hartmut Schick, „Musikalische Satiren über Kunst und Kommerz. Richard Strauss' Liederzyklus Krämerspiegel op. 66", in: *Bayerische Akademie der Schönen Künste. Jahrbuch 26* (2012), Göttingen 2013, S. 107–127, URL: https://epub.ub.uni-muenchen.de/25448/ [Stand: 29.05.2019].

2 Richard Strauss an Eugen Spitzweg, Brief vom 22. März 1900, Münchner Stadtbibliothek, Monacensia, Strauss, Richard A I/69.

Andreas Pernpeintner und Stefan Schenk

Nicht betroffen von dieser Rückübertragung waren jene internationalen Verlagsrechte an den Strauss-Werken, die Fürstner 1943 an Boosey & Hawkes verkauft hatte. Und auch unabhängig davon kam Boosey & Hawkes für den späten Strauss große Bedeutung zu: Mehrmals besuchte Ernst Roth als Verlagsvertreter den Komponisten im Schweizer Exil und erwarb die Publikationsrechte an den meisten Nachkriegswerken. Roth war es auch, der nach Strauss' Tod die *Vier letzten Lieder* als solche betitelte und so gruppierte, wie man sie seitdem als eine der berühmtesten Strauss-Kompositionen kennt.[3]

Neben der Zusammenarbeit mit seinen Hauptverlegern pflegte Strauss stets Kontakt zu weiteren Verlagen; Daniel Rahter, F. E. C. Leuckart und Bote & Bock sind wichtige Beispiele. Einen Überblick bietet ein Register im Trenner-Werkverzeichnis.[4] Firmen- und Rechteübertragungen brachten weitere Akteure ins Spiel: Neben der Universal Edition und Boosey & Hawkes ist hier vor allem der Verlag C. F. Peters zu nennen, der 1932 die Rechte an den einst bei Aibl erschienenen Tondichtungen erwarb. Ein bedeutendes Peters-Projekt war in Kooperation mit der Universal Edition auch eine Lieder-Gesamtausgabe, die der Kapellmeister Kurt Soldan zusammen mit Strauss in den 1940er Jahren vorbereitete. Die Ausgabe erreichte jedoch nicht die Publikationsreife.[5]

In Strauss' Verlagskorrespondenz spielten Honorarverhandlungen eine zentrale Rolle. Doch auch musikalische Fragen wurden zwischen Komponist und Verlegern diskutiert, denn Strauss begleitete den Drucklegungsprozess seiner Werke stets mit großem Engagement – bis hin zu Fragen des Layouts und zur Kontrolle letzter Korrekturfahnen. Fünf Beispiele aus Strauss' früher Schaffensphase sollen verschiedene Aspekte der Zusammenarbeit beleuchten.

Verhandlungskünste bei der Drucklegung des Macbeth

Strauss konnte schon in jungen Jahren hart und raffiniert mit seinem Verleger verhandeln, und das war auch angebracht, denn zu der Zeit bestand das Honorar für ein Werk aus einer einmaligen Zahlung, mit der alle Rechte des Komponisten abgegolten waren – dem wurde erst um die Jahrhundertwende, vor allem auf Betreiben von Richard Strauss und seinen Mitstreitern Friedrich Rösch und Hans Sommer, abgeholfen.

---

3 Zu den für Strauss wichtigen Verlagen vgl. Dominik Rahmer, „Strauss und seine Verleger", in: *Richard Strauss Handbuch*, hrsg. von Walter Werbeck, Stuttgart u. a., Kassel u. a. 2014, S. 54–64, hier: S. 56–58, 60.

4 Franz Trenner, *Richard Strauss Werkverzeichnis (TrV)*, zweite, überarbeitete Auflage, Wien 1999, S. 369–373.

5 Zu diesem Gesamtausgabenprojekt vgl. Andreas Pernpeintner, „Der späte Strauss und seine frühen Lieder", in: *Richard Strauss – Der Komponist und sein Werk. Überlieferung, Interpretation, Rezeption. Bericht über das internationale Symposium zum 150. Geburtstag, München, 26.–28. Juni 2014*, hrsg. von Sebastian Bolz, Adrian Kech und Hartmut Schick (Münchner Veröffentlichungen zur Musikgeschichte, 77), München 2017, S. 425–437, hier: S. 430–437, URL: https://epub.ub.uni-muenchen.de/42219/ [Stand: 29.05.2019].

Die frühe Tondichtung *Macbeth* erschien Ende 1891 als gedruckte Partitur – als Ergebnis einer zweijährigen Überzeugungsarbeit, denn der durchaus wohlgesonnene Verleger Eugen Spitzweg scheute zunächst das verlegerische Risiko: Zu neuartig erschien das Werk. Der Briefwechsel zeigt, wie sehr Strauss seinem Verlegerfreund zusetzen musste und welches Geschick er darin entwickelte.

Im Dezember 1889 hatte man sich gerade über den eleganteren, leichter zu vermarktenden *Don Juan* weitgehend geeinigt, nicht aber über *Macbeth*. In dieser Lage erwähnt Strauss gegenüber Spitzweg beiläufig ein Interesse des Verlags C. F. Peters an *Macbeth*:

> Nun noch die Mitteilung, daß mir durch einen sehr guten Freund unlängst Peters unter der Hand anbieten ließ, meine neuen sinfonischen Dichtungen zu verlegen, unter der Zusicherung, sie sehr gut honorieren zu wollen. Da er nicht ‚wußte, ob ich mit Dir nicht verheiratet sei', hat er nicht direct an mich geschrieben. Wie weit soll ich nun, nach Deinem Wunsche, mit ihm mich einlassen [?][6]

Spitzweg lässt erstmal nichts hören, und zwei Wochen später legt Strauss nach:

> Was Ihr gegen *Macbeth* habt, verstehe ich nicht recht, wenn Du ihn nicht willst u. Peters will ihn gut bezahlen, so verstehe ich nicht recht, warum ich ihn nicht bei Peters erscheinen lassen soll.[7]

Das Jahr geht vorüber; im Februar 1890 schreibt Strauss:

> Peters will *Macbeth* drucken und gut bezahlen; ich kann absolut keinen vernünftigen Grund auffinden, warum ich das Werk, nachdem Du es nicht nehmen willst, nicht bei ihm verlegen soll.[8]

Im März beginnt Spitzweg endlich anzubeißen und fragt direkt:

> Hast Du schon ein greifbares Angebot von Peters wegen *Macbeth* und wenn, was bietet er Dir? Halte meine Frage nicht für indiscret. Ich glaube, als Freund sie Dir stellen zu dürfen.[9]

Am 25. April nennt ihm Strauss einen Betrag und quält den Freund noch ein bisschen mit der rhetorischen Frage: „Du reflectirst ja nicht auf das Werk?"[10]

---

[6] Richard Strauss an Eugen Spitzweg, Brief vom 7. Dezember 1889, Münchner Stadtbibliothek, Monacensia, Strauss, Richard A I / 30.

[7] Richard Strauss an Eugen Spitzweg, Brief vom 19. Dezember 1889, Münchner Stadtbibliothek, Monacensia, Strauss, Richard A I / 31.

[8] Richard Strauss an Eugen Spitzweg, Brief vom 24. Februar 1890, Münchner Stadtbibliothek, Monacensia, Strauss, Richard A I / 41.

[9] Eugen Spitzweg an Richard Strauss, Brief vom 21. März 1890, Richard-Strauss-Archiv Garmisch-Partenkirchen, ohne Signatur.

[10] Richard Strauss an Eugen Spitzweg, Brief vom 25. April 1890, Münchner Stadtbibliothek, Monacensia, Strauss, Richard A I / 47.

Andreas Pernpeintner und Stefan Schenk

Dass es sich bei der von Strauss genannten Summe lediglich um seine eigene Honorar-Wunschvorstellung handelte und dass C. F. Peters von dieser erst drei Wochen später[11] erfahren sollte, konnte Spitzweg allerdings nicht wissen. Bis November zögerte er mit der Entscheidung, dann schickte er ein Gegenangebot; man einigte sich und Spitzweg nahm den *Macbeth* zusammen mit *Tod und Verklärung* in Verlag – ein schönes Verhandlungsergebnis für Strauss.

Fast ein Jahr war darüber vergangen, doch lag darin auch etwas Gutes: Strauss hatte sich weiterentwickelt und war zu der Überzeugung gelangt, dass er den *Macbeth*, von dem bereits zwei Fassungen vorlagen, erneut überarbeiten müsse. So kommt es, dass Spitzweg schließlich eine noch ausgereiftere Fassung als die ursprünglich angebotene drucken konnte.[12]

Heute besitzen wir neben der gültigen letzten Fassung, die den Komponisten als vollendeten Meister der Instrumentation ausweist, auch die vorhergehende, die als ungedruckte Partitur zurückblieb – die Gegenüberstellung zeigt, wie es dem jungen Strauss gelang, eine bereits gute Komposition in eine sehr gute zu veredeln.[13] Dieser besonderen, ausgesprochen glücklichen Quellensituation des *Macbeth* trägt die Kritische Ausgabe (2016) Rechnung: Die beiden Fassungen, die sich vor allem (aber nicht nur) in der Instrumentierung unterscheiden, sind in synoptischer Darstellung herausgegeben und können somit im unmittelbaren Vergleich studiert werden.

Exakte Vorstellungen vom Layout

Strauss' Interaktion mit seinen Verlegern erstreckte sich auch auf Herstellungsdetails der gedruckten Partituren. So berichtet er Spitzweg Anfang 1890 im Zusammenhang mit der Tondichtung *Don Juan* erst von einer gelungenen Aufführung in Dresden und kommt dann zu seinem eigentlichen Anliegen:

> Nun die Hauptbitte: die Partitur zu Don Juan je in hohem Format drucken zu lassen, Partitur von *Italien* ist etwas unhandlich, da zu wenig auf eine Seite geht. Also bitte: es wäre mir dies sehr wichtig!!![14]

---

11 Richard Strauss an C. F. Peters, Brief vom 13. Mai 1890, Sächsisches Staatsarchiv (Leipzig), Sammlung C. F. Peters, Nr. 2154.
12 Dass Peters 1932 die Rechte am *Macbeth* und anderen Tondichtungen nachträglich erwarb, ist eine Ironie der Geschichte.
13 Zu den Fassungsunterschieden vgl. Stefan Schenk, Bernhold Schmid, „Es ist mir mitunter schon der Gedanke aufgetaucht, einige Partien umzuinstrumentieren'. Einblick in die Werkstatt des jungen Strauss anhand seiner Instrumentations-Überarbeitung des *Macbeth*", in: *Richard Strauss – Der Komponist und sein Werk* (wie Anm. 5), S. 111–133, URL: https://epub.ub.uni-muenchen.de/42173/ [Stand: 29.05.2019].
14 Richard Strauss an Eugen Spitzweg, Brief vom 15. Januar 1890, Münchner Stadtbibliothek, Monacensia, Strauss, Richard A I/44.

In der Tat war 1887 das ältere Werk *Aus Italien* in einem fürs Dirigieren unpraktischen, vor allem zu schmalen Format erschienen.[15] *Don Juan* wurde dann, wie von Strauss gewünscht, in einem großzügigeren Format gedruckt.

Später erlaubte es dem Komponisten seine mittlerweile gewachsene Reputation, noch weitaus konkretere Anweisungen zu erteilen. In der autographen Stichvorlage zu *Till Eulenspiegels lustige Streiche* (1895) ist ein von Strauss an Spitzweg gerichteter Briefabschnitt eingeklebt, den letzterer noch mit dem Vermerk „Für den Herrn Stecher!" versehen und damit zur verlegerischen Handlungsanweisung erklärt hatte:

> Bitte, diese Partitur wo möglich genau so zusammengezogen zu stechen, wie sie vom Componisten angelegt ist. Muß jedoch die Anlage des Componisten überschritten werden, so bitte ich um sorgfältigere Neueintheilung der Partitur als wie bei *Guntram*, wo durch die Verschiebungen der Tactzahl oft Instrumente auf einem System verzeichnet waren, die dann nur Pausen hatten. Jedes System hat nur diejenigen Instrumente zu enthalten, die auch zu spielen haben – wie es in der Anlage des Componisten gehalten ist.[16]

Hintergrund ist eine veränderte Arbeitsweise von Strauss. Während seine frühen Stichvorlagen noch direkt aus den Skizzen entstehen, schreibt er später, seit der Oper *Guntram*, zunächst jeweils ein Particell[17] und kann dann die Partitur sehr genau disponieren, Leersysteme einsparen und ggf. mehrere Akkoladen geschickt auf einer Seite unterbringen. Eine derartig minutiöse Einrichtung fordert er nunmehr auch vom Verlag ein. Tatsächlich hat der Stecher, bzw. der Einteiler die Vorgaben weitestgehend beherzigt. Wenn er vom extrem dicht beschriebenen Autograph abweichen muss, findet er schnell wieder in die Seiteneinteilung von Strauss zurück.

Der Umstand, dass sich Strauss um derartige Dinge mit Nachdruck kümmerte, wird in der Kritischen Ausgabe auf zweierlei Weise berücksichtigt: Zum einen wird der herstellende Verlag darin bestärkt – ganz im Sinne von Strauss – die Seiten dicht zu füllen, was eine anspruchsvolle Notengraphik erfordert. Zum anderen wird in den Kritischen Berichten bei den Quellenbeschreibungen auch die für Strauss offenbar nicht unwichtige originale Verteilung der Takte auf die einzelnen Seiten und Akkoladen genau dokumentiert.

---

15 Vermutlich wurde die Partitur möglichst kostengünstig hergestellt. So schreibt Spitzweg an Strauss: „[…] daß es schon ein Opfer ist, welches ich bringe, wenn ich die Fantasie auf meine Kosten verlege (ohne Honorar)." Eugen Spitzweg an Richard Strauss, Brief vom 17. Juli 1887, Richard-Strauss-Archiv Garmisch-Partenkirchen, ohne Signatur.

16 Autographe Stichvorlage zu *Till Eulenspiegels lustige Streiche*, Bayerische Staatsbibliothek München, Mus.ms. 14570.

17 Vgl. Walter Werbeck, „Strauss's compositional process", in: *The Cambridge Companion to Richard Strauss*, hrsg. von Charles Youmans, Cambridge u. a. 2010, S. 22–41, hier S. 36.

Andreas Pernpeintner und Stefan Schenk

Fassungen der *Mädchenblumen* op. 22

Die *Mädchenblumen*-Lieder op. 22 sind in der Kritischen Ausgabe 2016 in zwei Fassungen erschienen. Damit hat es folgende Bewandtnis: Diese Lieder von 1888–1890 waren Strauss' erste Zusammenarbeit mit Fürstner. Dieser übergab die Lieder zur Redaktion an den amerikanischen Komponisten Otis Bardwell Boise, um, wie er Strauss schrieb, „einige unbedeutende Veränderungen" anbringen zu lassen. Auf diese Weise – so Fürstners Begründung – sollten die *Mädchenblumen* in den USA rechtlich vor Nachdrucken geschützt werden.[18] Boise brachte an etlichen Stellen Änderungen im Klavierpart an; er schrieb sie mit roter Tinte direkt in das Strauss-Autograph, das als Stichvorlage dienen sollte. Strauss reagierte wegen der Eingriffe verärgert, zeigte sich jedoch bereit, einige davon unter einer bestimmten Bedingung zu akzeptieren. So heißt es am 11. Januar 1891 in einem Brief an Fürstner:

> Sehr geehrter Herr! Die Veränderungen, die Herr Boise gemacht, sind durchaus nicht discret; es sind Veränderungen zum Teil von sehr bedeutungsvollen Harmonien, die ich unmöglich gestatten kann. Wenn Sie bereit sind, eine eigene deutsche Ausgabe (ohne englischen Text), die genau meinem Manuscript entspricht, zu veranstalten, so will ich einige der Boiseschen Veränderungen für die englische sehr gerne gestatten […].[19]

In Fürstners Antwort zwei Tage später wird dieser Kompromissvorschlag mit Verweis auf amerikanisches Recht abgelehnt: Jede erscheinende Ausgabe der Lieder müsse die Veränderungen durch Boise enthalten, lediglich eine Ausgabe „mit nur deutschem Text" sei möglich.[20] Am 25. Januar schreibt daraufhin Strauss:

> Die von mir nunmehr mit blauen Kreuzen versehenen Änderungen des Herrn Boise kann ich allenfalls gestatten, alle andern muß ich aber auf's bestimmteste zurückweisen, dieselben riechen sehr verdächtig nach Leipziger Conservatorium oder Berliner Hochschule u. sind so landläufig u. banal, daß ich sie unmöglich auf mich nehmen kann. Ihr Anerbieten, eine deutsche Ausgabe ohne englischen Text zu veranstalten, nehme ich dankbarst an. […].[21]

Die vier Lieder erschienen daraufhin in Form des deutsch-englischen Erstdrucks, der jene Boise-Eingriffe enthält, die Strauss akzeptierte. Die Lieder erschienen ferner in einer rein deutschen Ausgabe – doch musikalisch entsprach auch diese der Boise-Kompromissfassung.

---

18 Adolph Fürstner an Richard Strauss, Brief vom 6. November 1890, Richard-Strauss-Archiv Garmisch-Partenkirchen, ohne Signatur.
19 Richard Strauss an Adolph Fürstner, Brief vom 11. Januar 1891, Richard-Strauss-Archiv Garmisch-Partenkirchen, ohne Signatur.
20 Adolph Fürstner an Richard Strauss, Brief vom 13. Januar 1891, Richard-Strauss-Archiv Garmisch-Partenkirchen, ohne Signatur.
21 Richard Strauss an Adolph Fürstner, Brief vom 25. Januar 1891, Richard-Strauss-Archiv Garmisch-Partenkirchen, ohne Signatur.

Der editorische Umgang mit diesem *Mädchenblumen*-Erbe ist nicht trivial. Erstens führt der Vorgang Strauss-Fürstner-Boise zu einer Quellensituation, die sich selbst dann komplex darstellt, wenn man nur die autographe Stichvorlage betrachtet.[22] Strauss schrieb in dieser autographen Stichvorlage seine vier Lieder nieder – in ihrer endgültigen Gestalt, wie er dachte. Boise aber griff mit roter Tinte direkt im Dokument in die Werksubstanz ein. Strauss wiederum entschied mit blauen Kreuzen, welche dieser Eingriffe er akzeptieren könne. Von diesen Kreuzen indes findet sich im Autograph keine Spur, sie wurden höchstwahrscheinlich in einen Korrekturabzug eingetragen, der heute verschollen ist. Doch lässt sich durch den Vergleich der Stichvorlage mit dem Erstdruck rekonstruieren, wo die Kreuze gestanden haben müssen. Diese Rekonstruktion ist wichtig, denn Strauss' Einzelentscheidungen erzeugen gewissermaßen den endgültigen Stand der Stichvorlage. Diese weist somit drei Schreibschichten auf – die ersten beiden Schreibschichten sind im Dokument enthalten, die dritte ist nur noch virtuell existent:

1. Strauss' ursprüngliche Niederschrift
2. Boises Eingriffe
3. Strauss' rekonstruierbare Auswahl der Eingriffe.

Die zweite editorische Auswirkung der Boise-Eingriffe ist die Fassungsthematik der *Mädchenblumen*: Strauss hatte sich in seinem Schreiben vom 11. Januar 1891 von Fürstner eine rein deutsche Ausgabe exakt nach seinem Manuskript gewünscht – also so, als ob Boise die Lieder nie in die Finger bekommen hätte. Mit Manuskript ist dabei die erste Schreibschicht der Stichvorlage gemeint, denn die früheren Autographe lagen Fürstner nie vor. Die erste Schreibschicht der Stichvorlage ist somit die maßgebliche und einzige Quelle für die von Strauss gewünschte Manuskriptfassung. Wie erwähnt, wurde von Fürstner zwar eine Ausgabe mit nur deutscher Textunterlegung, nicht aber die musikalische Rückführung der Lieder auf das Manuskript umgesetzt. Die von Strauss eigentlich gewünschte Fassung erschien somit als Alternativfassung erstmals 2016 im Rahmen der Kritischen Ausgabe im Druck. Die Fassungsunterschiede sind fein, doch dem Komponisten lagen diese Details am Herzen, ging es ihm doch darum, die Lieder vollständig von fremden Eingriffen zu befreien.

Tonarten der Lieder op. 32

Auch die Lieder op. 32 enthalten einen interessanten Fall, bei dem der Verleger – diesmal Eugen Spitzweg vom Aibl-Verlag – in ein Liederopus eingriff. Strauss hatte die Lieder in folgenden Tonarten bzw. für folgende Stimmlagen komponiert und im Autograph mit entsprechenden Vermerken versehen:

---

[22] Bei der Edition sind zusätzlich zwei früher entstandene Autographe der Lieder Nr. 1 und 2 sowie weitere Druckausgaben zu berücksichtigen.

Andreas Pernpeintner und Stefan Schenk

- *Ich trage meine Minne vor Wonne stumm* in Ges-Dur „für Tenor"
- *Sehnsucht* in A-Dur „für Tenor"
- *Liebeshymnus* in Des-Dur „für Tenor"
- *O süsser Mai* in G-Dur „für Sopran und Tenor"
- *Himmelsboten zu Liebchens Himmelbett* in F-Dur „für Tenor".

Anders als heutzutage üblich, differenzierte Strauss also bei der notierten Stimmlage zwischen Tenor und Sopran. *O süsser Mai* hingegen komponierte er explizit für beide Stimmen in ein und derselben Tonart. Diese Originaltonart G-Dur war bewusst gewählt: Die Skizze des Liedes steht noch in A-Dur; erst an deren Ende wendet Strauss sich G-Dur zu und führt den Schluss in dieser Tonart detaillierter aus.[23] Diese Entscheidung wirkt für einen mit Tonartensymbolik vertrauten Komponisten wie Strauss logisch, denn neben F-Dur ist G-Dur sicherlich die wichtigste Tonart für Naturdarstellungen und eine Frühlingstonart obendrein.[24] Beim Aibl-Verlag aber erstellte man für alle fünf Lieder op. 32 jeweils drei Ausgaben: „für hohe Stimme (Tenor)", „für mittlere Stimme (Sopran)" sowie „für tiefe Stimme". Strauss' Manuskript diente als Stichvorlage für die hohe Ausgabe – mit einer Ausnahme: *O süsser Mai* wurde inhaltlich aus dem Verbund des Gesamtautographs gelöst und als Stichvorlage für die mittlere Sopran-Ausgabe verwendet; für die hohe Tenor-Ausgabe wurde das Lied nach A-Dur transponiert (tonartlich also wie ursprünglich von Strauss skizziert, dann aber verworfen).[25] Die hohe Ausgabe der Lieder op. 32 entspricht also den komponierten Originaltonarten aus Strauss' finaler Niederschrift – mit Ausnahme von *O süsser Mai*. Strauss las die Lieder nachweislich Korrektur – auch die Transpositionen – und war damit offenbar einverstanden.

Natürlich verwendete Strauss beim Musizieren mit seiner Frau, der Sängerin Pauline Strauss-de Ahna, für *O süsser Mai* die mittlere Ausgabe in G-Dur „für Sopran". Es handelt sich um eines jener wenigen Handexemplare, die neben interpretatorischen Eintragungen des Ehepaars Strauss sogar eine von Richard Strauss für seine Ehefrau in Teilen umkomponierte Singstimme aufweisen. Dass diese bemerkenswerte Eintragung im Rahmen der Kritischen Ausgabe der Werke von Richard Strauss zu dokumentieren ist, steht außer Zweifel. Natürlich wäre es verfälschend, diese handschriftlich ergänzte Tonfolge aus ihrem Tonartenkontext zu lösen; man muss sie authentisch in der Originallage zeigen. Außerdem

---

23 Vgl. Skizzenbuch Tr. 3, S. 49, Richard-Strauss-Archiv Garmisch-Partenkirchen.
24 Von der „Hirtensinfonia" in Johann Sebastian Bachs *Weihnachtsoratorium* bis hin zu Antonín Dvořáks Achter Symphonie gibt es hierfür diverse Beispiele. In Richard Wagners *Tannhäuser*, der Strauss bestens vertraut war, wird nach dem Auszug aus dem Venusberg vom jungen Hirten der Frühling und die erwachende Natur in G-Dur besungen. In *Aus Italien* hat Strauss den 1. Satz, das Naturbild „Auf der Campagna", in G-Dur komponiert.
25 Die Verlagsmanuskripte für diese Transpositionen liegen als sogenannte Schwarzschriften im Depositum der Universal Edition in der Wienbibliothek. Auf der autographen Stichvorlage wurde auf der ersten Notenseite von *O süsser Mai* verlagsseitig mit Bleistift vermerkt: „dieses Lied gehört in die Ausgabe f. mittlere Stimme". Auf der Schwarzschrift für mittlere Stimme ist an entsprechender Stelle notiert: „dieses Lied gehört in die Ausgabe für hohe Stimme".

ist ernstzunehmen, dass sich Strauss während der Werkgenese von *O süsser Mai* für die Tonart G-Dur mit ihrer speziellen Tradition entschied – für Tenor- und Sopranstimme gleichermaßen. Dies sind stichhaltige Gründe, bei der kritischen Edition des Liedes die Originaltonart des Autographs zu wahren und damit wieder die originale Tonartenfolge der fünf Lieder op. 32 herzustellen.

Unspielbares im Manuskript des *Macbeth*

Wie verhalten sich Komponist und Verlag, wenn Unspielbares in der Partitur auftaucht? Ein Beispiel aus der oben schon thematisierten frühen Tondichtung *Macbeth* führt zu interessanten editorischen Überlegungen:

In der autographen Stichvorlage der dritten und gültigen Fassung hat die Violine II (T. 278, Divisi-Unterstimme) ein Motiv zu spielen, das auf dem *ges* endet, einen Halbton unterhalb des Geigen-Ambitus. Solche unspielbaren Töne kennen wir bei Strauss (in *Salome* gibt es einige), und in der Regel sind sie durchaus bewusst gesetzt; einige sind allerdings durch Kunstgriffe letztlich doch realisierbar – das ist hier nicht der Fall. Grund für die Kuriosität ist der Umstand, dass das zu spielende Motiv in der vorhergehenden Fassung noch von der Bratsche gespielt wurde; der Ton *ges* ist also musikalisch richtig. Der Verlag reagierte seinerzeit mit einer fragwürdigen Lösung: In der gedruckten Partitur fehlt dem *ges* das Vorzeichen, man liest also ein spielbares *g*. Es kann spekuliert werden, ob man noch den Komponisten dazu befragen wollte, ob das b-Akzidens zu ergänzen sei, denn ein *g* klingt an dieser Stelle falsch. Spätestens bei der Herstellung der Stimmen dürfte es in der Angelegenheit einen Austausch zwischen Strauss und dem Verlag gegeben haben, denn hier findet sich eine musikalisch akzeptable Variante: Die Unterstimme bleibt in Abwandlung des Motivs auf dem vorhergehenden Ton *b* liegen, wodurch immerhin der harmonische Kontext – ein übermäßiger Akkord *ges/b/d* – nicht gestört wird.

Die Kritische Ausgabe von 2016 korrigiert die Partitur auf die Lesart des Autographs zurück und wahrt damit die Integrität des Motivs und die musikalische Idee. Die spielbare Variante der gedruckten Stimmen wird als Fußnote wiedergegeben. Dabei liegt neben der Annahme, dass die spielbare Lösung vom Komponisten autorisiert ist, die Vorstellung zugrunde, dass die Stimme zwar die praktische Lösung liefern mag – dass aber die Partitur das Ideelle zeigt.

An Beispielen sollte gezeigt werden, wie sich die Interaktion von Komponist und Verleger als ein interessanter Aspekt der Werkgenese erweist – aber auch, wie sich die Kenntnis davon in einer heutigen Kritischen Werkausgabe niederschlagen kann. Betrachtet wurde der junge Richard Strauss über einen Zeitraum von rund zehn Jahren; Beispiele aus seinen weiteren Schaffens-Jahrzehnten sind noch abzuarbeiten.

„… daß ja nichts überladen wird"

Max Reger, seine Verleger und die Vortragsanweisungen

Stefan König

Am 28. Mai 1902 erging an Max Reger folgendes Schreiben, verfasst von Henri Hinrichsen, dem Eigentümer des Verlags C. F. Peters:

> Sehr geehrter Herr!
> Mit bestem Dank erhielt ich Part. & Stimmen Ihres Klavier-Quintett Op 64, ein Werk, welches sicher sehr große technische Anforderungen an die Spieler stellt und dessen Absatzfähigkeit auf alle Fälle natürlich hierdurch stark beeinträchtigt wird. Nichtsdestoweniger werde ich mich entschließen, das Opus zu erwerben, aber nur unter der Voraussetzung, daß Sie sich verpflichten, die dynamischen Zeichen *mindestens* auf den 4. Teil zu reduziren. Nicht nur, daß dieselben den Stich unübersichtlich gestalten, demzufolge keine Annehmlichkeit, sondern eine Störung für den Spieler sind und von den klassischen Meistern, sogar nicht von Brahms auch nur in annähernd solchem Maße wie in diesem Werk verwandt sind, so steht diese Art der Bevormundung in gar keinem Verhältnis zu den enormen technischen Schwierigkeiten, welche das Werk bietet. Wenn Sie wie ich hoffe, auf meinen Vorschlag eingehen, so würde ich die Part. & Stimmen zuerst ohne dynamische Zeichen stechen lassen & Sie könnten die allernotwendigsten, also höchstens den 4. Teil an bisherigen in das Revisions-Ex. zum nachträglichen Stich eintragen.
> Indem ich nochmals bemerke, daß ich allerdings nur unter dieser Bedingung in der Lage wäre, das Quintett zu erwerben, sollte es mich freuen, Ihre zustimmende Antwort zu erhalten & zeichne ich
> Hochachtungsvoll
> C F Peters[1]

Das Klavierquintett c-Moll op. 64 war ein Schmerzenskind Regers, hatte doch sein damaliger Hauptverleger Jos. Aibl das sowohl das Publikum als auch die Interpreten in höchstem Maße fordernde Werk nach einer Bedenkzeit von fast einem Jahr abgelehnt. Die Aussicht, das Quintett doch noch gedruckt zu sehen, mag den Komponisten daher kompromissfreudig gestimmt haben. So antwortete er Hinrichsen tags darauf:

> […] gerne gestehe ich zu, daß ich mich in Bezug auf Vortragszeichen in einer gewissen Übertreibung ergehe u. erfülle ich mit Vergnügen Ihre Bedingung, die Vortragszeichen auf den

---

[1] *Max Reger. Briefwechsel mit dem Verlag C. F. Peters*, hrsg. von Susanne Popp und Susanne Shigihara (Veröffentlichungen des Max-Reger-Institutes, Elsa-Reger-Stiftung Bonn, 13), Bonn 1995, S. 68.

4. Theil zu reduzieren u. dieselben dann erst in die **Revisionsbogen** einzutragen! Ich kann dann ja besser bei den Revisionsbogen es so einrichten, daß ja *nichts* überladen wird, weil das Notenbild schon gedruckt vorliegt, was die Sache *wesentlich* erleichtert![2]

So geschah es. Am 5. August bekam Reger vom Verlagsprokuristen Paul Ollendorff die Korrekturfahnen mit der Anweisung zugesandt, „das unbedingt Nötige mit roter Tinte in den Abzug eintragen zu wollen und hierbei auch die stets wiederkehrenden Bezeichnungen: ‚sempre' ‚poco a poco' thunlichst zu beschränken".[3] Im November 1902 erschien der Erstdruck.

Wie die Interaktion zwischen dem Komponisten und dem Verlag im Zuge der Drucklegung vor sich ging, d. h., welche „Rückkopplungsprozesse" zwischen den am Publikationsprozess beteiligten Personen (Komponist, Verlagslektor, Notensetzer) in der „black box" der „Publikations-Phase" stattfanden, um aus dem „Input" (der autographen Stichvorlage) den „Output"[4] (den Erstdruck) zu generieren, wissen wir im Falle des Opus 64 nicht. Wir haben keine Vergleichsmöglichkeit zwischen „In-" und „Output", da weder Autograph noch Korrekturfahnen erhalten sind. Bekannt ist nur das Ergebnis, der Erstdruck, der angesichts der getroffenen Verabredungen ein erstaunliches Bild abgibt.

Denn mag Hinrichsen darauf gesetzt haben, dass Reger, in Ansicht des bereits gestochenen Notentextes, Skrupel haben würde, noch aufwändige Platten-Arbeiten zu veranlassen, so ging seine Rechnung nicht auf. Vielmehr scheinen den Komponisten die neuen Freiräume, die sich auf den Bögen ergaben, zu Vortrags-Einzeichnungen geradezu inspiriert zu haben.

Hinrichsens Verleger-Intervention, die dazu führte, die Abfassung des Notentextes und der Vortragsanweisungen in ihrer Entstehung voneinander zu entkoppeln, wie es schon Robert Schumann von sich aus getan hatte,[5] ist bei Reger ziemlich sicher ein Einzelfall. Die Vergleichsbasis ist groß, denn bezüglich des kommunikativen „Kräftequadrat[s] aus Komponist, Verleger, Lektor und Stecherwerkstatt"[6] liefert das Beispiel Reger quellenrei-

---

2 Ebd., S. 69. Die in den Reger-Briefausgaben verwendete Darstellung von einfach und mehrfach unterstrichenen Wörtern in kursiv bzw. fett wurde hier übernommen.
3 Ebd., S. 74.
4 Bernhard R. Appel, „Kontamination oder wechselseitige Erhellung der Quellen? Anmerkungen zu Problemen der Textkonstitution musikalischer Werke", in: *Der Text im musikalischen Werk. Editionsprobleme aus musikwissenschaftlicher und literaturwissenschaftlicher Sicht*, hrsg. von Walther Dürr u. a. (Beihefte zur Zeitschrift für deutsche Philologie, 8), Berlin 1998, S. 22–42, hier S. 34 (ebenso die drei vorangegangenen Zitate).
5 Schumann vollzog mitunter eine „arbeitstechnische Trennung der ‚ersten' von der ‚zweiten' Komposition" (so bezeichnet er „die deutlich in einem eigenständigen Arbeitsgang stattfindende dynamisch-agogische Bezeichnung des Tonsatzes"), Appel (wie Anm. 4), S. 35. So ließ Schumann seine Klaviersonate op. 22 ohne alle Vortragsbezeichnungen kopieren, um „anschließend selbst Dynamik, Phrasierung etc. ungehindert in die Kopiatur" eintragen zu können (ebd., S. 35, Anm. 25). Eine Auslagerung der Vortragsanweisung in die Phase der Korrekturfahnen gab es allerdings auch bei Schumann nicht.
6 Michael Struck, „Musikalische Ratgeber, Verleger, Lektoren und Stecher, Werkvarianten und Bearbeitungen: das Beispiel Brahms", in: *Musikphilologie*, hrsg. von Bernhard R. Appel und Reinmar Emans (Kompendien Musik, 3), Laaber 2017, S. 129–143, hier S. 129f.

„… daß ja nichts überladen wird"

Abb. 1: Klavierquintett c-Moll op. 64, Erstdruck, Leipzig, C.F. Peters, 1902, S. 42 (Detail).

che Erkenntnisse: Mehr als die Hälfte seiner stets autographen Stichvorlagen sind erhalten; dazu von 40 Originalwerken auch Korrekturfahnen, die Einblicke in die erwähnte „black box" geben. Ferner sind die einzelnen Drucklegungsstadien gut in üppiger Verlagskorrespondenz dokumentiert und deren arbeitsteilige Etappen über diverse Verlagswechsel hinweg konstant geblieben – Ausnahmen bestätigen die Regel: Fast immer reichte Reger ein autographes Manuskript als Stichvorlage ein; oftmals autorisierte er den Erstdruck erst nach Bearbeitung von mindestens einer Korrekturfahne (bei größeren Werken konnten mehrere anfallen). Im Juli 1905, im Zuge der Drucklegung der *Sinfonietta* op. 90, formulierte Reger sein Leitquellen-Bekenntnis in eigener Sache:

> *Für den Stich* **sämtlicher** *Orchesterstimmen ist von nun an* **nicht** *mehr mein Manuskript gültig,* **sondern die Abzüge** *von Satz I. u. II sind* **allein ausschlaggebend** […] *Die Orchesterstimmen* **müssen** *aus den* **Abzügen** *mit den* **verbesserten** *Fehlern gestochen werden (u.* **nicht** *aus dem Manuskript)!*[7]

---

7 Postkarte an die Verleger Lauterbach & Kuhn vom 17. Juli 1905 (Text im Original [Staatsbibliothek zu Berlin – Preußischer Kulturbesitz, Musikabteilung; Mus.ep. Max Reger 483] mit roter Tinte und schwarzen Unterstreichungen), in: *Max Reger. Briefe an die Verleger Lauterbach & Kuhn*, Teil 1, hrsg. von Susanne Popp (Veröffentlichungen des Max-Reger-Institutes, Elsa-Reger-Stiftung Bonn, 12), Bonn 1993, S. 502. – In ähnlicher Weise hatte seinerzeit auch Johannes Brahms an Fritz Simrock geschrieben: „Die Handschrift ist nicht maßgebend, sondern die von mir korrigierte gestochene Partitur!" Brief vom 20. Dezember 1873, zitiert in: Kathrin Kirsch, *Von der Stichvorlage zum Erstdruck. Zur Bedeutung von Vorabzügen bei Johannes Brahms* (Kieler Schriften zur Musikwissenschaft, 52), Kassel u.a. 2013, S. 11.

Stefan König

Regers Verhältnis zu Verlegern war zahlreichen Wandlungen und Entwicklungen unterworfen, die sich indirekt auch in den gedruckten Ergebnissen widerspiegeln konnten. Im Laufe seines kurzen Lebens hat er mit knapp 50 Verlagen zusammengearbeitet; zieht man jedoch einmalige Kooperationen, darunter für Zeitschriften, Orgelalben etc., ab, so bleiben sechs Hauptverleger übrig, die sich chronologisch ordnen lassen: 1. Augener & Co. in London (ab 1892); 2. Jos. Aibl Verlag in München (von 1899 bis 1904); 3. Lauterbach & Kuhn in Leipzig (Oktober 1902 bis Ende 1908); 4. Bote & Bock in Berlin (ab 1909 Regers „Pflichtverleger" durch Übernahme des Verlags Lauterbach & Kuhn) und 5. N. Simrock in Berlin (ab 1914). Als sechster Hauptverleger kann C. F. Peters gelten, bei dem Reger 1901 zu publizieren begonnen hatte.

Im Folgenden sollen einige Beispiele aus Drucklegungsprozessen Reger'scher Werke präsentiert werden, anhand derer sich auch verlags- oder lektoratsseitige Entscheidungen in den Quellen nachweisen lassen. Die ersten Beispiele sind der Zusammenarbeit des jungen Reger mit Augener & Co. entnommen, die hinsichtlich der kommunikativen Aspekte problematisch war. Es folgen Einblicke in die Kooperation mit dem Verlag der beiden Juristen Carl Lauterbach und Max Kuhn, die mit Reger als ihrem Hauptkomponisten neu in das Verlagsgeschäft eingestiegen waren. Abschließend wird nochmals die Arbeitsbeziehung von Reger mit dem Verlag C. F. Peters beleuchtet. Die entsprechenden Beispiele stammen diesmal aus der Zeit nach 1907 und dokumentieren das Zusammenwirken eines Verlags von Weltrang mit einem mittlerweile etablierten Künstler. Der Verlag Lauterbach & Kuhn, der nur sieben Jahre existierte und außerhalb der Reger-Forschung kaum bekannt ist, wird darüber hinaus näher vorgestellt und hinsichtlich seines Verlagsprogramms charakterisiert; eine Rekonstruktion des gesamten Verlagsprogramms findet sich im Anhang.

Augener & Co., London

Die auf sieben Jahre geschlossene Geschäftsbeziehung zum Verlag Augener & Co. in London begann im Sommer 1892, als Reger den ab Juni in Wiesbaden kurenden Verlagsinhaber Georg(e) Augener (1830–1915), der aus dem hessischen Fechenheim stammte, im Haus seines Lehrers Hugo Riemann kennen lernte. Reger trug eigene Werke vor und traf sich in der Folge auch mit William Augener, dem ältesten Sohn von George Augener, zu einem Vertragsgespräch. Dieser hatte in Leipzig und Hamburg das Handwerk des Notenstechers erlernt und war bis zu seinem frühen Tod 1904 Manager der 1878 eröffneten hauseigenen Stecherei und Druckerei. In dieser *Music Printing Officine* arbeiteten sowohl englische als auch ausländische Notenstecher, deren Arbeitsabläufe sich im Vergleich zu denen der Leipziger Kollegen von C. G. Röder und Oscar Brandstetter in einem grundlegenden Detail unterschieden: Die Vor-Skizzierung auf der Platte entfiel, es wurde direkt vom Manuskript gestochen.[8]

---

8 Vgl. das Interview mit George Augener in: *The Musical Herald* (1. Oktober 1900), S. 291–294, hier S. 293.

Es ist anzunehmen, dass George Augener bei Riemann auch Einsicht in Regers Manuskripte erhielt und der „erfahrene Verleger dürfte dem jungen Komponisten empfohlen haben, der Übersichtlichkeit halber in seinen Stichvorlagen mit verschiedenen Farben zu arbeiten".[9] Reger hatte zu diesem Zeitpunkt unter anderem den ersten seiner *Drei Chöre* op. 6 fertiggestellt und sollte dem Rat sogleich folgen. Denn auf Seite 9, inmitten dieses ersten Chors (*Trost*), findet sich erstmals die farblich getrennte Ausgestaltung von Notentext (schwarze Tinte) und Vortragsanweisungen (rote Tinte), die im weiteren Verlauf systematisch durchgeführt bleibt. Diese Zweifarbigkeit sollte Reger von nun an sein ganzes Leben beibehalten und auch anderen empfehlen.[10] Dass deren Einführung letztlich durch verlegerische Erfahrung angestoßen wurde, legt eine Äußerung aus einem Interview mit George Augener aus dem Jahr 1900 nahe, der von der Kooperation mit seinem Hauskomponisten William Thomas Best, dem Herausgeber des Bach'schen Orgelwerks und der verlagseigenen Orgelmusik-Serie *Caecilia*, berichtete: „He [Best] wrote his notes in black ink, expression in red, registering in blue, and in every way showed that he was extremely careful."[11]

Die Wege zur Drucklegung lassen sich für die bei Augener verlegten Werke des jungen Reger gut abschreiten; neben zahlreichen autographen Stichvorlagen haben sich von zehn Opera auch die Korrekturfahnen erhalten. Bereits von seiner Violinsonate d-Moll op. 1 erhielt Reger vom Verlag immerhin zwei Fahnen; dieser Standard wurde auch beim Klaviertrio h-Moll op. 2 gehalten. Bei den Liedopera waren zu diesem Zeitpunkt bereits die englischen Textübersetzungen von fremder Hand eingearbeitet,[12] die Reger, der keiner Fremdsprache mächtig war, freilich nicht in seine Korrektur einbeziehen konnte. In einem Schreiben an George Augener, das er in deutscher Sprache abfassen konnte, konstatierte der neunzehnjährige Komponist bezüglich des Opus 3:

> Einige, (vielleicht 5–6) falsche Noten, die der *Stecher* falsch gestochen hat u. dann eine kleine Vergeßlichkeit im Adagio […] ich muß deshalb bitten die 5–8 Korrekturen die nötig sind zur völligen Vollendung des Werkes machen zu lassen. […] Glauben Sie mir es ist mir selbst sehr unangenehm wenn die Korrekturen so viel Mühe machen; aber es liegt doch sowohl in Ihrem als auch in meinem Interesse, wenn *Druckfehler,* falsche Noten so *viel als möglich* vermieden werden. Mit den Bögen mache ich es jetzt ja so wie so auf die allgemeine Art u. Weise u. so handelt es sich nur um falsch gestochene Noten.[13]

---

9 *Max Reger. Chorwerke mit Klavierbegleitung*, hrsg. von Christopher Grafschmidt und Claudia Seidl, unter Mitarbeit von Knud Breyer und Stefan König (Reger-Werkausgabe, II/11), Stuttgart 2022, S. XI.
10 „[…] erlaube mir Ihnen zu rathen da auch in Zukunft sich der *rothen* Tinte zu Vortragszeichen bedienen zu wollen, wie ich es *immer* thue u. wodurch alles *viel* übersichtlicher wird." (Brief an Andreas Hofmeier vom 13. August 1900, Original verschollen, Kopie im Max-Reger-Institut, Karlsruhe).
11 *The Musical Herald* (wie Anm. 8).
12 Bei den Opera 4, 6 und 14 wurden sie auch in die autographen Stichvorlagen eingetragen.
13 Brief vom 12. September 1892, in: Der junge Reger. Briefe und Dokumente vor 1900, hrsg. von Susanne Popp (Schriftenreihe des Max-Reger-Instituts Karlsruhe, 18), Wiesbaden u. a. 2000, S. 123.

Stefan König

Solch diplomatische Beteuerungen, nach Erstellung des Notensatzes (und noch dazu in der zweiten Korrektur) nur noch das Allernötigste, d. h. echte Fehler verbessert zu haben, sind für einen noch nicht etablierten Komponisten verständlich. Bei den *Fünf Liedern* op. 8 und den *Fünf Duetten* op. 14 z. B. zeigen die Quellen, dass Reger tatsächlich vor allem Fehler auf Notenebene korrigierte – die freilich zumeist ihm in der Stichvorlage unterlaufen und auch im Lektorat übersehen worden waren (es handelt sich oft um fehlende Akzidentien). Umgekehrt allerdings sprechen knapp dreißig verlagsseitig im Vorfeld der Korrekturfahnen von Opus 14 vorgenommene Änderungen gegenüber der Stichvorlage für ein intensives Lektorat. Die Lekoratsentscheidungen sind allerdings nur selten so transparent kommuniziert wie in T. 12 des Liedes *Nachts* op. 14 Nr. 1, in dem ein Korrekturvorschlag (ein fehlendes Auflösungszeichen vor *h*; vgl. Abb. 2a) in die Fahnen eingeschrieben und dann von Reger aktiv angenommen wurde. Viele andere, die Notensatzregeln betreffende Änderungen aus dem Verantwortungsbereich des Lektors, zu denen spätestens seit der Zeit von Brahms auch die Warn-Akzidenzien gehörten,[14] waren hingegen bereits ausgeführt, als Reger seinen Korrekturabzug erhielt.[15] Dass der für den Komponisten gedachten Fahne ein verlagsinterner Abzug voranging, belegt das Stichbild von T. 19 und 20 des Lieds *Gäb's ein einzig Brünnelein!* op. 14 Nr. 4: Zwei Warn-Akzidenzien (jeweils c^2; vgl. Abb. 2b) in der Klavierstimme waren offensichtlich zunächst aus dem Manuskript im Stich übernommen worden, bevor sie vor Anfertigung des für Reger bestimmten Abzugs entfernt wurden.

Abb. 2a   Abb. 2b

Abb. 2a und b: *Fünf Duette* op. 14; Nr. 1: *Nachts*, T. 12, Korrekturabzug, British Library London, H.403.i.(1.), bzw. Nr. 4: *Gäb's ein einzig Brünnelein!*, T. 19f., Vergleich von Stichvorlage (Max-Reger-Institut, Karlsruhe, Mus. Ms. 195) und Erstdruck (London, Augener & Co, 1894), jeweils Klavierstimme.

---

14 Vgl. Kirsch (wie Anm. 7), S. 73.
15 Ein Beispiel ist das verschobene *dis¹* in T. 32 des Lieds *O frage nicht!* Das Akzidens ist hier ein notwendiges – das Lied steht in h-Moll.

Der Komponist konnte zu diesen Lektoratsentscheidungen nur noch passiv Stellung nehmen, indem er die Fahnen mit dem an ihn zurückgesandten Autograph verglich. Die Frage, inwieweit bei einem Komponisten wie Reger mit seiner oszillierenden Harmonik das Tilgen von Warn-Akzidenzien schon eine Eigenmächtigkeit des Lektors darstellt, sei offen gelassen. Stattdessen sollen noch zwei Stellen aufgezeigt werden, bei denen die – eventuell sprachlich bedingt – reduzierte Kommunikation des Augener-Lektorats mit Reger zu Problemen führte. Die erste Passage ist ein Missverständnis, ausgelöst durch den harmonisch mitdenkenden Lektor, der in T. 16 von *O frage nicht* op. 14 Nr. 5 bei der letzten Zählzeit eine Inkonsistenz entdeckte – im Klavier gilt im vorletzten Akkord immer noch das c^2 aus Zählzeit 2, im nachschlagenden letzten Akkord findet sich jedoch ein cis^1 – und letztlich eine von zwei möglichen Entscheidungen traf: Er fügte ein Auflösungszeichen vor c^1 hinzu (statt eine Alteration zu cis^2), was jedoch mit dem Sopran (nicht gestochenes #, von Reger nachgetragen) kollidiert.

Abb. 3: *O frage nicht* op. 14 Nr. 5, Korrekturabzug (wie Abb. 2), T. 16.

Eine weiterreichende Problematik ergab sich im Bereich der Phrasierungsbögen; denn Regers Behauptung, in seiner Violinsonate op. 3 dieselben „auf die allgemeine Art u. Weise" verwendet zu haben, trifft nicht allerorten zu. Vielmehr finden sich neben den allgemein gebräuchlichen Bögen auch vereinzelt solche, die auf der speziellen Phrasierungslehre seines Lehrers Hugo Riemann basieren, von der sich Reger erst nach und nach löste. Regers Notenbilder sollten dem Verlag Augener dabei einen Vorgeschmack auf kommende Aufgaben geben. Mussten doch unter anderem der Neustich des *Wohltemperierten Klaviers* und der *Inventionen* von Johann Sebastian Bach in der Herausgeberschaft von Hugo Riemann („mit genauer Bezeichnung und neuem Fingersatz"[16]) bewältigt werden (an letzterer Ausgabe hatte Reger im Rahmen eines „internationalen Phrasierungsbureaus"[17] wohl

---
16 1890 bei Kahnt Nachfolger in Leipzig erschienen; revidierte Ausgabe ca. 1895 bei Augener in London.
17 Brief Regers an Adalbert Lindner vom 11. April 1890, in: Popp (wie Anm. 13), S. 62–65, hier S. 63.

Stefan König

mitgewirkt). Bot sich der Notenstecherei hier die Möglichkeit eines Vergleichs mit den bei C. F. Kahnt erschienenen Leipziger Erstausgaben, mussten sie sich bei Reger bezüglich des Notenstichs in Neuland wagen. Besonders heikel geriet die Erstausgabe des Choralvorspiels „Komm, süßer Tod!" WoO IV/3 für Orgel, zumal dieses nicht für das verlegerische Kerngeschäft, sondern als Notenbeilage der verlagseigenen, von John South Shedlock herausgegebenen Zeitschrift *The Monthly Musical Record* geschrieben worden war.[18] Im Rahmen des Tagesgeschäfts der Notenbeilagen – üblich waren Lieder und kleine Klavierstücke – war ein solch hoher Aufwand beim Notenstich, noch dazu verursacht von einem unbekannten, kaum zwanzigjährigen Komponisten, sicherlich nicht vorgesehen. Korrekturfahnen sind in diesem Fall nicht erhalten; dass Reger jedoch solche zugingen, beweisen einige Notenänderungen von Stichvorlage zum Erstdruck, die nur auf den Komponisten zurückgehen können. Gerade in Bezug auf die Positionierung der Bögen allerdings unterscheiden sich die beiden Quellen erheblich. Zu vermuten ist, dass diese Differenzen auf eine diesbezüglich ungenaue verlagsinterne Abschrift zurückgehen, die nötig geworden war, da Reger nach dem Vorbild von Brahms die linke Hand im Bratschenschlüssel notiert hatte. Dass ausgerechnet dieses Stück mit dem sicherlich auf Reger zurückgehenden Hinweis erschien, „This [...] piece requires, on the part of the interpreter, the most careful attention to phrasing [...]; a slight distortion of meaning is capable of producing great confusion therein"[19], macht das editorische Dilemma nicht kleiner. Bei der Herausgabe innerhalb der Reger-Werkausgabe wurde entschieden, eine gesonderte, nach den Vortragsangaben der Stichvorlage edierte Version als Anhang in der digitalen Sektion beizufügen.[20]

Lauterbach & Kuhn, Leipzig

In der Zusammenarbeit mit dem Verlag Lauterbach & Kuhn kann von mangelnder Kommunikation keine Rede sein. Fast 700 Briefe und Postkarten Regers an die Verleger Carl Lauterbach (1871–1926) und Max Kuhn (1874–1947) sind erhalten. Sie wurden 1993 und 1998 in zwei Bänden publiziert[21] und geben über die geschäftlichen und persönlichen Wechselfälle dieser besonderen Beziehung sowie über die einzelnen Phasen der Drucklegungsgeschichte von der Werkeinreichung bis zum Erscheinen der Werke minutiös Aufschluss. Die beiden jungen Leipziger Juristen hatten sich Anfang 1902 kennengelernt und zur Verlagsgründung zusammengeschlossen – in einer Zeit, in welcher „der deutsche Mu-

---

18 *The Monthly Musical Record* 24/4 (1. April 1894), S. 83–86.
19 Ebd., S. 80.
20 *Max Reger. Choralvorspiele*, hrsg. von Alexander Becker u. a. (Reger-Werkausgabe, I/4), Stuttgart 2013, Digitalteil der Ausgabe.
21 *Lauterbach & Kuhn Briefe 1* (wie Anm. 7); *Max Reger. Briefe an die Verleger Lauterbach & Kuhn*; Teil 2, hrsg. von Herta Müller (Veröffentlichungen des Max-Reger-Institutes, Elsa-Reger-Stiftung Karlsruhe, 14), Bonn 1998.

sikalienbuchhandel ein kritisches Stadium seines Wachstums"[22] erreicht hatte. Auf der Suche nach einem passenden Komponisten für ihre Unternehmung waren sie – wohl in einer Musikzeitschrift – auf Lieder Regers gestoßen. Sie nahmen zum Komponisten, der gerade auf Verlegersuche war, Kontakt auf und druckten dessen *Zwölf Lieder* op. 66, die als erstes Verlagsprodukt im Oktober 1902 erschienen.[23] Bereits zum 30. Januar 1903 schlossen beide Parteien euphorisch einen Vertrag auf Lebenszeit ab; Reger, der selbst keinen Juristen zu Rate zog, verpflichtete sich darin, alle seine Werke zuerst Lauterbach & Kuhn anzubieten, die Verleger garantierten im Gegenzug ein jährliches Mindesthonorar von 4000 Mark. Dieses nicht branchenübliche Vertragswerk, das die Schicksale von „Komponist und Verleger auf Gedeih und Verderb"[24] miteinander verknüpfte, setzte beide Parteien von Anfang an unter enormen Erfolgsdruck: sowohl die Verleger, die in einen starken Verdrängungswettbewerb mit anderen Firmen eintraten, als auch den noch nicht arrivierten Komponisten, dessen künstlerische Ambitionen keine Kompromisse zugunsten des Publikumsgeschmacks duldeten. Das enge und im November 1904 durch Duzfreundschaft endgültig auch persönlich gefärbte Vertragsverhältnis[25] verdunkelte sich, da unermüdlicher Werk- und Werbeaufwand und kommerzieller Ertrag im Ungleichgewicht blieben.[26] Als Reger im Juli 1907 – er war mittlerweile als Leipziger Kompositionsprofessor und Universitätsmusikdirektor etabliert und durch Adoption der zweijährigen Marie Martha Heyer (gen. Christa) Familienvater – vertragsbrüchig wurde und eigeninitiativ einen Vorvertrag mit C. F. Peters abschloss, konnte das Verhältnis nur noch juristisch befriedet werden. Im November wurde ein neuer Vertrag aufgesetzt, der nun bis Ende 1913 befristet war und Reger weiterhin verpflichtete, dem Verlag

---

22 Georg Jäger, „Der Musikalienverlag", in: *Geschichte des deutschen Buchhandels im 19. und 20. Jahrhundert*, Bd. 1: *Das Kaiserreich 1871–1918*, Teil 2, im Auftrag der Historischen Kommission hrsg. von dems., Frankfurt am Main 2003, S. 7–61, hier S. 7. Die „Überproduktion" von Musikaliendrucken erreichte im Bereich der Instrumentalmusik 1896 mit 8030 Titeln ihren Kulminationspunkt (ebd., Statistik, S. 8); die Zahl der Firmen, die den Verlag als Hauptgeschäft betrieben, stieg bis 1910 auf 516 an (ebd., S. 10).

23 Vgl. Carl Lauterbach, „Rückblick", in: *Lauterbach & Kuhn Briefe 2* (wie Anm. 21), S. 375 f. – Laut Lauterbachs Erinnerung war ihm das Lied *Sehnsucht* (später op. 66 Nr. 1) „in die Hände" gefallen. Für den Erstkontakt mit Regers Musik kommt dieses Lied jedoch nicht in Frage, da es erst am 21. August 1902 als Beilage in der *Neuen Musik-Zeitung* veröffentlicht wurde. Den Vertrag über Opus 66 unterzeichneten beide Parteien jedoch schon Ende Juni; vgl. *Max Reger. Lieder III*, hrsg. von Knud Breyer und Stefan König, unter Mitarbeit von Christopher Grafschmidt und Claudia Seidl (Reger-Werkausgabe, II/3), Stuttgart 2022, S. XVIf.

24 „Einleitung", in: *Lauterbach & Kuhn-Briefe 1* (wie Anm. 7), S. 13.

25 „Unser Verhältnis ist *nicht* nur ein geschäftliches, sondern *vor Allem ein freundschaftliches*!" Brief vom 23. Juni 1904, in: *Lauterbach & Kuhn Briefe 1* (wie Anm. 7), S. 335. Die Duzfreundschaft wurde im Zuge der juristischen Auseinandersetzungen ab Juli 1907 auf Betreiben Regers wieder zurückgenommen.

26 „Auch wissen Sie wohl nicht, daß ich Ihretwegen schon manche schlaflose Nacht gehabt habe, *deswegen* um nachzudenken, *was* ich Ihnen liefern kann, woran Sie sofort großen Absatz haben!" Brief vom 8. Oktober 1903, in: *Lauterbach & Kuhn Briefe 1* (wie Anm. 7), S. 219.

Stefan König

a.) mindestens in jedem Jahre *ein* Werk von der Gattung und dem Umfange seiner op. 82 [Klavierstücke *Aus meinem Tagebuche*], 89 [Sonatinen für Violine und Klavier] oder 99 [Präludien und Fugen für Klavier] *und* entweder b.) einen Band ‚Schlichte Weisen' (op. 76), enthaltend mindestens sechs Lieder dieser Art, oder eine Folge von 6 leichten bis mittelschweren Vortragsstücken für Violine und Klavier oder Violoncello und Klavier anzubieten.[27]

Im September 1908 beschlossen Carl Lauterbach und Max Kuhn, getrennte Wege zu gehen und den Verlag zu verkaufen.[28] Den Zuschlag erhielt die Berliner Firma Ed. Bote & G. Bock, die ein Angebot von C. F. Peters überboten hatte und somit Anfang 1909 zum Hauptverleger Regers wurde.

Mit (zu) hohem Risiko für alle Parteien hatten Lauterbach & Kuhn einen Großteil des Verlagsprogramms an einem einzigen – zu etablierenden – Komponisten ausgerichtet: Von schließlich 400 dokumentierten Verlagsnummern (siehe Anhang) waren 270 mit Reger verbunden; zu 39 Originalwerken (von Opus 66 bis Opus 103a)[29] fügten sich neun eigene Bearbeitungen aus diesen Werken, sieben transponierte Ausgaben (der Lieder) sowie insgesamt zehn Bearbeitungen und von Reger besorgte Ausgaben von Werken Johann Sebastian Bachs und Hugo Wolfs, nach dessen Tod 1903 die Verleger einen Teilnachlass erworben hatten. Als der Verlag Ende 1908 verkauft wurde, hatte er neben Reger überhaupt nur sechzehn, allesamt zeitgenössische Komponisten in seinem Programm, darunter den Reger-Schüler Emil Gift, Joseph Haas und Franciszek Brzeziński sowie den Reger als Interpret verbundenen Ludwig Hess. Nur der Wiener Liederkomponist Theodor Streicher hatte wie Reger dort eine Weile in Serie publiziert; die Verlagsbindung war jedoch bereits 1906 gelöst worden.[30] Statt das Verlagsangebot nach und nach um leicht verkäufliche Produkte der Unterhaltungsmusik zu erweitern, um etwa anspruchsvolle Reger-Werke gegenfinanzieren zu können, rückten die Inhaber von ihrem hohen Kunstanspruch nicht ab und bemühten sich etwa 1904, wenngleich vergeblich, um Arnold Schönbergs skandalträchtiges Sextett *Verklärte Nacht* op. 4.[31] 1907 nahmen sie sich nach Regers Etablierung in der Musikwelt

---

27 Vertrag vom 6. November 1907, in: *Lauterbach & Kuhn-Briefe 2* (wie Anm. 21), S. 320.
28 „Einleitung", ebd., S. 16f.
29 Auf ein Werk entfielen zumeist mehrere Verlagsnummern, z. B. wurden Lieder innerhalb einer Sammlung einzeln gezählt. 416 Verlagsnummern sind bekannt, von denen jedoch 16 keinem Werk zugeordnet werden können; fünf Nummern entfallen nicht auf Notendrucke. Die Werke von Theodor Streicher verschwanden 1906 aus dem Verlagsprogramm und erhielten keine Verlagsnummern, die erst 1906 eingeführt wurden. – Ausgewertet wurden, nach Verlagsnummern (siehe Anhang) und chronologisch nach Verlagsplattennummern, die Verlagsprogramme von 1905 bis 1908 (*Werke moderner Tonkunst. Aus dem Verlage*), die sich im Max-Reger-Institut Karlsruhe befinden (D. Ms. 166, 229, 228 und 226).
30 Reger kommentierte die Lösung des Vertragsverhältnisses mit Streicher, der für den Verlag wohl auch Reger-Werke begutachtet hatte, nicht ohne Genugtuung: „Zu Streicher a. D. gratuliere ich bestens! Es ging ja doch nicht mit dem nervösen Herrn!"; Postkarte vom 26. Juli 1906, in: *Lauterbach & Kuhn-Briefe 2* (wie Anm. 21), S. 167.
31 „Wir verfolgen das Schaffen der Wiener Schule mit ganz besonderem Interesse; Sie werden vielleicht wissen, daß ein Teil der Werke Hugo Wolfs und die Lieder Streichers bei uns erschienen sind. Sollten Ihnen unsre aufrichtigen Bestrebungen um die neudeutsche Musik nicht unsympathisch sein, so wür-

in „die Pflicht, wieder jüngere, noch verborgene Talente aufzusuchen".[32] In der Folge erschienen u. a. Werke des Budapesters Leó Weiner. Im August 1908 initiierte die Firma gar ein Großprojekt: die Erstveröffentlichung der Siebten Sinfonie von Gustav Mahler. Als dann nur einen Monat später der Verlagsverkauf in Gang gesetzt wurde, ahnte Mahler davon ebenso wenig wie Reger und konnte, vor vollendete Tatsachen gestellt, die Werk-Überschreibung an Bote & Bock nur mehr entsetzt registrieren.[33]

Die avancierte bis elitäre Ausrichtung des Verlagsgeschäfts von Lauterbach & Kuhn war für Kommerzienrat Hugo Bock, dessen Firma „im Sog der leichten Muse, im Rausch des blendenden Geschäfts" lange „die ‚ernste' Musik"[34] vernachlässigt hatte, ausschlaggebendes Argument dafür, sich am Bieterverfahren zu beteiligen. Gewann Bote & Bock durch die Übernahme doch nicht nur die Autoren Reger, Wolf und Mahler, mit denen die Firma sich auch einen Imagetransfer erhoffte, sondern auch „Editionen [...] über dem Niveau des damaligen Notendrucks".[35] Zu diesen gehörte eine exklusive Titel- und/oder Umschlaggestaltung, für die renommierte Künstlerinnen und Künstler wie die Kinderbuch-Illustratorin Gertrud Caspari, der Dresdner Akademieprofessor Richard Müller (ein Vertrauter Max Klingers), der Buch-Illustrator Emil Rudolf Weiß sowie Paul Bürck, ein Mitglied der Darmstädter Künstlerkolonie, beauftragt worden waren. In den Erstdrucken der Werke Regers wechseln sich einige bisweilen leicht variierte Titelblätter/Umschläge ab;[36] die Verwendung derselben Titelmotive für die Drucke sehr unterschiedlicher Werke

---

den wir einer Einsendung Ihres Sextetts oder andrer Manuskripte mit großem Interesse gegenüberstehen." Brief von Lauterbach & Kuhn an Arnold Schönberg vom 6. April 1904, Arnold Schönberg Center, Wien, L18L1. Das Werk erschien schließlich im Berliner Verlag Dreililien.

32 Verlagskatalog *Werke moderner Tonkunst*, Leipzig 1907, Max-Reger-Institut, Karlsruhe, D. Ms. 228, S. [3].

33 „Ich lese zu meiner größten Überraschung (ja beinahe Bestürzung) [,] dass die Firma Kuhn u[nd] Lauterbach durch Kauf an Bote u[nd] Bock übergegangen ist. Bitte, lieber Salter, theilen Sie mir *umgehend* mit, ob sich die Sache so verhält und was mit meiner Partitur los ist. – Ich habe seit meiner Abreise kein Wörtchen mehr darüber gehört. *Ist sie im Druck?* Und wie verhält sich Bote u[nd] Bock? Wie kommen Lauterbach u[nd] K[uhn] dazu, mit mir zu contractiren, wenn sie ihren Verlagen [sic] aufgeben wollten?" (Brief von Anfang 1909 an den Konzertagenten Norbert Salter, in: *Gustav Mahler. Briefe an seine Verleger*, hrsg. von Franz Willnauer, Wien 2012, S. 191 f., hier S. 191.) – Von Reger stammen die oft zitierten diesbezüglichen Worte: „Wir Komponisten sind doch keine ‚Ware'!", Brief an den Verlag Bote & Bock, 13. Januar 1909, in: *Max Reger. Briefe an den Verlag Ed. Bote & G. Bock*, hrsg. von Herta Müller und Jürgen Schaarwächter, Stuttgart 2011 (Schriftenreihe des Max-Reger-Instituts Karlsruhe, 22), S. 29–31, hier S. 30.

34 Harald Kunz, *125 Jahre Bote & Bock*, Berlin und Wiesbaden 1963, S. 66.

35 Ebd., S. 63.

36 Siehe Jan-Bart De Clercq, Juliane Döllein u. Jürgen Schaarwächter, „Der äußere Eindruck: Zu Reger-Umschlag- und -Titelblättern", in: *Reger-Studien 7. Festschrift für Susanne Popp*, hrsg. von Siegfried Schmalzriedt und Jürgen Schaarwächter (Schriftenreihe des Max-Reger-Instituts Karlsruhe, 17), Stuttgart 2004, S. 569–585, hier besonders S. 577–583.

und die damit manchmal verbundene Bezugslosigkeit der Motive zu diesen gaben den Rezensenten freilich Anlass zur Kritik.³⁷

Abb. 4: *Choralkantate „O Haupt voll Blut und Wunden"* WoO V/4 Nr. 3, Erstdruck, Leipzig, Lauterbach & Kuhn, 1904, Umschlag (Beethovenmaske, Gestaltung: Richard Müller).

---

37 Im Fokus stand insbesondere ein Umschlagblatt Richard Müllers, auf dem „Beethovens Lebendmaske auf einem Lorbeerzweig gebettet zu sehen ist". De Clercq u. a. (wie Anm. 36), S. 583. Es wurde für die Beethoven-Variationen op. 86, aber u. a. auch für die gleichzeitig erschienene und eher mozartisch anmutende *Serenade* op. 77a und die Choralkantaten WoO V/4 Nr. 2–4 verwendet. Friedrich Spitta schrieb bezüglich *O Haupt voll Blut und Wunden* WoO V/4 Nr. 3: „Die Umschlagdecke [...] – Beethovens Totenmaske mit Lorbeerzweigen –, ist bei der Passionskantate geradezu sinnlos, um nicht einen noch stärkeren Ausdruck zu gebrauchen. Derartiges braucht sich doch ein Komponist nicht gefallen zu lassen." Fr[iedrich] Spitta, „Zwei neue Choralkantaten von Max Reger", in: *Monatsschrift für Gottesdienst und kirchliche Kunst* 10/3 (März 1905), S. 102.

"... daß ja nichts überladen wird"

Die Titelblattgestaltung blieb dabei stets eine Domäne der Verleger, in die Reger nicht einbezogen wurde. Umso dankbarer waren die Juristen Lauterbach und Kuhn hingegen für Regers Mitarbeit in allen lektoratsbezogenen Bereichen, in denen ihnen, anders als etwa Henri Hinrichsen und Edmund Astor (Inhaber des Verlags Rieter-Biedermann),[38] einschlägige Erfahrungen fehlten. Was den Notendruck betraf, so fungierten sie lediglich als Mittler zwischen der externen Notenstecherei (dem Leipziger Unternehmen Oscar Brandstetter, das „musiktheoretisch gebildete Angestellte"[39] in seinen Reihen wusste und dem so eine große Verantwortung für das Endprodukt zukam) und dem Komponisten, der seine Vorstellungen von Anfang an sehr deutlich artikulierte. So schrieb Carl Lauterbach rückblickend: „Es kamen oft zwei Karten an einem Tage und wenn es sich um eine Komposition handelte, mindestens täglich ein Brief an uns, in dem er uns Mitteilung über sein Werk machte, wie dasselbe gestochen werden soll und worauf der Stecher bei dieser Komposition zu achten habe."[40] Reger regelte darin über Notenkorrekturen hinaus etwa Fragen des Layouts,[41] die Platzierung von Wendestellen,[42] gar von Copyright-Vermerken,[43] und behielt sich etwa die Erstellung von Klavierauszügen und Bearbeitungen eigener Werke oft selbst vor. In Bezug auf die *Hiller-Variationen* formulierte er diesbezüglich: „mein op 100 für 2 Klaviere bearbeiten heißt überhaupt das Werk in *allen* seinen klanglichen Eigenschaften *neu* schaffen".[44] Berüchtigt war Reger jedoch vor allem für seine langen Druckfehler-Listen, dokumentiert in einer Serie kurz nacheinander geschriebener Briefe und Postkarten, stets versehen mit der Order, die Informationen direkt in die Stecherei weiterzuleiten.

Zur Organisation der Drucklegungsprozesse wurden zwischen beiden Vertragspartnern mitunter schriftliche oder mündliche Absprachen getroffen. Sich auf eine solche berufend, konnte Reger etwa im September 1904, nach Übersendung seines Stichmanuskripts der *Beethoven-Variationen* op. 86, seine Verleger anweisen: „am 3. Oktober erhalte ich also unserer Vereinbarung gemäß 1.) **2** *exemplarmäßige* Abzüge 2.) einen gewöhnlichen Ab-

---

38 Kirsch (wie Anm. 7), S. 253.
39 Otto Säuberlich, *Buchgewerbliches Hilfsbuch. Darstellung der buchgewerblich-technischen Verfahren für den Verkehr mit Druckereien und buchgewerblichen Betrieben*, 2. Aufl., Leipzig 1914, S. 135.
40 „Rückblick", in: *Lauterbach & Kuhn-Briefe 2* (wie Anm. 21), S. 375.
41 „Da ‚divisi' Stellen in den Streichern fast gar nicht vorkommen, so bitte ich *dringendst*, bei den so wenigen Stellen, wo ‚divisi' ist, *diese* **Stellen** *nicht* **in den Stimmen** auf zwei Systeme, sondern, wie in Partitur, auf **ein** System zu stechen; damit wird **viel** Raum **gespart** u. es bleibt doch alles *sehr schön* leserlich!" Brief von Max Reger vom 13. Mai 1906 (betreffend den Stich der Serenade op. 95), in: *Lauterbach & Kuhn Briefe 2* (wie Anm. 21), S. 129 (Abschnitt vom 6. Mai).
42 „NB. **Höchst wichtig!** Bitte, sagt in der *Stecherei*, daß im *Stich* der **Violin**stimme aus op 93 **größtmöglichste Rücksicht** auf **gute, bequeme Umwende**stellen in der Violinstimme gesehen werden muß. Bitte, **nicht** vergessen! **Höchst wichtig!**" Brief von Max Reger vom 5.–6. Mai 1906, in: *Lauterbach & Kuhn Briefe 2* (wie Anm. 21), S. 127 (Abschnitt vom 6. Mai).
43 „Bitte lassen Sie auf *alle* Ihre Veröffentlichungen den Copyrightvermerk, wie ich ihn auf die Korrekturen setzte, drucken; dieser Vermerk ist wegen der Eintragung in Amerika von größter Wichtigkeit." Brief von Max Reger vom 24. September 1902, in: *Lauterbach & Kuhn Briefe 1* (wie Anm. 7), S. 29.
44 Brief vom 7. Mai 1908, in: *Lauterbach & Kuhn Briefe 2* (wie Anm. 21), S. 335.

zug zur Korrektur!"[45] Empfänger solcher exemplarmäßiger Abzüge, also doppelseitig gedruckter, bereits dem Auflagendruck ähnlicher Vorabzüge, waren etwa die Pianistin Henriette Schelle (1879–1950), die Pianisten James Kwast (1852–1927) und August Schmid-Lindner (1870–1959), der Dirigent und Organist Philipp Wolfrum (1854–1919), der Geiger Henri Marteau (1874–1934), der Cellist Hugo Becker (1863–1941), die Sängerinnen Anna Erler-Schnaudt (1878–1963) und Lula Mysz-Gmeiner (1876–1948) sowie der Organist Karl Straube (1873–1950), der bis 1901 von den großen Orgelwerken auch ein eigens erstelltes Autograph erhielt.[46] Reger sandte die exemplarmäßigen Abzüge an die Interpreten weiter (oder ließ dies durch die Verleger erledigen), die sie zur Einstudierung oder zur Aufführung der Werke verwendeten. Bei diesem, oft im Beisein Regers erfolgten Praxistest konnten sich noch zahlreiche Korrekturen oder Präzisierungen, insbesondere auf der Vortragsebene ergeben, die für den Druck noch berücksichtigt werden mussten. In jenem des exemplarmäßigen Abzugs der *Beethoven-Variationen*, der sich im Nachlass des Münchner Pianisten August Schmid-Lindner erhalten hat und 2018 vom Max-Reger-Institut erworben wurde, finden sich sowohl handschriftliche Eintragungen Regers als auch des Interpreten. Der Abzug wurde für die Proben zur Uraufführung des Werkes am 22. Oktober 1904 in München genutzt, die Reger und Schmid-Lindner an zwei Klavieren bestritten. Welche der zahlreichen Eintragungen in dem Exemplar, das während der Proben wohl von Hand zu Hand ging, von Reger und welche von Schmid-Lindner geschrieben sind, ist aufgrund der besonderen Schreibsituation am Klavier kaum noch nachzuvollziehen. Die Eintragungen betreffen sowohl spieltechnische Erleichterungen (Fingersätze, Vorabnotation der ersten Takte der jeweils nächsten Seite bei heiklen Wendestellen), die für den Druck keine Rolle spielen, aber auch zahlreiche Fehlerkorrekturen, Änderungen von Vortragsanweisungen sowie die Metronomzahlen, die in der Fahne noch offen geblieben waren. Sogleich nach der letzten Probe am 4. Oktober 1904 übertrug Reger die gesammelten Änderungen in den gesondert angeforderten „gewöhnlichen Abzug" und übermittelte diesen dem Verlag.[47] Im Erstdruck sind die Änderungen sämtlich berücksichtigt.

Aufschlussreich ist auch der Fall des Orgelwerks *Introduction, Passacaglia und Fuge e-Moll* op. 127, das im September 1913 bei Bote & Bock erschien. Karl Straube hatte aus einem eigens für ihn erstellten exemplarmäßigen Abzug[48] in der Jahrhunderthalle in Breslau

---

45 Brief vom 16. September 1904, in: *Lauterbach & Kuhn Briefe 1* (wie Anm. 7), S. 363.
46 Siehe hierzu den Artikel „Manuskripte für Karl Straube", zuletzt in *Max Reger. Werke für gemischten Chor a cappella I*, hrsg. von Alexander Becker u. a. (Reger-Werkausgabe, II/8), Stuttgart 2018, in: Reger-Werkausgabe, https://www.reger-werkausgabe.de/rwa_essay_00012.html (Stand: 22.9.2022).
47 Brief vom 4.–6. Oktober 1904, in: Reger, *Lauterbach & Kuhn-Briefe 1* (wie Anm. 7), S. 381 (Abschnitt vom 5.10.).
48 Am 16. Juni hatte Reger dem Verlag geschrieben: „Es kann also […] der *exemplarmäßige* Abzug des Werkes für Herrn Prof. *K*. Straube […] hergestellt werden, was **sehr, sehr** eilt". (Brief an Bote & Bock, in *Max Reger. Briefe an den Verlag Ed. Bote & G. Bock*, hrsg. von Herta Müller und Jürgen Schaarwächter, Stuttgart 2011 [Schriftenreihe des Max-Reger-Instituts Karlsruhe, 22], S. 327).

„… daß ja nichts überladen wird"

Abb. 5a und b: *Beethoven-Variationen* op. 86, exemplarmäßiger Abzug, Max-Reger-Institut, Karlsruhe, Mus. Kf. 023, S. 12 und 29 (Details).

Stefan König

die Uraufführung gespielt und sollte diesen, mit Regers vollstem Vertrauen ausgestattet, mit etwaigen Korrekturen direkt an den Verlag senden. Das gedruckte Ergebnis offenbart auf Ebene der Vortragsanweisungen eklatante Veränderungen gegenüber der Stichvorlage. Ob Reger davon unterrichtet war, lässt sich nicht mehr rekonstruieren; ein Blick in die „black box" ist in diesem singulären Fall nicht möglich, zumal der exemplarmäßige Abzug nicht mehr existiert.[49]

C. F. Peters, Leipzig

Obwohl das Vorkaufsrecht Reger'scher Werke 1909 auf Bote & Bock überging und ein Exklusivvertrag auch 1914 nicht zustande kam – diesen schloss der Komponist stattdessen mit N. Simrock –, galt Reger dem Verlag C. F. Peters neben Louis Spohr und Edvard Grieg als „dritter Hofkomponist".[50] Von 1901 bis 1915 erschienen dort insgesamt 15 Opera; ab 1908 waren dies fast ausnahmslos große Werke, z. B. 1909 der *100. Psalm* op. 106 und der *Symphonische Prolog zu einer Tragödie* op. 108. Mit Henri Hinrichsen erhielt Reger einen Verleger, der nicht nur Geschäftspartner, sondern auch Bewunderer seiner Kunst war. Nach einer persönlichen Begegnung bei einem Leipziger Reger-Abend Ende November 1906 bot er ihm eine mäzenatische Einmalzahlung von 10.000 Mark und knüpfte diese an die Bedingung, dass der Komponist seine aufreibenden Konzertreisen in der Folgesaison April 1907 bis März 1908 auf höchstens zehn Auftritte reduzieren und sich so Freiräume für die Erstellung großer Werke schaffen sollte.[51] Zur individuellen Betreuung des mittlerweile berühmten Tonkünstlers gehörte ein hochwertiges Lektorat, das den Verlagsinhaber selbst mit einschloss. In der Korrespondenz mit dem Verlag, die mit Hinrichsen sowie dem Verlagsprokuristen Paul Ollendorff geführt wurde – in diesem für Reger seltenen Fall sind auch viele Gegenbriefe von deren Hand erhalten –, wird auch ein verantwortlicher Lektor namentlich genannt. Es handelt sich um den langjährigen Mitarbeiter Paul Schäfer, dem schon Gustav Mahler – ohne ihn namentlich zu nennen – im Rahmen des Korrekturprozesses seiner fünften Sinfonie „besondere Anerkennung seiner außerordentlichen Umsicht und Fachkenntniß"[52] gezollt hatte. Ebenso wurde er von Reger nach getaner Korrek-

---

49 Vgl. hierzu *Max Reger. Phantasien und Fugen, Variationen, Sonaten, Suiten II*, hrsg. von Alexander Becker u. a. (Reger-Werkausgabe, I/3), Stuttgart 2012, S. XIV–XV.
50 Zitiert nach Erika Bucholtz, *Henri Hinrichsen und der Musikverlag C. F. Peters. Deutsch-jüdisches Bürgertum in Leipzig von 1891 bis 1938* (Schriftenreihe wissenschaftlicher Abhandlungen des Leo Baeck Instituts, 65), Tübingen 2001, S. 113.
51 Vgl. Brief von Hinrichsen an Reger vom 18. Dezember 1906, in: *Peters Briefe* (wie Anm. 1), S. 134 f., hier S. 135.
52 Brief von Mahler an Hinrichsen von Ende Januar 1904, in: *Mahler. Briefe* (wie Anm. 33), S. 124 f., hier S. 125.

turarbeit "hochgelobt u. gepriesen".[53] Das akribische Peters-Lektorat hat oftmals Spuren in den Stichmanuskripten hinterlassen, die – auch dies ein Ergebnis der Zusammenarbeit Hinrichsen-Reger – nach 1908 im Besitz des Komponisten verblieben. Reger, dem das Manuskript mit der ersten Autor-Korrektur zu Vergleichszwecken wieder zugestellt wurde, wurde auf diese Weise in die Kommunikation mit dem Lektorat miteinbezogen, denn die zumeist mit Bleistift im Manuskript notierten Anmerkungen des Lektors informierten ihn über Fragen und Probleme, die bei der Herstellung aufgetreten waren. Diese Eintragungen konnten Regers Aufmerksamkeit beim Vergleich von Manuskript und Fahne auf die fragliche Passage lenken und die entsprechenden Entscheidungen des Lektors transparent machen.

Eine direkte briefliche Kommunikation zwischen Lektor und Komponist, wie im Falle von Robert Keller und Johannes Brahms,[54] gibt es bei Reger nicht, vielmehr vermittelte Hinrichsen die entsprechenden Informationen. Eine Herausforderung für das „Kräftequadrat aus Komponist, Verleger, Lektor und Stecherwerkstatt" (vgl. Anm. 6) ergab sich bei der anspruchsvollen Drucklegung des *100. Psalms* op. 106. Bei Rücksendung der ersten Fahnen des Klavierauszugs Ende August 1909 gab der in der Sommerfrische in Kolberg an der Ostsee weilende Komponist eine deutliche Anweisung: „Die Bögen in den Singstimmen, die Herr Schäfer einzeichnete u. die ich wieder ausstrich, dürfen *nicht* gestochen werden!"[55] Nachdem Reger am 2. September nochmals darauf hingewiesen hatte („Es müssen in meinem Psalm *nur* **die** ‚Silbenbogen' gestochen werden, welche ich *selbst* geschrieben habe"[56]), übermittelte Ollendorff dem Komponisten im Namen Hinrichsens einen Fragenkatalog des Lektors. Dabei kam er, neben der Bitte um Mitteilung, ob bei Varianten „die (geänderten) Stellen in der Partitur, oder die des Klavier-Auszugs massgebend" seien, auf Regers Anweisung zurück: „Endlich fügte ich auch noch Bass-Chorstimmen von Teil I hinzu, da Herr Schäfer sich betreffs der Bogen noch nicht ganz klar ist; er kann es sich nicht denken, dass von N° 1–4 der Stimmen die Bögen bleiben, von 4–13 aber fortfallen sollen. – Da außerdem das Tilgen der Bögen auf den Platten eine ziemlich schwierige Korrektur ist, – scheint eine Frage zu viel besser, als eine zu wenig. – "[57] Regers nochmalige Replik folgte prompt am nächsten Tag:

> Nun wegen der [Bogenzeichen] in den Chorstimmen! Diese [Bogenzeichen] dürfen **nur** *da* gestochen werden, wo *ich* sie selbst hineingezeichnet habe; maßgebend ist hierfür der *Klavierauszug*, d.h. die Abzüge, die *ich* korrigiert habe! Es *müssen* also in beiliegender Baß-

---

53 Brief an Paul Ollendorff vom 29. November 1910: „Hochgelobt u. gepriesen sei Herr Schäfer; da hätte *ich* ja eine schöne Dummheit gemacht; es bleibt **alles** auf Seite 32; nur das [Duolenzeichen] **muß unbedingt** *weg*!" *Peters Briefe* (wie Anm. 1), S. 428. Es handelt sich um eine von Schäfer selbst verantwortete Korrektur in der *Cellosonate* op. 116.
54 Vgl. Kirsch (wie Anm. 7), S. 74f.
55 Brief nach 21. August 1909, in: *Peters Briefe* (wie Anm. 1), S. 338.
56 Postkarte, *Peters Briefe* (wie Anm. 1), S. 348.
57 Brief vom 3. September 1909, *Peters Briefe* (wie Anm. 1), S. 349.

Stefan König

> stimme *all* die Bögen, die ich *ausgestrichen* habe, *eben weg*! Herr Schäffer [sic] weiß – scheint es – nicht, daß in der *Gesangstechnik* im Chor ein *Unterschied* ist zwischen Stellen *mit* [Bogenzeichen] u. *ohne* [Bogenzeichen]! Ich stehe da auf *Bach*'schem Boden! Wenn andere moderne Werke durchweg den [Bogenzeichen] haben, so macht das gar nichts! Lassen Sie Sich das mal von Herrn Straube erklären! Ich kann nur wiederholen: für die *Chor*stimmen überhaupt (auch natürlich für die Partitur) sind *nur* die von mir durchgesehenen Abzüge des Klavierauszuges gültig – auch wegen der [Bogenzeichen] […] Hoffentlich beruhigt sich jetzt der vortreffliche Herr Schäefer [sic]! *Mit* Bogen soll eben streng *legato* gesungen werden, *ohne* Bogen eben *nicht* legato, wodurch die schnellen Figuren an **Deutlichkeit** *gewinnen*! *Das ist die Lösung!*[58]

Diskussionsthema zwischen Lektor und Komponist waren die zur Anzeige von Melismen gesetzten Bögen, die Elaine Gould in ihrem Notensatzhandbuch *Hals über Kopf* (engl.: *Behind bars*) entsprechend „silbische Bindebögen" (engl.: „*syllabic slurs*") nennt. Ihre Funktion ist die optische Unterstreichung des Melismas, sofern dieses nicht durch Balkung klargestellt ist. Auf den musikalischen Vortrag beziehen sie sich insofern, als dass – so die Empfehlung des Handbuchs – „innerhalb eines Bindebogens […] Töne, die nicht legato gesungen werden, mit Staccatopunkten, Tenutostrichen oder Akzenten [zu] markieren" sind.[59] Reger hingegen zielt auf eine Unterscheidung von *legato* und *non legato* durch Setzung oder Weglassung der Bögen; die Auszeichnung des Melismas ist für ihn sekundär. Mit systematisierendem Lektorats-Blick auf Letzteres scheint Schäfer hingegen nicht mehr fortgeschriebene Bögen über Melismen im nicht erhaltenen Korrekturabzug zur Ergänzung angezeigt zu haben. Dass Reger seinen Willen jedoch durchsetzte, ist mit Blick auf den von Hinrichsen erwähnten Übergang zu Ziffer 4 im Klavierauszug dokumentiert: davor sind die „silbischen Bögen" gestochen, danach mit Rücksicht auf die Deutlichkeit der „schnellen Figuren" nicht mehr.[60] In der Motette *Mein Odem ist schwach* op. 110 Nr. 1 (ca. Juli 1909) sowie dem – letztlich unvollendeten – *Vater unser* WoO VI/22, aufgeben spätestens Frühjahr 1911, sollte Reger ebenso stellenweise die Melismen-Bögen im Sinne des *non legato* aussparen.[61]

Nachträgliche Platten-Tilgungen wie diese, wie komplex sie auch sein mochten, waren jedoch geringfügig im Vergleich zu den verlagsseitigen Mehr- bzw. Zusatzaufwendungen am Ende des Drucklegungsprozesses der *Ballett-Suite* op. 130 im August/September 1913. Hier nämlich entschloss sich Reger nachträglich zur Tilgung eines kompletten Satzes, *Pantalon*, sowie noch danach in mehreren Etappen zur Kürzung der ersten vier Sätze um insge-

---

58 Brief an Paul Ollendorff vom 4. September 1909, *Peters Briefe* (wie Anm. 1), S 349f., hier S. 350.
59 Elaine Gould, *Hals über Kopf. Das Handbuch des Notensatzes*, deutsche Fassung von Arne Muus und Jens Berger, Leipzig 2014 (Original: *Behind Bars – The Definitive Guide to Musical Notation*, London 2011), S. 477.
60 Die Weglassung nach Ziffer 4 erfolgte jedoch nicht ganz konsequent, so blieb unter anderem in der Tenorstimme (siehe Abb. 6a) noch ein Bogen stehen. Vgl. im Einzelnen: *Max Reger. Chorwerke mit Klavierbegleitung* (wie Anm. 9), insbes. S. 226f. (Lesartenverzeichnis).
61 Ebda., S. 220.

samt 25 bereits gestochene Seiten. Dies entsprach etwa 200 Arbeitsstunden,[62] die im Großbetrieb von C. G. Röder bereits geleistet und somit auch bezahlt worden waren.[63] In Anbetracht dessen erscheint die Reaktion des Verlags C. F. Peters außerordentlich tolerant: Kein Wort des Vorwurfes findet sich in Hinrichsens Gegenbriefen. Zwischen Hinrichsens Bitte, sich bei den Eintragungen der Vortragsanweisungen im Opus 64 auf ein Viertel des persönlich Üblichen zu begrenzen und der Inverlagnahme der *Ballett-Suite* lagen auch elf Jahre, in denen Reger vom „Newcomer" zum berühmten, verlegerisch umsorgten Komponisten geworden war.

62 Laut Hans Kühner, Notenstechermeister im Ruhestand, wurden firmenintern „Zeitvorgaben gesetzt, die eingehalten werden mussten – wenn nicht, gab's Abzüge z. B. für eine gestochene Seite zwischen 4 Std. und 8 Std. je nach Schwierigkeit"; zitiert nach Kirsch (wie Anm. 7), S. 64 (Anm. 18).
63 Am 1. September 1896 standen bei der Leipziger Notenstecherei C. G. Röder, bei der unter anderem der Druck des *100. Psalms* op. 106 hergestellt wurde, 773 Arbeiter unter Vertrag, davon 202 Notenstecher und 3 Korrektoren; vgl. *Festschrift zur 50jährigen Jubelfeier des Bestehens der Firma C. G. Röder Leipzig*, Leipzig 1896, S. 15, URL: https://ia801404.us.archive.org/2/items/festschriftzur5000cgro/festschriftzur5000cgro.pdf [Stand: 02.01.2020].

Stefan König

Abb. 6a und 6b: *100. Psalm* op. 106, Erstdruck des Klavierauszugs (Leipzig, C. F. Peters, 1909), um Probenziffer 4.

„… daß ja nichts überladen wird"

Anhang

Verzeichnis der Verlagsnummern von Lauterbach & Kuhn (eingeführt 1906)

Nummer	Komponist bzw. Autor	Werk
1	Bach, J.S. / Reger, Max	Präludium u. Fuge BWV 552 (Bearb. f. Kl.) (RWV[64] Bach-B7)
2–5	Bach, J.S. (Hrsg. Reger)	Kantate BWV 93, praktische Ausgabe (RWV Bach-H1)
6	Batka, Richard	Kranz. Gesammelte Blätter über Musik
7–13	Bischoff, Hermann	25 neue Weisen zu alten Liedern op. 15
14	Gift, Emil	Fünf Lieder op. 6
15–17	Haas, Joseph	Drei Lieder op. 1
18	Haas, Joseph	Fünf Klavierstücke op. 2
19	Haas, Joseph	Zwei Sonatinen (Vl./Kl.) op. 4
20	Haberlandt, Michael	Hugo Wolf. Erinnerungen und Gedanken
21–24	Händel, Georg Friedrich	Zwei Flötensonaten (Bearb. f. Kl. bzw. Org. v. F.W. Francke)
25	Halm, August	Streichquartett B-Dur
26	Hellmer, Edmund	Porträt Hugo Wolfs. Heliogravüre
27–38	Hess, Ludwig	Zehn Gesänge und Lieder
39–41	Hess, Ludwig	Drei Lieder op. 11
42	Hess, Ludwig	Liedlein aus der Heimat op. 14
43–47	Noë, Oscar	Fünf Lieder
48–60	Reger, Max	Zwölf Lieder op. 66
61–63	Reger, Max	52 leicht ausführbare Vorspiele (Org.) op. 67
64–70	Reger, Max	Sechs Gesänge op. 68
71–72	Reger, Max	Zehn Stücke (Org.) op. 69
73–90	Reger, Max	Siebzehn Gesänge op. 70
91	Reger, Max	Violinsonate op. 72
92	Reger, Max	Variationen und Fuge über ein Originalthema (Org.) op. 73
93	Bach / Reger / Straube, Karl	Schule des Triospiels (RWV Bach-B8)
94–95	Reger, Max	Streichquartett op. 74
96–114	Reger, Max	Achtzehn Gesänge op. 75
115–146b	Reger, Max	Schlichte Weisen op. 76 Bd. I
147–178b	Reger, Max	Schlichte Weisen op. 76 Bd. II

---

64 RWV= Reger-Werk-Verzeichnis.

Stefan König

Nummer	Komponist bzw. Autor	Werk
[178–183]	Streicher, Theodor[65]	Sechs Wunderhorn-Lieder
180–181	Reger, Max	Serenade (Fl./Vl./Vla.) op. 77a
182–183	Reger, Max	Streichtrio op. 77b
184	Reger, Max	Cellosonate op. 78
185	Reger, Max	Bach-Variationen (Kl.) op. 81
186a–b	Reger, Max	Aus meinem Tagebuche (Kl.) op. 82 Bd. 1
187	Reger, Max	Andante aus op. 77a (Bearbeitung Kl.)
188–203	Reger, Max	Gesänge f. Männerchor op. 83, Nr. 1–8
204	Reger, Max	Violinsonate op. 84
205	Reger, Max	Beethoven-Variationen (2 Kl.) op. 86
206a–b	Reger, Max	Sonatinen (Kl.) op. 89 Nr. 1 und 2
207–208	Reger, Max	Sinfonietta op. 90
209	Reger, Max	Wiegenlied WoO VII/35
210	Reger, Max	Geistliches Lied WoO VII/36
211–213	Reger, Max	Choralkantate „Vom Himmel hoch" WoO V/4 Nr. 1
214–216	Reger, Max	Choralkantate „O wie selig" WoO V/4 Nr. 2
217–219	Reger, Max	Choralkantate „O Haupt voll Blut und Wunden" WoO V/4 Nr. 3
220–225	Schindler, Kurt	Fünf Lieder op. 5
226–227	Schindler, Kurt	Romanze und drei satirische Liedchen (Heine) op. 6
228	Schrader, Bruno	Drei Lieder
229–230	Wolf, Hugo	Der Corregidor
231–233	Wolf, Hugo (Hrsg. Reger)	Penthesilea (RWV Wolf-H1)
234	Wolf, H./Reger, M.	Penthesilea (Bearbeitung Kl. 4-hdg.) (RWV Wolf-B4)
235	Batka, Richard	Einführung zu Hugo Wolfs „Pentesilea"
236–238	Wolf, Hugo (Hrsg. Reger)	Italienische Serenade (RWV Wolf-H4)
239	Wolf, H./Reger, M.	Italienische Serenade (Bearb. Kl. 4-hdg.) (RWV Wolf-B5)
240–241	Wolf, Hugo (Hrsg. J. Helmesberger/Reger)	Streichquartett (RWV Wolf-H2)
242–243	Wolf, Hugo	Italienische Serenade (Streichquartett)

---

65 Die Werke von Theodor Streicher wurden 1906 aus dem Verlag genommen und die Verlagsnummern teilweise neu vergeben. Vor 1906 waren von Streicher zudem die Liedersammlungen *Dreissig Lieder aus des Knaben Wunderhorn*, *Zwanzig Lieder* und *Sprüche und Gedichte von Richard Dehmel* sowie *Vier Kriegs- und Soldatenlieder* für Singstimme, Männerchor und Blasorchester erschienen.

Nummer	Komponist bzw. Autor	Werk
244–248	Wolf, H. (Hrsg. F. Foll / Reger)	Christnacht (RWV Wolf-H3)
249–260	Wolf, Hugo	Sechs geistliche Lieder (Eichendorff) (gem. Chor)
261–272	Wolf, H. / Reger, M.	Eichendorff-Lieder (Bearb. f. Männerchor) (RWV Wolf-B3)
273–300b	Wolf, Hugo (Hrsg. Foll, F.)	Lieder aus der Jugendzeit
301a–b	Reger, Max	Aus meinem Tagebuche (Kl.) op. 82 Bd. II
302	Reger, Max	Gavotte aus op. 82 (Einzelausgabe)
303	Reger, Max	Allegretto op. 84, Satz II (Einzelausgabe)
304–307	Reger, Max	Sieben Sonaten (Vl. allein) op. 91
308–310	Reger, Max	Suite im alten Stil (Vl./Kl.) op. 93, sowie daraus Largo (Vl./Org.) op. 93a
311–312	Reger, Max	Serenade (Orch.) op. 95
313	Reger, Max	Introduction, Passacaglia und Fuge (2 Kl.) op. 96
314–323	Reger, Max	Vier Lieder op. 97
324–326	Reger, Max	Choralkantate „Meinem Jesum lass ich nicht" WoO V/4 Nr. 4
327–330	Draeseke, Felix	Christus op. 70–73 [nur in Kommission vertrieben]
331–334b	Weiner, Leó	Serenade (kl. Orch.) op. 3
335a–336b	Reger, Max	Sechs Präludien und Fugen (Kl.) op. 99
337	Reger, Max	Hiller-Variationen (Orch.) op. 100
338–344b	Reger, Max	Schlichte Weisen op. 76 Bd. III (Einzelausg. sowie f. hohe Stimme)
345–350	unbekannt	
351a/b	Reger, Max	Schlichte Weisen op. 76 Bd. III (f. mittlere Stimme)
352–357	unbekannt	
358a/b	Reger, Max	Schlichte Weisen op. 76 Bd. III (f. tiefe Stimme)
359	Noren, Heinrich G.	Kaleidoskop f. Orchester op. 30
360	Zöllner, Kurt	Vier leichte Stücke (Kl.) op. 7
361	Zöllner, Kurt	Acht Miniaturen (Kl.) op. 9
362	Zöllner, Kurt	Variationen (Kl.) op. 8
363	Zöllner, Kurt	Wiegenlied (Kl./Vl.) op. 6
364	Reger, Max	Klaviertrio op. 102
365	Reger, Max	Allegro (2 Vl.) WoO II/18 [66]
366	Spiering, Theodore	Sechs Künstler-Etüden (Vl. solo) op. 4
367	Brzeziński, Franciszek	Stimmungsbilder in Variationenform (Kl.) op. 3

---

66 Im Verlagsprogramm von 1907 als Opus 102 mit Erscheinungstermin „Anfang 1908" angekündigt. Das Werk erschien jedoch erst posthum 1919 bei Tischer & Jagenberg.

Nummer	Komponist bzw. Autor	Werk
368	Brzeziński, Franciszek	Polnische Suite (Kl.) op. 4
369–374	Reger/Schelle, Henriette	Schlichte Weisen op. 76 Nr. 14, 18, 21 (Bearb. f. gem. Chor)
375–376	Zöllner, Kurt	Fünf Tänze im Alt-Wiener Stil (Kl.) op. 10
377–378	Weiner, Leó	Streichquartett op. 4
379	unbekannt	
380–381	Weiner, Leó	Fasching. Humoreske (Kl.) op. 5
382	Noren, Heinrich G.	Klaviertrio op. 28
383–390	Roth, Herman	Sieben Lieder
391	unbekannt	
392–393	Reger, Max	Sonatinen (Kl.) op. 89 Nr. 3 und 4
394–400	Reger, Max	Sechs Vortragsstücke (Vl./Kl.) op. 103a
401	Noren, Heinrich G.	Erläuterungen zu seinem Klaviertrio op. 28
402	Reger, Max	Aria aus op. 103a (Bearbeitung Vc./Kl. bzw. Org.)
403	Reger, Max	„Herzenstausch" op. 76 Nr. 5 (f. hohe Stimme)
404	Reger, Max	„Beim Schneewetter" op. 76 Nr. 6 (f. hohe Stimme)
405	Reger, Max	„Schlecht' Wetter" op. 76 Nr. 7 (f. hohe Stimme)
406	Reger, Max	„Wenn alle Welt" op. 76 Nr. 17 (f. hohe Stimme)
407	Reger, Max	„Es blüht'" op. 76 Nr. 20 (f. hohe Stimme)
408	Reger, Max	„Friede" op. 76 Nr. 25 (f. hohe Stimme)
409a/b	Reger, Max	Schlichte Weisen op. 76 Bd. I (f. hohe Stimme)
410a/b	Reger, Max	Schlichte Weisen op. 76 Bd. II (f. hohe Stimme)
411–412	Reger, Max	Aria aus op. 103a (Bearbeitung Vl./Orch.)
413–415	Reger, Max	op. 103a Nr. 4–6 (Bearbeitung Fl./Kl.)
416	Mahler, Gustav	Siebente Sinfonie[67]

---

[67] 1909 bei Bote & Bock erschienen (nach Übernahme von Lauterbach & Kuhn).

„Prae-Edition", „Inter-Edition", „In-spe-Edition"

Hans Zenders Komposition ¡O cristalina…! (2012 ff)[1] in den unterschiedlichen Veröffentlichungsformen seines Verlags Breitkopf & Härtel

Frank Reinisch

> *Das musikalische Werk, um dessen Autorisierung und angemessenes Verständnis sich ja Autor wie Interpret bemühen, ist als Gegenstand weniger leicht zu definieren als etwa ein Roman oder ein Gemälde. Sein ontologischer Status oder seine ‚Seinsweise', wie das der Phänomenologe Roman Ingarden genannt hat, lässt es auf die Instanz der klingenden Darstellung buchstäblich angewiesen sein, die auch durch stumme Lektüre nicht zu ersetzen ist, weil diese doch immer eine imaginäre klingende Darstellung impliziert.*[2]

I Einführung

Es gibt Binsenweisheiten zur Veröffentlichungsstrategie der Komponisten und Verlage, die zwischen dem 18. und dem 21. Jahrhundert keine wesentliche Veränderung erfahren haben. Um ein Werk zur Uraufführung zu bringen, musste und muss es in lesbarer Form vorhanden sein. Dafür war ein Notenschreiber – häufig im Auftrag eines Verlags – oder der Komponist selbst bereits tätig. In der Regel wird das Werk dann auch annähernd so erklungen sein, wie es im Notentext fixiert war, und die Aufführungssituation ermöglichte es dem Komponisten, so er denn zugegen war, das Werk kritisch zu überprüfen, was in etlichen Fällen Anlass zu Revisionen bzw. Neufassungen gab und gibt. Jahrhundertelang das „gleiche Spiel" – von diesen Regelfällen soll im Folgenden indes nicht die Rede sein.

Was aber, wenn der Komponist nach der Veröffentlichung – in welcher Form sie auch immer zustande gekommen ist – aber noch vor der Uraufführung eingreift und ändert? Das Werk, so es denn nicht irgendwann auf seinen Ursprung zurückgeführt wird, ist so niemals gehört worden, und seine erste Präsentationsform ließe sich mit Blick auf die Situation der Uraufführung mit Fug und Recht als „Prae-Edition" bezeichnen, auf die dann in absehbarer Zeit eine – zumindest definitivere – Ausgabe zu folgen hätte. Eine Form der „Prae-Edition" liegt in der Aufführungsgeschichte in besonderen Fällen dann vor, wenn ein groß besetztes Werk mit Stimmenmaterial zu Gehör gebracht wurde, wie es

---

1 Die Schreibweise des Titels lautete ursprünglich und für lange Zeit *Oh cristalina…* – sie wurde vom Komponisten im März 2018 bei den Vorbereitungen zur Neuauflage seines Schriftenbandes *Die Sinne denken. Texte zur Musik 1975–2003*, hrsg. von Jörn Peter Hiekel, 2., revidierte und erweiterte Auflage, Wiesbaden 2018, neu festgelegt.

2 Hans-Joachim Hinrichsen, „Wer ist der Autor? Autorschaft und Interpretation in der Musik", in: *Wessen Klänge? Über Autorschaft in neuer Musik*, hrsg. von Hermann Danuser und Mathias Kassel (Veröffentlichungen der Paul Sacher Stiftung, 12), Mainz u. a. 2017, S. 23–34, hier S. 28.

Frank Reinisch

bei Robert Schumanns 1. Symphonie im August 1841 in Leipzig der Fall war. Auf Betreiben des Komponisten, vor dessen Ohren und unter finanzieller Beteiligung des Verlegers wurde sie vom Gewandhausorchester mit provisorisch erstelltem Aufführungsmaterial gespielt, von Schumann aber unmittelbar danach zurückgezogen und überarbeitet, sodass die Darbietung mit ihrer einmaligen Aufführungssituation unter Ausschluss der Öffentlichkeit durchaus „Prae-Execution" genannt werden könnte.[3] Bei Schuberts „Großer" C-Dur-Sinfonie oder bei der Rückführung von Symphonien Bruckners auf ihre zu Lebzeiten des Komponisten nie gespielten Urfassungen hingegen würde es sich nach dieser Definition nicht um „Prae-Editionen" handeln, da diese Fassungen zu Lebzeiten des Komponisten weder publiziert wurden und auch nicht – zumindest nicht als vollständiges Material – im Hinblick auf Aufführungen an ein Orchester gelangt sind.

Wenn im Folgenden von Hans Zenders Komposition ¡O cristalina…! (2012ff) die Rede ist, dann unter Berücksichtigung der Tatsache, dass im Zeitalter digitaler Verfügbarkeit von zu publizierender und publizierter Musik weitere Editionsformen definiert werden können, die sich aus den Möglichkeiten rascher Korrektur (eine Datei ist schneller zu korrigieren als eine Kupferstichplatte, Transparent- oder Notaset-Seiten), Speicherung (wie die originale, offene Notensoftware-Datei ist auch eine pdf-Datei schnell und unproblematisch archivierbar) und Versendung (pdf-Dateien sind in Sekundenbruchteilen beim Adressaten) zwangsläufig ergeben. Bei ¡O cristalina…! seien dabei die Begriffe „Inter-Edition" und „In-spe-Edition" eingeführt – und dies geschieht im Bewusstsein, dass die spezifische Genese dieses Werks als nicht untypisch für den Umgang mit der Musik unserer Tage erachtet werden kann.[4]

II Der Komponist

Ein kurzer Steckbrief zum Komponisten: Hans Zender (1936–2019) als Dirigent in leitenden Positionen in Bonn, Kiel, Saarbrücken und Hamburg tätig, zuletzt von 1999 bis 2011 ständiger Gastdirigent und Mitglied der künstlerischen Leitung des SWR Sympho-

---

[3] Brief von Robert Schumann an Raimund Härtel vom 3. August 1841: „Ich komme hierbei auf den freundlichen Vorschlag Ihres Herrn Bruders, ‚eine besondere Probe im Gewandhaus zu veranstalten und uns wegen der Kosten mit einander zu besprechen'. Wollen Sie, so theilen wir uns darein." (Robert Schumanns Briefe. Neue Folge, hrsg. von F. Gustav Jansen, 2. verm. u. verb. Aufl., Leipzig 1904, S. 432.) – Ein weiteres prominentes Beispiel ist die Oper Das Mädchen mit den Schwefelhölzern von Helmut Lachenmann. Hier hat der Komponist nach dem offenbar nur vorläufigen Abschluss der Partitur in der ausgedehnten Probenphase vor der Hamburger Premiere 1996 noch weiter Details ausgearbeitet bzw. korrigiert, womit das vom Verlag bereits gelieferte Aufführungsmaterial nicht mehr in vollem Umfang gültig war.

[4] Der vorliegende Text greift Quellen und Überlegungen zur Entstehung des Werks auf, die der Verfasser – mit stärkerem Fokus auf die Bedeutung der Aufführungssituation – bereits in dem Aufsatz „‚O glasklare Quelle'. Hans Zenders ¡O cristalina…! – Neue Musik im Spannungsfeld zwischen Aufführungen und Editionen" veröffentlicht hat; Aufführung und Edition, hrsg. von Thomas Betzwieser und Markus Schneider (Beiheft zu editio, 46), Berlin und Boston 2019, S. 233–250.

nieorchesters Baden-Baden und Freiburg. Von 1988 bis 2000 hatte Zender eine Professur an der Musikhochschule in Frankfurt inne. Zu seinen Hauptwerken zählen die Opern *Stephen Climax* (Uraufführung Frankfurt am Main, 15. Juni 1986) und *Don Quijote de la Mancha* (Uraufführung Stuttgart, 3. Oktober 1993 – Neufassung Heidelberg, 23. Januar 1999), die beiden oratorischen Zyklen *Shir Hashirim* (Gesamt-Uraufführung Saarbrücken, 29. März 1998) und *Logos-Fragmente (Canto IX)* (Gesamt-Uraufführung Berlin, 4. September 2011) sowie die komponierte Interpretation *Schuberts „Winterreise"* für Tenor und Ensemble (Uraufführung Frankfurt am Main, 21. September 1993).

III Das Werk

Im Auftrag der Donaueschinger Musiktage komponierte Hans Zender 2013 auf einen Text des spanischen Mystikers Juan de la Cruz (aus dem *Cántico espiritual*) das Werk *¡O cristalina...!* für die Besetzung „für drei Gruppen von Sängern und Instrumenten"[5] – so der Untertitel in der Partitur. Es ist die zweite kompositorische Auseinandersetzung mit dem kurzen Dialog. 2005 hatte Zender den Text bereits in seinem Werk *Tres canciones* für Singstimme und Klavier vertont.

Auch für *¡O cristalina...!* wäre die Bezeichnung „Tres canciones" zumindest als Untertitel nicht fehl am Platz. Das Werk hat eine Aufführungsdauer von etwa 13 Minuten. Es gliedert sich in drei Sätze, wobei die Taktzählung nicht jeweils neu einsetzt, sondern von Anfang bis Ende der Partitur durchläuft. Der Text besteht aus einem „Wechselgesang zwischen der Braut [bei *Tres canciones*: Cancion 1, in *¡O cristalina...!* mit Frauenstimmen besetzt], deren Seele – gleich einer Taube – in den Himmel fliegen will, und dem Bräutigam, der sie zurück auf die Erde ruft [Cancion 2, in *¡O cristalina...!* Männerstimmen], wo beide zusammenfinden [Cancion 3, in *¡O cristalina...!* Frauen-, dann Männerstimmen, die quasi im Dialog zueinander singen]."[6] Kennzeichnend für Zenders Musiksprache ist die Verwendung einer naturtönigen Stimmung bzw. von Harmonien, die aus reinen Intervallen aufgebaut sind. Dies war bei der Besetzung der *Tres canciones* natürlich nicht möglich. In *¡O cristalina...!* sind die temperierten Instrumente umgestimmt. Die Harfe wird um einen Sechstelton abgesenkt, die Stimmung der beiden Klaviere ist um einen Viertelton gegeneinander verschoben.

---

[5] Hans Zender *¡O cristalina...!* für drei Gruppen von Sängern und Instrumenten, Wiesbaden 2014/2016. Nähere Hinweise und Klangbeispiel unter https://www.breitkopf.com/work/9347/oh cristalina [Stand: 23.5.2023].

[6] Lydia Jeschke, „Die Seele hat Flügel. Hans Zenders ‚Oh cristalina...'", in: *Programmheft des SWR Symphonieorchesters zu den Aufführungen in Stuttgart (15. und 16. Dezember 2016), Mannheim (18. Dezember) und Freiburg (19. Dezember)*, S. [7] – [10], hier S. [7]; digital verfügbar als pdf-Download beim SWR: https://www.swr.de/swrclassic/symphonieorchester/download-swr-378.pdf [Stand: 23.5.2023].

Die Uraufführung fand am 17. Oktober 2014 bei den Donaueschinger Musiktagen statt. Die Wiederaufführung erfolgte im Dezember 2016 durch das inzwischen fusionierte SWR Symphonieorchester bei vier Konzerten in Stuttgart, Mannheim und Freiburg im Umfeld des 80. Geburtstags des Komponisten. (Zu dieser Fusion siehe auch unten.)

IV Die Werkgeschichte

Die Werkchronologie mag 2013 einsetzen, als Hans Zender im weiträumigen Vorfeld vor der Uraufführung einen – wie wir sehen werden – vorläufigen Schlussstrich unter die Partitur von *¡O cristalina…!* zieht. Sein Verlag Breitkopf & Härtel ist dadurch in der Lage, die Partitur bis Frühsommer 2014 ausschreiben zu lassen. Es folgen die Autor- sowie die Verlagskorrektur, sodann werden die Stimmen herausgezogen. Partitur, Instrumentalstimmen und Chorpartitur werden im Juli an den Veranstalter geliefert – Anfang September indes benachrichtigt Zender den für die Uraufführung vorgesehenen Dirigenten Emilio Pomárico:

> Liebe Freunde, bei der Durchsicht der Partitur von ‚Cristalina' habe ich gerade noch rechtzeitig entdeckt, daß die Metronom-Bezeichnungen für den ersten bis sechzehnten Takt vergessen worden sind. Ich bitte herzlich, die jetzt folgenden Modifikationen in das Material einzutragen.[7]

Es erfolgt noch vor der Uraufführung – nun in Eile und mit im Verlag von Hand eingefügten Ergänzungen – eine zweite Produktion der Partitur. In das ebenfalls bereits gelieferte Stimmenmaterial werden die Angaben praktischerweise vor Ort manuell eingetragen. Nach der Uraufführung wird das Aufführungsmaterial im Verlag mit unspektakulärem Ergebnis geprüft – vom Komponisten erreicht den Verlag dazu eine Liste mit Änderungen, die sich möglicherweise teilweise erst aus der Einstudierung ergeben haben (‚Liste 57', Revisionsquelle 1).[8]

Recht bald danach, wohl noch Ende 2014, stellt Zender zwei weitere Listen (‚Liste 17' und ‚Liste a.)–g.)', Revisionquellen 2 und 3) zusammen, von denen eine auch einen für die Instrumente neu komponierten Abschnitt enthält. Gleichzeitig beabsichtigt Zender, nachdem *¡O cristalina …!* nicht für die Dokumentations-CD der Donaueschinger Musiktage ausgewählt wurde, das Werk für eine Portrait-CD neu produzieren zu lassen, die

---

[7] E-Mail von Hans Zender an Emilio Pomárico vom 6. September 2014; die Anrede „Freunde" bezieht sich wohl darauf, dass die Nachricht vom Komponisten am selben Tag auch an Torben Maiwald, den damals im Verlag Breitkopf & Härtel zuständigen Lektor, weitergeleitet wurde.

[8] Zur Bezeichnung der verschiedenen Revisionsquellen siehe weiter unten Abschnitt VI, *Die Revisionsquellen*.

vier seiner Juan-de-la-Cruz-Vertonungen enthalten soll.[9] Für diese Produktion wäre die dritte Edition der Partitur bzw. eine zweite Edition der Stimmen erforderlich gewesen. Der CD-Plan kommt damals jedoch nicht zustande.

Anfang 2016 konkretisieren sich die Pläne für Konzerte, die im Umfeld des 80. Geburtstags des Komponisten (22. November 2016) stattfinden sollten. *¡O cristalina …!* ist von Anfang an fester Bestandteil der Konzerte des SWR Symphonieorchesters, das in jenem Jahr seine heftig umstrittene und auch von Zender mit Vehemenz mehrfach öffentlich kritisierte Fusion aus den beiden in Stuttgart bzw. in Baden-Baden und Freiburg residierenden SWR-Rundfunkorchestern erleben sollte. Auf der Basis der drei vorhandenen Listen werden Partitur und Stimmen im Verlag revidiert:

> Grundlage für die Neufassung waren die zusätzlichen Stimmen in den Takten 91 bis 99 sowie drei verschiedene Listen aus dem Herbst 2014, die hier in Kopie beigefügt sind. Ich habe daraufhin alles in Rot in die Partitur eingetragen. Die Neufassung betrifft die Seiten 1–8, 17–26, 28–30, 32 und 35–38. Bitte prüft, ob alles korrekt umgesetzt ist.[10]

Zusätzlich fragt Breitkopf & Härtel Markus Maier, einen der Schlagzeuger des Uraufführungsorchesters, nach seinen Erfahrungen mit den Schlagzeugpartien des Werks. Maier hatte das Lektorat des Verlags bereits zuvor generell auf Verbesserungsmöglichkeiten der Schlagzeugaufteilung in den Partituren Zenders aufmerksam gemacht und konkret bei der Erarbeitung einer Neufassung eines anderen Werks hilfreich assistiert.[11] Nun wird sein Rat für *¡O cristalina …!* fruchtbar gemacht ('Liste MM', Revisionsquelle 4) – dies geschieht zwangsläufig auch in Kontakt mit dem Komponisten, der am 27. April 2016 auf einem kleinen Notenblatt letztlich „3 [neue] Takte für die Cymbales" liefert (Revisionsquelle 5). Im Vorfeld der geplanten Konzerte stellt dann der Verlag das zweite Aufführungsmaterial (und dabei auch die dritte Edition der Partitur) her. Für die Neuproduktion des Materials werden im Dialog zwischen dem Verlag und dem Dirigenten Cornelius Meister bzw. auch zwischen Zender und Meister Details abgestimmt und Fragen beantwortet. Nach den Konzerten fasst Meister zusammen:

> Da wir alle Hans Zender mit so vielen Fragen gelöchert haben während der Proben, war es leider nur bei einem Teil möglich, sichere Antworten zu erhalten. Daher enthält meine Liste eine ganze Reihe von ungeklärten Stellen. Sicherlich werden Sie aber den rechten Weg finden, von Hans Zender herauszubekommen, welche Fassung die jeweils gültige ist […].[12]

---

9 Außer *¡O cristalina …!*: *¿Adonde? / Wohin?* für Violine, Sopran und Ensemble (2008/2010), *¡O bosques! / Oh Wälder!* für Sopran, gemischten Chor und kleines Orchester sowie *¿Por qué? / Warum?* für gemischten Chor (in zwei Gruppen) a cappella (2011).
10 Brief des Lektors Frank Reinisch (Breitkopf & Härtel) an Hans und Gertrud Zender vom 22. März 2016.
11 *Hannya Shingyo* für Bassbariton (oder Männerchor) und Orchester (2012/2014) – in der Neufassung für Männerchor erstmals aufgeführt am 22. Mai 2016 in Saarbrücken.
12 E-Mail von Cornelius Meister an Frank Reinisch vom 30. Dezember 2016.

Frank Reinisch

Gleichzeitig erscheint im Label Wergo die geplante CD mit den Juan-de-la-Cruz-Vertonungen. Von ¡O cristalina...! wird dafür, da die 2015 geplante Neuproduktion nicht zustande gekommen war, der Mitschnitt der Uraufführung verwendet.

2017 kommen die editorischen Arbeiten zum Abschluss. Meister übermittelt dem Verlag seinen Dirigierplan sowie vor allem einen detaillierten Text zu den beiden von ihm dirigierten Zender-Werken (,Liste CM', Revisionsquelle 6).[13] Neben einigen wenigen Detailkorrekturen gilt sein Augenmerk bei ¡O cristalina...! besonders der neuen Aufstellung der Chor- und Orchestergruppen, zu der Zender ausdrücklich seine Zustimmung erteilt hat. Partitur und Stimmen werden im Verlag korrigiert – sowohl manuell als auch in den offenen Daten. Eine Produktion der vierten und dann voraussichtlich endgültigen Edition wäre von diesem Zeitpunkt an möglich.

V Editionen?

Mit Blick auf die drei im Titel meines Aufsatzes genannten Editionsformen „Prae-", „Inter-" und „In-spe-Edition" sei die Werkgeschichte von ¡O cristalina...! an spezifischen Punkten bewertet. Das im Juli 2014 an den Veranstalter gelieferte Aufführungsmaterial war unvollständig und, wie Zenders Formulierung „Modifikationen" vermuten lässt, aus Sicht des Komponisten möglicherweise auch über die fehlenden Metronomangaben hinaus nicht (mehr) zur Aufführung freigegeben. Zweifelsohne enthält die bald nach der Uraufführung im Verlag eingetroffene „Liste 57" die vom Komponisten erwähnten Ergänzungen. Andererseits sind in der Liste jedoch auch Korrekturen zusammengestellt. Eventuell ist diese Revisionsquelle sogar so gut wie identisch mit jenen Eingriffen, die vor der Uraufführung vor Ort im Stimmenmaterial eingetragen wurden und im Vorfeld auch zu einer zweiten Produktion der Partitur geführt haben. Die erste Präsentationsform von ¡O cristalina...! hingegen, zumal wenn sie nicht nur unvollständig, sondern auch revisionsbedürftig war, erfüllt damit die Kriterien einer „Prae-Edition": das Aufführungsmaterial wurde produziert, an die Interpreten der Uraufführung geschickt und ohne Erklingen einer einzigen Note wieder zurückgenommen und durch eine zweite Edition ersetzt.

Dass auch das in Donaueschingen im Oktober 2014 verwendete Aufführungsmaterial keine definitive Werkgestalt bietet, ergibt sich wenig später, als der Verlag die „Liste 17" erhält. Diese Quelle stellt zusammen mit der schon bald nachfolgenden „Liste a.)–g.)" das Ergebnis einer offenbar in zwei Stufen erfolgten prüfenden Durchsicht dar, die der Komponist mit einigem zeitlichen Abstand nach der Uraufführung und dabei wahrscheinlich auch beim Abhören des Konzertmitschnitts vorgenommen hat. Aus der Qualität der in diesen beiden Quellen enthaltenen Änderungen ergibt sich, dass das Aufführungsmaterial

---

13 Außer ¡O cristalina...! stehen noch Zenders *Schubert-Chöre* für Tenor, Frauenchor bzw. Männerchor und Orchester (1986) sowie Alexander Zemlinskys Orchester-Fantasie *Die Seejungfrau* (1902/1903) auf dem Programm.

der Uraufführung nicht in irgendeiner Form manuell überarbeitet und somit auch nicht mehr verwendet werden kann. Mit dieser Entwicklung kann die Donaueschinger Partitur für sich nicht mehr länger Gültigkeit reklamieren – sie „mutiert" folglich zur „Inter-Edition".

Der Verlag sammelt in dieser Phase lediglich – und dies aus zwei Gründen: zum einen zeichnet sich unmittelbar nach der Uraufführung keine weitere Darbietung von *¡O cristalina …!* konkret ab (das Projekt einer CD-Produktion war von Zender thematisiert worden, aber es gab dafür keinen Termin), zum anderen ließ die Tatsache, dass der Komponist innerhalb kurzer Zeit zwei Änderungslisten erstellte, ein intensives, möglicherweise noch nicht abgeschlossenes Suchen nach der definitiven Werkgestalt vermuten. Wer den Umgang eines Komponisten mit dem eigenen Werk vor, während und nach einer Uraufführung kennt, der würde im Fall von Hans Zender ohnehin eher abwarten und die Produktion von verschiedenen zeitnahen „Inter-Editionen" nach „Liste 57", „Liste 17" oder „Liste a.)–g.)" vermeiden, um dann – im idealen und hier realisierten Fall – gezielt zur Wiederaufführung eine zumindest zwischenzeitlich gültige Edition zu erarbeiten.

Als später die Konzertserie im Dezember 2016 in den Fokus gerät, werden die bis dato vorliegenden Änderungen zusammengetragen und die erwähnte Zusammenarbeit mit dem Schlagzeuger Markus Maier gesucht. Wie die vor der Donaueschinger Uraufführung revidierte Partitur stellt auch die für die Aufführungen unter Leitung von Cornelius Meister produzierte dritte Auflage der Partitur eine „Inter-Edition" dar, da Meister seine Erfahrungen und ungelösten Fragen an den Verlag für die künftige Arbeit weitergibt.

Was aber – diese hypothetische Frage sei erlaubt –, wenn der Verlag schon jeweils nach Erhalt von „Liste 57", „Liste 17" und dann noch einmal nach dem Erhalt von „Liste a.)–g.)" Partituren erstellt hätte? Natürlich wären dies „Inter-Editionen" gewesen, denn ihr Text war nur einige Zeit gültig. Andererseits würde ihnen – zumindest im Fall einer Produktion nach „Liste 17" oder nach „Liste a.)–g.)" – gleichermaßen der Hauch einer „Prae-Edition" anhaften, da sie zwar physisch präsent gewesen wären, ihr Notentext aber in dieser Form nie erklungen ist.

Derzeit im Verlag erhältlich ist die Partitur der Fassung, wie sie im Dezember 2016 viermal dargeboten wurde. Die darüber hinausgehenden Fragen des Dirigenten Cornelius Meister wurden mittlerweile mit dem Komponisten geklärt:

> […] die glücklicherweise relativ kleine Liste von Cornelius Meister zu ‚Oh cristalina …' haben wir jetzt bearbeitet. Es ist alles schlüssig, sowohl was den Notentext selbst als auch was Ergänzungen in den Hinweisen betrifft. Nur an einer Stelle müssen wir Dich behelligen.[14]

Sobald eine Aufführung von *¡O cristalina …!* konkretere Formen annehmen würde, werden die dem Notentext zugrunde liegenden Dateien – mit höchster Wahrscheinlichkeit ein letztes Mal – korrigiert. Die Stimmen könnten dabei vermutlich auch manuell überarbeitet

---

14 E-Mail von Frank Reinisch an Hans Zender vom 25. Januar 2017.

Frank Reinisch

werden und die Datenkorrektur würde im Hintergrund stattfinden; die Partitur hingegen würde eine regelrechte vierte Auflage erleben. Bislang ist dies jedoch Zukunftsmusik – und so befindet sich ¡O cristalina…! derzeit im Status einer „In-spe-Edition", deren Inhalt nach dem Tod des Komponisten genau definiert werden kann, aber haptisch bislang noch nicht greifbar ist.

VI Die Revisionsquellen

1. „Liste 57"

Erstes Resultat und Auftrag zur Weiterarbeit an ¡O cristalina…! ist eine dreiseitige Liste, die den Verlag bald nach der Uraufführung erreicht. Die Liste basiert auf einer Word-Datei, die Gertrud Zender für ihren Mann geschrieben hat. Die Überschrift lautet „Korrekturen Oh Cristalina…" [mit doppeltem Wortzwischenraum vor dem damals gültigen Werktitel], danach folgen als eine Art Zwischenüberschrift die Zeile „Tempoanweisungen Takt 1–15 (oberste Zeile Partitur)" und anschließend elf weitere Tempoangaben, die bereits bei der Uraufführung selbst berücksichtigt wurden. Unter der zweiten Zwischenüberschrift „Druckfehler und Korrekturen:" finden sich insgesamt 57 durchnummerierte Anmerkungen, die fast konsequent in der Reihenfolge der Partitur aufgelistet sind. (Zur eindeutigen Kennzeichnung wird diese Quelle daher „Liste 57" genannt.) Bedeutsam sind dabei die handschriftlichen Ergänzungen des Komponisten. Neben der Namensnennung zu Beginn und der Unterstreichung der Zwischenüberschriften fügt Zender einiges hinzu:

- zwei weitere Metronomangaben in der ersten Rubrik,
- ein kleines Notenbeispiel, das zeigt, dass die Liste von vornherein auf diese zum Verständnis notwendige Ergänzung hin ausgedruckt wurde (vgl. Abb. 1),
- und schließlich insgesamt in der zweiten Rubrik in Partiturreihenfolge sechs weitere Tempoangaben, womit die zu Beginn vorgenommene Zählung endgültig obsolet wird bzw. nur dann als korrekt verstanden werden kann, wenn man die ergänzten Tempoangaben als Fortsetzung der ersten Rubrik versteht, bei der jedoch kein weiterer Platz für Ergänzungen zur Verfügung stand.

Zusammengefasst enthält die zweite Rubrik mit einigen Mehrfachnennungen neben zwei allgemeinen Anmerkungen (so unter Nr. 15 die einzige Tempoangabe) insgesamt 25 Hinweise zu den beiden Klavieren, 13 zu den drei Schlagzeugern, 9 zu den Singstimmen (alle zu den Männerstimmen), 4 zur Harfe sowie insgesamt 6 zu einzelnen Streichinstrumenten. Diese deutliche Polarisierung lässt vermuten, dass sich hinter der für den Verlag eher Besorgnis erregenden Zwischenüberschrift „Druckfehler und Korrekturen" vor allem Elemente einer Neufassung bestimmter Instrumentalpartien verbirgt. Die zu Beginn zahlreichen Hinweise zur Pedalisierung der Klaviere werden auf der zweiten Seite der Quelle durch dynamische Korrekturen ersetzt, wie schon der Hinweis Nr. 19 am Ende von Seite

"Prae-Edition", "Inter-Edition", "In-spe-Edition"

Zender

Korrekturen Oh Cristalina...

Tempoanweisungen Takt 1 – 15 (oberste Zeile Partitur)

Takt 1 : Achtel = 84 – 88

Takt 2 : ab 3. Viertel : accelerando bis

Takt 4 : Viertel = 60 (Achtel = 120)

Takt 5 : ritardando bis

Takt 6 : Achtel = 88

Takt 7 : accel. bis

Takt 8 : Viertel = 60

Takt 9 : accel. bis

Takt10: Viertel = 66

Takt 13: accel. bis

Takt 15: Viertel = 80

T. 17: ♩ = 144 (statt 120) | T. 36: ♩ = 76 (statt 110) !

Druckfehler und Korrekturen:

1.) Takt 1, Klav.1 : erg. sost. Ped. plus rechtes Pedal
2.) Takt 4, Klav.1 : sost. Ped. plus rechtes Pedal
3.) Takt 8, Klav.1 : 3. Viertel: ergänze Ped.
4.) Takt 10, Klav.1, letztes Viertel: Ped.
5.) Takt 11, Klav.1, 3. Viertel: Ped.
6.) Takt 11, Klav.2, letztes Viertel: Ped.
7.) Takt 12, Klav. 1 und 2, 2. Viertel : Ped.
8.) Takt 12, Klav. 1 und 2, letztes Viertel: Ped.
9.) Takt 13, Klav. 1 und 2, letztes Viertel: Ped.
10.) Takt 15, Klav. 1 und 2 : Ped.
11.) Takt 13, Klav.1, letztes Viertel unteres System: g statt as
12.) Takt 18, Klav.1 : mf / Ped.l.v.
13.) Takt 19, Klav.1, letztes Viertel: Ped. weg
14.) Takt 18, Klav.2, 3. Viertel: Violin- statt Bass-Schlüssel; ebenso Takt 19; aber T.20:Bass-Schl.
15.) Takt 26, alle : Fermate auf 1. Achtel gestrichen *| T. 83: accel. - - - | T. 84: ♩ = 80*
16.) Takt 86, Klav.1, rechte Hand, unterster Ton: ais statt gis
17.) Takt 88, Klav.1: ergänze : *[musical notation]*
18.) Takt 88, Harfe, 1.2.3. Viertel: tacet; 4. Viertel: ges trem.ff.
19.) Takt 91/92, Klav.1 : mf cresc. zum 2. Viertel von T.92, dann dim. bis Taktende

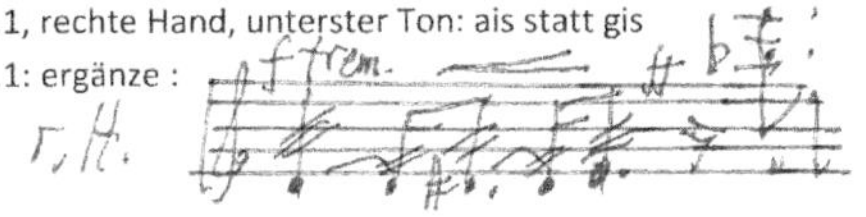

T. 91: Metr. etc. weg

Abb. 1: Hans Zender, ¡O cristalina ...!, ,Liste 57' (November 2014), Seite 1, Typoskript mit handschriftlichen Ergänzungen des Komponisten (Quelle: Archiv Breitkopf & Härtel, Wiesbaden)

1 zeigt. Einen noch klareren Fingerzeig auf eine Neufassung liefert die Verteilung der Korrekturen, was die Platzierung innerhalb der drei Abschnitte der Partitur betrifft. Lokalisiert man die insgesamt 76 Einträge in der „Liste 57", so entfallen davon 26 (34%) auf die ersten fünf (von insgesamt 38) Partiturseiten, 31 (41%) auf die ersten zehn Seiten von Satz II und 12 (16%) auf die letzten beiden Partiturseiten. Auf die 21 weiteren Partiturseiten im Inneren, also auf mehr als die Hälfte des Werks, entfallen also lediglich noch 7 Einträge (9%). Für das Lektorat des Verlags ist dies ein so gut wie sicheres und beruhigendes Indiz, dass es sich in der Regel nicht um Druckfehler gehandelt haben kann – und für die Werkgestalt liegt ein klares Votum für ein Ringen des Komponisten um die richtigen Lösungen an Schlüsselstellen der Partitur vor: für den Anfang, für die ersten zwei Drittel von Satz II sowie für die Schlusslösung des Werks im dritten Satz.

2. „Liste 17"

Eine zweite, diesmal zweiseitige Liste erstellt Zender wenig später handschriftlich mit schwarzem Kugelschreiber selbst. Er erläutert dazu oben rechts „Diese Korrekturen sind zusätzliche zu den ersten Korr. nach der UA!" (Abb. 2) – und er lässt mit der abschließenden Signatur „(Ende) Z" auch ein zumindest vorläufiges Endergebnis erkennen. Gleich in

Abb. 2: Hans Zender, ¡O cristalina …!, ‚Liste 17' (Ende 2014), Seite 1, Autograph mit neu komponierten Klaviertakten 16–18 bzw. 19 (Quelle: Archiv Breitkopf & Härtel, Wiesbaden)

„Prae-Edition", „Inter-Edition", „In-spe-Edition"

der ersten Zeile wird mit „Takt 12 bis 33" die betreffende Passage dieser Liste definiert. Auf sie beziehen sich die wieder durchnummerierten Hinweise 1 bis 15, denen mit etwas hellerem Stift Nr. 16 und 17 sowie ein weiterer Hinweis zwischen Nr. 3 und 4 hinzugefügt sind. Mit der genannten Passage verschiebt sich der Fokus auf die Fortsetzung am Werkanfang. Wieder gibt es neue Metronomangaben, und wieder steht die Partie der beiden Klaviere im Mittelpunkt. Von besonderer Bedeutung sind die neu komponierten Takte 16–18 bzw. 19, bei denen Zender erstaunlicherweise das Klavier II über dem Klavier I notiert.

3. „Liste a.)–g.)"

Spätestens mit dieser dritten Liste bzw. mit der darin enthaltenen, unten erwähnten Beilage ist klar, dass ¡O cristalina …! eine Überarbeitung in Etappen erfährt, die in ihrem Endergebnis als revidierte, vielleicht sogar als neue Fassung des Werks bezeichnet werden kann. Zender komponiert auf zwei Blättern zusätzliche Bläserstimmen für die Takte 90–99 sowie zusätzliche Streicherstimmen für die Takte 95–99 (Abb. 3a–c). Bedeutsam sind die Bezeichnungen in der Überschriftzeile der Liste, die einerseits als „Korrekt.[ur]", dann aber nach dem Werktitel als „Ergänzung II" erläutert wird. Mit der Zahl „II" bezieht sich Zender dabei sicher auf seine erste autographe Korrektur-„Liste 17".

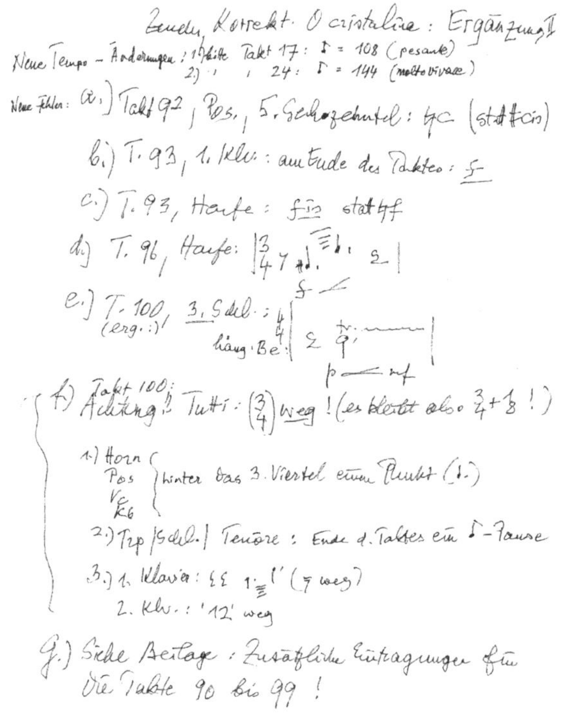

Abb. 3a

Frank Reinisch

Abb. 3b

Abb. 3c

Abb. 3a–c: Hans Zender, ¡*O cristalina* …!, ‚Liste a.)–g.)' mit Beilage (Januar 2015), Autographe. Beilage mit Zusätzen zu Takt 90–99 (Quelle: Archiv Breitkopf & Härtel, Wiesbaden)

"Prae-Edition", "Inter-Edition", "In-spe-Edition"

Wie die Listen zuvor, so hat auch diese Quelle zwei Entstehungsschichten. Vor der alphabetischen Reihenfolge sind zwei Tempo-Änderungen in etwas dunklerem Kugelschreiber eingefügt. Takt 17 wird dabei ein zweites Mal geändert (in „Liste 57" waren es Achtel = 144) und diesmal mit Achtel = 108 so stark verlangsamt, dass das Tempo damit sogar noch unterhalb des ursprünglichen Anfangstempos (Achtel = 120) fixiert wird. Auch die Zwischenüberschrift „Neue Fehler" vor Beginn der ursprünglichen Liste ist der zweiten Schicht zuzuordnen. Die (irrtümliche) Taktbezeichnung bei f) – die Änderung bezieht sich eindeutig auf Takt 109 und nicht auf Takt 100 – dürfte hingegen schon im ersten Stadium ergänzt worden sein.

4. *„Liste MM"*

Diese Quelle ist zweiteilig. Zunächst präzisiert Markus Maier – separat für jeden der drei Spieler – jede problematische Stelle, wobei er die zusätzlich notierte Pauke gleich zu Beginn einem der drei Schlagzeuger zuordnet. Neben der jetzt gut realisierbaren Reduzierung von vier auf drei Spieler erfolgt vor allem eine konzentriertere Verteilung der verschiedenen Schlaginstrumente, eine präzisere und einheitlichere Benennung dieser Instrumente sowie eine konsequentere Notation der ohne fixierte Tonhöhe spielenden Schlaginstrumente. Von inhaltlicher Bedeutung sind Maiers Hinweise auf nicht spielbare Töne und dabei besonders auf eine Passage gleich zu Beginn in den Crotales (Cymbales antiques). Nach Maiers Frage „Oktavieren?" ist klar, dass spätestens an dieser Stelle der Komponist in die Problemlösung einbezogen werden muss (siehe Revisionsquelle 5).

Teil 2 der Quelle ist die oben bereits erwähnte Liste der im optimalen Fall konzentriert verteilten Instrumente. Dieser Vorschlag wird dann auch in die dritte Edition der Partitur übernommen.

5. *„HZ 27.4.16, Cymbales"*

Die von Hans Zender neu notierte Partie der Cymbales antiques erweist sich als neu komponiertes Detail – und nicht als Kompromiss der nicht spielbaren Tonumfänge ab f^3. Von den insgesamt 28 Tönen der 14 Intervalle sind nur 11 übernommen und 17 verändert. Letztlich bedeutet dies für die drei Takte eine Neukonzeption der Schlagzeugpartie I (Abbildung 4). Die Problemstellung des Interpreten hat also hier eine kreative Neubestimmung zur Folge.

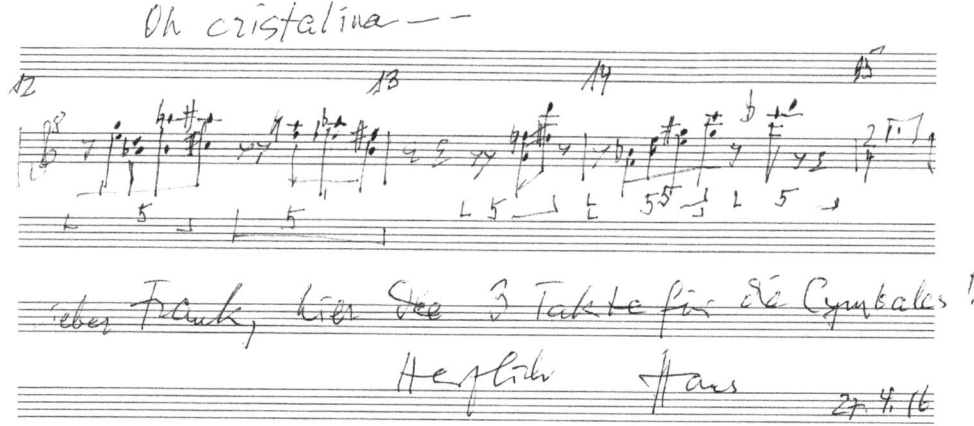

Abb. 4: Hans Zender, ¡O cristalina …!, ‚3 Takte für die Cymbales' (27. April 2016), Autograph (Quelle: Archiv Breitkopf & Härtel, Wiesbaden)

6. „Liste CM"

Mit der „Liste CM" sind die Anmerkungen zur Partitur gemeint, die der Verlag Anfang 2017 erhält – nicht die Auflistung von Dirigierhinweisen, die Meister bereits zuvor dem Verlag zur Information zur Verfügung gestellt hat. (Sie kann bei künftigen Neueinstudierungen hilfreich sein und sollte optimalerweise dem Aufführungsmaterial beigegeben werden.) Spürbar ist insgesamt in der „Liste CM", dass zwischen Komponist und Dirigent ein intensiver Dialog stattgefunden hat. Inhaltlich bedeutsam sind dabei die insgesamt 10 Anmerkungen zum Notentext der Partitur. Gleich zu Beginn steht jedoch die in Kontakt mit dem Komponisten neu gefundene räumliche Verteilung der Instrumente und Chorgruppen im Mittelpunkt; sie wurde gegenüber der Uraufführung in Donaueschingen entscheidend verändert.[15] Ihr soll im Folgenden kurz nachgespürt werden.

VII Klanggruppen im Raum

Betrachtet man den Aufbau, wie er bei der Uraufführung vorgenommen wurde (Abb. 5), so fallen auf den ersten Blick die unterschiedlich platzierten Chorgruppen (die mittlere Chorgruppe ist hinter dem Orchester aufgestellt) sowie die „weichen" Übergänge zwi-

---

[15] Für die Übermittlung der Platzierungsskizze sei dem SWR-Orchesterwart Stephan Teichmann vielmals gedankt. Von ihm erhielt ich bei Zusendung der Zeichnung noch den Hinweis, dass die Platzierung „noch während der Probenphase verändert wurde", d.h., dass es unter diesem Aspekt auch eine raumakustische Diskussion gegeben hat. Auch Teichmann betonte dabei die Unterschiede von der Lösung, die bei der Uraufführung in Donaueschingen gewählt wurde.

"Prae-Edition", "Inter-Edition", "In-spe-Edition"

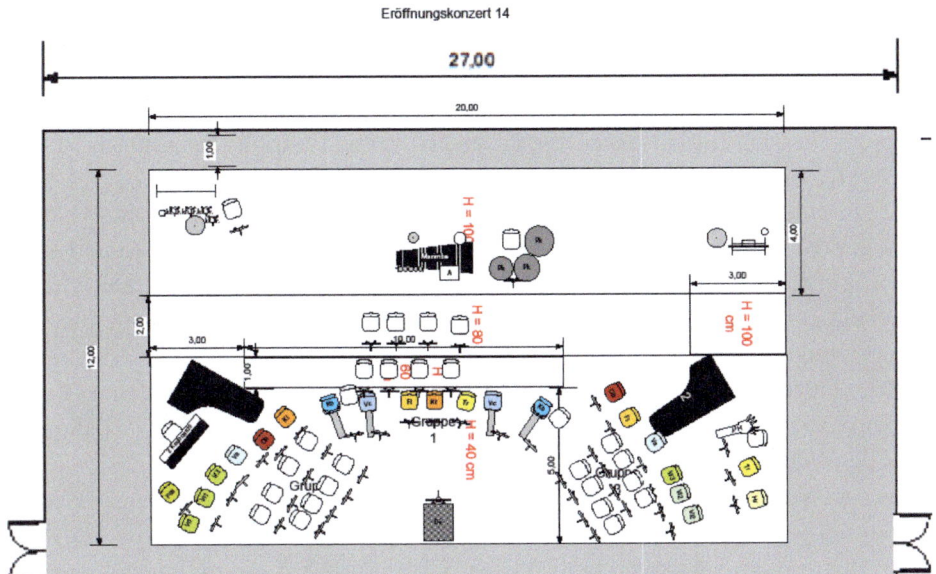

Abb. 5: Hans Zender, ¡*O cristalina …!*, Aufstellung bei der Uraufführung am 17. Oktober 2014 in Donaueschingen mit der mittleren Chorgruppe hinter den Instrumenten und „weichen" Übergängen zwischen den drei Gruppen (Quelle: SWR Symphonieorchester)

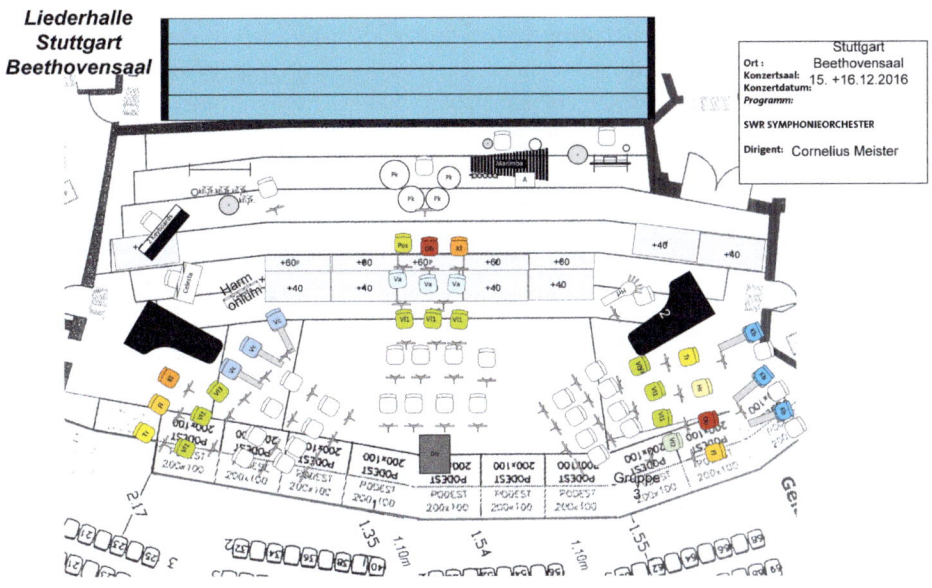

Abb. 6: Hans Zender, ¡*O cristalina …!*, Aufstellung in der Liederhalle Stuttgart (15. und 16. Dezember 2016), Aufstellung mit allen drei Chorgruppen vor den Instrumenten und klar voneinander getrennten Gruppen (Quelle: SWR Symphonieorchester)

schen den Gruppen auf. Zudem gibt es deutliche Differenzen zu den Angaben in der zweiten Edition der Partitur, also der Partitur der Uraufführungsfassung. Die Instrumente der Gruppe 2 links und der Gruppe 3 rechts scheinen miteinander vertauscht zu sein – darüber hinaus entsprechen die skizzierten Schlaginstrumente sowohl in Gruppe 2 als auch in Gruppe 1 eher den Instrumenten, die in der Partitur zu Gruppe 1 genannt sind. Die einfach besetzten Streichinstrumente (Viola, Violoncello, Kontrabass) sind jeweils gedoppelt und auf verschiedene Gruppen verteilt. Dies entspricht einem Besetzungshinweis in der Partitur und gibt übrigens auch einen Fingerzeig auf eine frühe Umdisposition des Komponisten. Auf einer Besetzungsliste aus der Zeit, als das Werk noch nicht seinen Titel trug, vertauscht Zender die Bratsche mit dem Kontrabass – ein Fingerzeig auf die Bedeutung der Streicherverteilung.

Meister hingegen teilt für die Stuttgarter Liederhalle 2016 in klar getrennte Gruppen: Gruppe 1 in der Mitte, Gruppe 2 links, Gruppe 3 rechts (Abb. 6). Seine Aufteilung wird dann in den Vorspann der Partitur übernommen. Meister verdreifacht sogar die Streichinstrumente, wobei die Bezeichnung der Violinen in der Skizze nicht konsequent bzw. fehlerhaft ist. Die Partiturnotation reflektiert jedoch den Raumaspekt nicht. Die Anordnung der Instrumente folgt dem traditionellen Schema und korrespondiert an keiner Stelle und in keiner Fassung mit der Aufteilung in drei Gruppen (anders als dies in anderen Partituren Zenders der Fall ist). Welche Bedeutung Meister der neuen Aufteilung beimisst, verdeutlicht er dem Komponisten vor der Aufführung:

„Wir haben vor, die besondere Aufstellung für ‚Oh cristalina' in allen drei Sälen zu realisieren. Zumindest ist das der Plan, über den der SWR und ich in den letzten Monaten oft gesprochen haben. Um den Umbau zu schaffen, hat der SWR vor kurzem die Konzert-Reihenfolge geändert: zuerst ‚Oh cristalina', danach die Schubert-Chöre." [16]

VIII Revisionsschichten

Im Folgenden soll an zwei Beispielen gezeigt werden, welche Quelle – nach Ausführung aller Korrekturen – zum jeweils gültigen Resultat beigetragen hat. Zuvor sei indes noch eine Übersicht über Verteilung und Relevanz der Änderungen im Verlauf der Partitur gegeben (Abb. 7). Die Revisionsquellen sind in chronologischer Folge genannt. Wichtige Änderungen sind durch einen Großbuchstaben und fett markiert. Bei „Liste 57" ist zudem die Zahl der Änderungen erwähnt. Die Satzanfänge sind farbig unterlegt. Erkennbar ist die Kumulation an den genannten drei ‚Schlüsselstellen': der Beginn von Satz I, der Beginn und der anfängliche Verlauf von Satz II sowie der Schluss von Satz III.

---

[16] E-Mail von Cornelius Meister an Hans Zender („Cc" an Frank Reinisch) vom 19. November 2016.

„Prae-Edition", „Inter-Edition", „In-spe-Edition"

Satz	**I**																**II**															**III**						
Seite	**1**	2	3	4	5	6	7	8	9	10	11	12	13	14	15	16	**17**	18	19	20	21	22	23	24	25	26	27	28	29	30	31	**32**	33	34	35	36	37	38
Quelle																																						
„Liste 57"	**4**	4	7	8		3			1	1							**2**	3	5	7	1	3	3	3	1	3			1	1	1	**1**		1	x	6	6	
„Liste 17"		x			x	x	x											x														**x**						
„Liste a.)-g.)"		x		x														x	X	X	X		X															
HZ 27.4.16		X																																				
MM		X		x							x					x		**X**	x		x	x	x	x			X			x		**X**	X	x	x	x	x	x
CM		X	x	x	x																			x														x

Abb. 7: Hans Zender, ¡*O cristalina* ...!, Verteilung und Relevanz der Änderungen auf den 38 Partiturseiten und in den verschiedenen Revisionsquellen

Aus Abbildung 7 geht zudem hervor, dass auf Seite 4 jede Revisionsquelle für zumindest einen neuen Baustein verantwortlich ist. Tatsächlich ergibt die Markierung der Stellen auf dieser Seite ein regelrechtes Mosaik (Abb. 8). Berücksichtigt ist in der abgebildeten, endkorrigierten Partiturseite nur die für die jeweilige Stelle letzte Änderung. Deutlich wird dabei auch, welchen Parametern sowohl der Komponist als auch letztlich die kritischen Interpreten Sorgfalt angedeihen lassen.

Der Beginn von Satz II (Partiturseiten 18–20, Abb. 9a–c) zeigt hingegen ein völlig anderes Ergebnis. Hier prägen im Wesentlichen die dynamischen Präzisierungen der „Liste 57" und die fast immer zusätzlich neu komponierten Blöcke aus „Liste a.)–g.)" – zunächst in den Bläsern, dann auch in den Streichern – das Bild. Die auf MM zurückgehende Änderung auf der Partiturseite 18 ist nichts anderes als ein Tausch zwischen den beiden betroffenen Schlagzeugpartien.[17]

---

17 Wie verschieden sich der Anfang von Satz II ausnimmt, wurde im Referat der Frankfurter Tagung, das dem in Anm. 4 erwähnten Aufsatz vorherging, durch einen Hörvergleich der Takte 80 bis 99 in beiden Interpretationen gezeigt.

Frank Reinisch

Abb. 8: Hans Zender, ¡O cristalina …!, Partitur der Endfassung (2017), Seite 4 mit markierten Änderungen. ‚Liste 57' = rosa, ‚Liste 17' = braun, ‚Liste a)–g)' = rotbraun, Hinweise Markus Maiers = blau, die neu geschriebene Cymbales-antiques-Passage = grün, die Hinweise Cornelius Meisters = lila. © des Notentextes: 2017 by Breitkopf & Härtel, Wiesbaden

"Prae-Edition", "Inter-Edition", "In-spe-Edition"

Abb. 9a

Frank Reinisch

Abb. 9b

"Prae-Edition", "Inter-Edition", "In-spe-Edition"

Abb. 9c
Abb. 9a–c: Hans Zender, *¡O cristalina …!*, Partitur der Endfassung, Seite 18–20 mit markierten Änderungen aus drei Revisionsquellen: ‚Liste 57', ‚Liste a)–g)', Hinweise Markus Maiers. Markierungen wie in Abbildung 8. © des Notentextes: 2017 by Breitkopf & Härtel, Wiesbaden

Frank Reinisch

IX Schluss

Insgesamt kann Hans Zenders *¡O cristalina…!* als relativ ‚aufregender' Modellfall für eine zeitgenössische Komposition gelten, die zunächst als Manuskript konzipiert, noch vor der Uraufführung vom Verlag digitalisiert und vervielfältigt wurde, und an der sich verschiedene Editions- und Aufführungsphasen hin zur Entwicklung einer Werkgestalt ablesen lassen. Die erste Edition von Partitur und Stimmen ist in Details noch unvollständig und somit als „Prae-Edition" zum Zeitpunkt der Uraufführung nicht mehr gültig. Dies ist – zumal in der Neuen Musik – keineswegs ein Einzelfall.[18] Die heute mögliche Ersatz- oder insbesondere auch Vorablieferung von pdf-Dateien erlaubt Komponist, Interpreten, Veranstalter und Verlag – und in diesem Viergestirn befindet sich auch die Neue Musik in einer Uraufführungssituation – ein wesentlich rascheres Reagieren auf Änderungen in Form von letztlich nicht mehr gültigen „Inter-Editionen". Nach der Uraufführung indes wird *¡O cristalina…!* an drei Scharnierstellen entscheidend korrigiert bzw. durch hinzugefügte Instrumentation erweitert. Modellhaft lässt sich zudem bewerten, dass wir es in der zeitgenössischen Musik meist mit jahrelangen Arbeitsbeziehungen zwischen Autor und Verlag zu tun haben – was letztlich zu einer eher reduzierten Zahl an „Inter-Editionen" führt.

Infrage gestellt wird die jeweilige Gültigkeit des Notentextes durch die Tatsache, dass die Erstfassung – neben den Möglichkeiten einer „unkörperlichen" Verbreitung[19] in etlichen Rundfunksendungen – fast zeitgleich mit der Aufführung der revidierten Fassung als CD vorgelegt wurde, diese lieferbar und im Gegensatz zu den eher regionalen Konzertrezensionen durch Besprechungen in Fachzeitschriften weithin und auch international beachtet worden ist.[20] Rechnet man zudem die Auflage einer CD gegen die in der Regel bei einem mietweise angebotenen Orchesterwerk geringe Zahl an Partituren, so würde eine quantitative Verbreitung eindeutig für die Erstfassung sprechen. Wer sich zu Recht die Frage stellt, inwieweit dadurch das Werk getrübt sein könnte, der halte sich vor Augen, dass Robert Schumanns 4. Symphonie – es sei erneut auf Schumann zurückgekommen – heutzutage immer häufiger und besonders von informierten Interpreten in der vom Autor verworfenen Erstfassung aufgeführt wird als in der bekannten und zu Lebzeiten des Komponisten veröffentlichten Version.

---

18 Siehe Anm. 3.
19 In „unkörperlicher Form" – dies folgt der Formulierung im Berechtigungsvertrag der VG Musikedition, S. 5, § 2.II.1.b. Vgl. die Neufassung des Vertrags vom 7.12.2021; URL: https://www.vg-musikedition.de/service/statuten/statuten/page [Stand: 25.3.2023].
20 Vgl. Lutz Lesle, „Hans Zender/¿Adónde? Wohin? 4 Canciones nach Juan de la Cruz", in: *Das Orchester* 66/4 (2017), S. 66; URL: https://dasorchester.de/artikel/adonde-wohin-4-canciones-nach-juan-de-la-cruz-2/ [Stand: 25.3.2023]; Rainer Nonnenmann, „Hans Zender ¿Adónde? Wohin?", in: *Neue Zeitschrift für Musik* 178/2 (2017), S. 70; Pierre Rigaudière, „WER 73362 Hans Zender: ¿Adónde? Wohin?", in: *Diapason*, Nr. 655 (Februar 2017), S. 105; Dirk Wieschollek, „Zender Adónde? Wohin?, 4 Canciones nach Juan de la Cruz; […]", in: *Fono Forum* 63/2 (2017), S. 54.

„Prae-Edition", „Inter-Edition", „In-spe-Edition"

Zur Frage „Wer ist der Autor?" – so der Titel des inzwischen publizierten Basler Symposiums 2011[21] – liefert *¡O cristalina …!* trotz der kompetenten Beiträge der Interpreten – von Dirigent einerseits und Orchestermitglied andererseits[22] – einen eindeutigen Befund. Der Autor heißt Hans Zender – er ist der Verfasser bzw. Auftraggeber der Änderungslisten und er hat die von Interpreten herangetragenen Hinweise und Vorschläge gutgeheißen bzw. kreativ verarbeitet. Mehr noch: Zender hat die CD-Publikation, die aus marktstrategischen Gründen nicht nach seinem 80. Geburtstag hätte stattfinden dürfen, vorangetrieben und sie dabei als künstlerischen Kompromiss akzeptiert, um seine mehrfache Auseinandersetzung mit den Texten von Juan de la Cruz auch für die Nachwelt zu dokumentieren. Andererseits hat er hat nie einen Zweifel aufkommen lassen, dass es im Fall von weiteren Aufführungen niemals ein Zurück zu Erstfassung des Werks geben dürfe. Es versteht sich von selbst, dass der Verlag dazu beiträgt, dieses Votum auch in Zukunft zu unterstützen und zu bekräftigen: durch das eindeutige Notenmaterial, im Vorfeld der Entscheidungsfindung über eine Aufführung aber auch dadurch, dass jeder Interpret auf Anfrage vom Verlag zur Information nicht die vorhandene CD, sondern vielmehr den Mitschnitt der Neufassung erhält. *¡O cristalina …!* wurde in einer guten Fassung uraufgeführt und besitzt derzeit durch die Tatsache, dass zwei verschiedene Fassungen in zwei verschiedenen Editionsformen vorliegen, ein janusköpfiges Erscheinungsbild. Demgegenüber steht indes die klare Definition der Werkgestalt durch den Komponisten. Die faktisch ehemals vorhandenen oder theoretisch möglichen „Prae-" und „Inter-Editionen" sind ungültig. Nur die „In-spe-Edition", in der alle Änderungen eingearbeitet sind, wird den gültigen Notentext von Hans Zenders *¡O cristalina …!* enthalten.

---

21 Vgl. Hinrichsen (wie Anm. 2).
22 „Die Berücksichtigung von Aufführungserfahrungen der Interpreten bei der Herausgabe neuer Ausgaben wird wohl in Zukunft die Aufführungstradition der Stücke steuern und modifizieren, indem sie sie um den Mehrwert der Identität der ‚historischen' Interpreten anreichern." Angela Ida De Benedictis, „Auktoriale versus freie Aufführungstradition. Zur Interpretationsgeschichte bei Nono und Berio (… und Stockhausen ist auch dabei)", in: *Wessen Klänge?* (wie Anm. 2), S. 47–68, hier S. 61. – Vgl. dazu im selben Band auch Hans-Joachim Hinrichsen: „Inzwischen ist sogar der Vorgang der musikalischen Aufführung als solcher seinerseits zum Titel musikalischer Werke erhoben worden. Hans Zenders Adaptation von Franz Schuberts *Winterreise* etwa heißt im Untertitel ausdrücklich ‚Eine komponierte Interpretation'" (Hinrichsen, wie Anm. 2, S. 33), wobei dort die angesichts des Haupttitels des Bandes „Wer ist der Autor?" brisante Frage „Wem gehört die Winterreise?" erstaunlicherweise nicht diskutiert wird.